JN022676

変化する世界を
どうとらえるか

国際関係論で読み解く

杉浦功一

日本経済評論社

はしがき

　世界は常に変化している．それでも 2020 年は特に大きな歴史の節目で
あったといえるだろう．新型コロナウイルス感染症（COVID-19）が中国で
感染拡大した後，瞬く間に世界に広がり，世界の人の動きは大きく制約され
た．自由と繁栄を長らく享受してきた欧米では，感染による死者が急増し，
ロックダウン（都市封鎖）とそれに反発する人々の間で混乱が起きている．
感染拡大の責任の所在をめぐって，米中間でさらに対立が深まった．そのア
メリカでは，5 月に白人警官による黒人殺害事件が起きて，Black Lives
Matter 運動が国内外に広がった．11 月にはアメリカで大統領選挙が行われ，
分断と対立を煽り続けてきた現職のトランプ大統領が敗北した．しかし，そ
の後も負けを認めることなく Twitter での発信を続け，2021 年 1 月 6 日に
はトランプ支持者が連邦議会を襲撃する事件も起きている．20 日の就任式
でついにバイデンが大統領に就任したが，アメリカがどのように変わってい
くのか，世界は固唾を飲んで見守っている．

　他方で，日本では大きく報道されないが，アフリカなどの発展途上国では，
新型コロナウイルスの感染拡大は，もともと脆弱であった医療体制に打撃を
与え，健康を脅かし，貧困を悪化させている．世界銀行は 2020 年 10 月に公
表した報告書で，2021 年中までに最大 1 億 5000 万人が極度の貧困（1 日 1.9
ドル以下）に陥る可能性があると予測している．日本でも，欧米ほどではな
いが感染が広がっている．2020 年 9 月には 8 年近く在任した安倍晋三首相
が辞任した．あとを継いだ菅義偉首相は，新型コロナウイルスの感染の再拡
大への対応に追われている．日本に暮らす私たちにも，雇用や給与に大きな
影響が出ており，「新しい生活様式」という言葉にもあるように，娯楽や教
育などライフスタイルに変化を迫られ続けている．

　しかし，注意深く見ると，新型コロナウイルスによって生じている世界の変化は，米中対立やアフリカの貧困問題のように，発生以前から存在していた世界の動きや問題を加速させたり，制約を与えたりしたものであることがわかる．本書は，そのような世界の変化と変化しないものをしっかりと理解し，世界のゆくえを考えるための土台を築く試みであり，そのために国際関係論という学問を用いるものである．そしてそれによって，私たちが，物質的にも精神的にも，少しでもより良い暮らしを送れるように行動する手がかりを得ることを狙いとする．

目　　次

序章
学問としての国際関係論

1. 本書の目的

　現在の世界は大きな変化の時期にある．2020 年には，1 月に中国から始まった新型コロナウイルス感染症（COVID-19）の世界的な流行とそれによるグローバル化の「中断」が起き，その渦中の 11 月にはアメリカの大統領選挙で現職のトランプが敗北した．また，中東やアフリカの紛争，地球温暖化（気候変動）問題，貧困，人権侵害，民主主義の後退といった問題も続いている．私たちの生活は，すでに以前より国際関係の変化の影響を強く受けるようになっている．国際関係を「世界」と言い換えると，国際関係論は，そのような複雑な世界を分析し，そのゆくえを考える手掛かりを与える学問である．国際関係論は，政府だけでなく，私たちが自らの生活を生きていくうえで必要な世界の現状の把握と今後の方針（あるいは生き方）を考える手助けをしてくれる．本書は，国際関係論の基礎的な理論と国際関係の一般知識を踏まえて，現在の変化の激しい世界を理解し考えていくための「見方」あるいは枠組みを提供することを目的とする．

2. 国際関係とは何か

　さっそく本書のテーマである「国際関係」とはどういう意味であろうか．英語では，"international"（国際）＋"relations"（関係）となる．さらに，

"international" は "inter"（間）＋ "national"（国家の）と分解できて，「国家の間の」「関係」という意味になる．実際，20世紀の半ばごろまで，国際関係とは，「国家（政府）」と「国家（政府）」の間の「外交」とほぼ同義であった．今でもその意味合いは強く残っており，例えば，アメリカのバイデン大統領と日本の菅義偉総理の首脳会談が注目される．そもそも，16世紀以降に近代国家が誕生した欧米では，政治や経済，環境などの問題の多くは，長らく基本的に各国内で解決できるとされた．なお，頭文字を大文字にして "International Relations" と書いた場合，学問の専門分野の「国際関係論」を意味する．

　しかし，第二次世界大戦が終わった20世紀後半になると，政府間の外交以外で，国境を越えた活動が急増していった．個人が船や飛行機で国境を越えて移動するようになり，企業の経済活動も国境を越えて盛んになり，国際貿易も活発になっていった．反面，難民や地球環境問題，感染症など国境を越えて広がる問題も急増した．そのような国際的な問題は，一国の政府では手に負えない．そこで，複数の政府が集まって解決を目指す「国際協力」が盛んになっていった．さらに政府以外にも，国連など国際機構やセーブザチルドレンなどNGOも活躍するようになる．

　この状況を踏まえて，今では，国を超えた活動やその影響全般を「国際関係」と呼ぶようになっている．例えば，戦争と平和，グローバル化，国際貿易，世界の貧困，国連の活動，NGOの活動，日本の外交，地球環境問題，難民問題，移民，国際文化交流，国際観光，原発事故，感染症など，すべてが国際関係の一部であり，学問としての国際関係論の研究対象である．

3.　現代の国際関係と私たちの生活

　このような広い意味での国際関係の影響は，私たちの身の回りの生活で随所にみられる．例えば大学生の場合，衣服（Made in China, Made in Indonesia の表示），食材（約60％が海外からの輸入），パソコン・スマートフォ

ン（Windows のマイクロソフト社や iPhone のアップル社はアメリカ企業），プラスチック製の弁当箱（原材料は石油で中東諸国より輸入），アルバイト（同僚や客が外国人），就職先（採用数はコロナ禍など世界情勢に左右），音楽・映画（ハリウッド映画や K-POP）などである．

　そもそも私たちは，外国に行かなくとも，日本にいながらに「世界」とつながっている．なぜなら，日本は諸外国と「相互依存」の関係にあるからである．お互いのつながりなしには生きていけない．実際，外国で起きたことは私たちの生活に良い意味でも悪い意味でもすぐに影響がでる．例えば，2008 年 9 月のアメリカでのリーマンショックで，日本の景気も急激に悪化した．2011 年のタイのバンコクにおける洪水で日系の工場が被害を受け，日本の自動車生産に影響が出た．2001 年 9 月のアメリカ同時多発テロや2015 年 1 月のフランスでのシャルリー・エブド社の銃撃事件といったイスラム過激派のテロによって，日本の空港での荷物検査は厳しくなり，駅からごみ箱が消えた．もちろん 2020 年 1 月に中国より感染が拡大した新型コロナウイルス感染症の影響は，その最たる例である．大学生の就活状況は，2019 年度までの売り手市場が，2020 年度になり一転して悪化した．2020 年11 月のアメリカの大統領選挙でトランプからバイデンへ大統領が代わることになったが，その結果は日本経済をはじめ，私たちの生活のいろいろな側面に影響がでるであろう．

　逆に，日本での活動・出来事が世界に影響を与えることもある．例えば，日本のアニメ・漫画は，海外で人気を得てファンを増やし，世界の創作活動に影響を与えている．また，2011 年の東日本大震災による福島第一原発の事故で，隣国の韓国や中国は放射能への不安を募らせ，日本の野菜の輸入を停止した．2013 年に始まった第 2 次安倍政権の経済政策（通称アベノミクス）による円安誘導は，海外への日本人観光客の減少を招く一方で，日本への外国人観光客の激増（2004 年 610 万人→ 2019 年 3188 万人）を促した．

　より直接的に世界の人たちとつながることもできる．例えば，フェイスブックや Twitter，国際結婚，海外留学，国際ボランティア，観光を含む国

際交流がある．このようにグローバル化の加速で，ますますつながりは深くなってきた．仮に日本でずっと暮らし続けるつもりでも，私たちは世界の動きを理解する必要がある．

それは，普段の私たちのなにげない生活が，いつのまにか世界の誰かを苦しめているかもしれないからでもある．例えば，私たちが食べるチョコレートの原料であるカカオ豆の採取に，アフリカの子どもたちが従事させられているといわれる．いわゆる「児童労働」の問題である．また，日常乗っている自動車の排気ガスは，地球温暖化の原因となり，太平洋の島国を沈没の危機に追いやっている．

もちろん，このような影響を踏まえて，日本政府も国際援助を通じて世界の貧困撲滅や環境破壊防止のために協力している．日本政府は政府開発援助（ODA）として，毎年新規の予算約5500億円を発展途上国に提供しており，それはもともとは私たちの税金である．ほかにも私たちにできることがある．例えば，政府のODAの使い道の監視，国際協力NGOへの寄付やボランティアへの参加，普段の生活での資源の有効活用への気配りなどである．

逆に日本にいる私たちが，国際社会から助けてもらうことがある．2011年の東日本大震災では，発生直後には，各国からの緊急援助隊やアメリカ軍による救援活動が行われた．新型コロナウイルスの問題でも，台湾などよりマスクが日本に届けられた．そもそも，外国への援助は日本のためにもなる．発展途上国の経済発展を助けることは，中国や東南アジア諸国の経済発展のように，日本の製品の販売拡大につながる．また，経済成長した国からの日本への観光客も増えていく．

ただし，情報を真に受けるのではなく自分の頭で考えて判断しなければならない．例えば，割り箸の使用をめぐって，途上国の森林伐採につながり，ひいては地球温暖化につながっているという批判がある．しかし，不要になった間伐材から作られた割り箸も増えつつあり，むしろ箸を洗う水の使用のほうが資源の無駄遣いかもしれない．割り箸の使用をやめると，むしろ途上国で失業者が増えるかもしれない．要するに，現代社会に生きる私たちは，

生活のためにも，国際関係についてもっと知って考えなければならない．しかし情報は膨大であり，どう考えればよいか自体が難問である．そこで，理解のための手がかりを提供するのが国際関係論である．

4.　学問としての「国際関係論」とは何か

　国際関係を専門的に研究する学問分野が「国際関係論」である．単に事実を述べるのではなくて，「どうして」（原因）そうなるのかを探究する．例えば，どうして紛争は起きるのかといった問題の原因の探究である．そして，「どうして」の解明を踏まえて，「どうすればよいか」（政策）を提示する．例えば，紛争の原因が民族間の理解不足ということであれば，日本としては教育支援に重点を置くべきといった具合になる．

　学問としての「国際関係論」が確立したのは比較的新しく，20世紀になってイギリスのウェールズ大学に「国際関係論」という科目の講座が設置されて以降である．それまでは，外交史や単に歴史学などの一部として，国際関係は研究されていた．その後，2度の世界大戦を挟んで国境を越える動きが活発化するにつれて，国際関係論は急速に発達していった．

　ここで，似たような言葉である「国際政治学（International Politics）」と「国際関係論」の違いについても触れておきたい．まず，ほとんど同じ意味で使用する場合がある．この分野の国内最大の学会である「日本国際政治学会」は，英語では"The Japan Association of International Relations"と表記され，直訳では「日本国際関係学会」になる．他方で，「国際関係論」＞「国際政治学」，すなわち，そもそも国際政治は国際関係の一分野とする使い方がある．そこでの「国際政治（学）」は，国家間の外交や戦争の問題など「より政治的」な問題を扱う．国境を越えた人間の移動や地球環境問題は，国際政治に含まれない「国際関係」の問題となる．しかし，地球温暖化問題にアメリカのトランプ政権の消極的な政策が大きく影響したように，実際は多くの問題において政治がかかわっている．最近の新型コロナウイルス感染

症という国際保健の問題でも，その発生源をめぐって米中間で政治的対立が起きている．その点で，結局「国際関係 (論)」と「国際政治 (学)」は，ほぼ同じ意味になっている．実際，専門家でも同じ意味で使う用法が主流となっている．本書でも基本的に同じ意味で使っていく．

当然ながら，国際関係論の研究分野も広く，その研究アプローチも多彩である．上述の日本国際政治学会は，国際関係を①理論，②歴史，③地域，④非国家主体の4つの研究分野に区分して，学会の運営を行っている．学会員が登録する専攻コードでいえば，それぞれ①国際政治理論，②外交史・国際政治史，③地域研究，④新領域・新イシュー・学際研究の分類に対応している[1]．しかも，学問的なディシプリン（方法）も他の学問で発達したものが取り込まれてきた．①国際政治理論では経済学などで発達した理論が用いられ，②国際政治史は歴史学の手法が応用される．また，日本の国際関係論（国際政治学）は独自の特徴をもつ．欧米の国際関係論を「輸入学問」として特に戦後になってから取り入れつつも，日本の問題関心や，学問的伝統に沿って独自の発展を遂げてきた[2]．研究者と研究成果で歴史的研究の比重が高いことは，戦前から盛んな外交史の学問的伝統の影響であり，戦後の日本国憲法を受けて規範的志向の強い平和研究が戦後まもなく盛んとなったことも日本的特徴である．

国際関係論と他の学問との関係であるが，国際関係論自体が，上で述べたように研究対象も研究手法も幅広いために，他分野の学問と重複する部分が大きい．例えば，国際社会学（社会学）や国際法（法学），国際経済学（経済学），地域研究（人文学），文化人類学といった学問分野は国際関係論と密接にかかわっている．このような国際関係論の特徴は，長所として，いろいろなことを学ぶことができる点が挙げられるが，短所としては，研究を進めるためには多くの学問について知る必要が生じることになる．

5.　本書の構成

　国際関係論は多彩な内容をもつ学問である．国際関係を分析するといっても，複数の理論とイメージが存在し，どの視座に立つかによって，見えてくるものが異なる．そこで本書では，まず国際関係論の理論と国際関係の多様なイメージを整理する．「現実主義」と称される，国家と国家の対立的な関係に注目する国際関係の理論とイメージがいまだに一般的であるが，それ以外の見方があることを確認する（第1章）.

　その上で，第Ⅰ部では，国際関係のアクターとして，国家，国際機構，NGO，企業，女性，子ども，障害者を取り上げ，国際関係でのそれらの行動や役割，影響，問題を考える．日々暮らしていると，報じられる国家間の外交に目が向きがちである（第2章）．しかし，国連や欧州連合（EU）といった国際機構の役割や（第3章），「国境なき医師団」などのNGOが，国際的な問題の解決で重要な役割を果たしている．最近では，「持続可能な開発目標」（SDGs）の達成へ向けて企業が担う役割も注目される（第4章）.そのSDGsでは，「誰一人取り残さない」ことを原則としている．本書では，これまでの国際関係である意味「取り残されてきた」存在として，特に女性，子ども，障害者を取り上げる．そこでは，国際関係における「問題」としてだけでなく，「アクター」としての側面にも光を当てる（第5章）.

　第Ⅱ部では，グローバル化と貧困問題，戦争・紛争，人権・民主化，地球環境問題といった世界が抱える問題を取り上げる．そこでは，第Ⅰ部で取り上げたアクターたちが問題の影響を受けるとともに，解決に取り組んでいる．同時にそれぞれの問題は連鎖している．グローバル化によって経済成長が進む半面，貧富の差は拡大している（第6章）．国家間の戦争は減りつつあるものの，貧困などを原因とする内戦や民族・宗教紛争が多くの犠牲者を生んでいる（第7章）．紛争は人権侵害につながる．国家の民主化は平和を生むとされるが，世界的に「民主主義の後退」が見られ，しかも，民主主義

自体が人権侵害を生むこともある（第8章）．貧困を解消するための開発は地球環境を傷つけ，人々の生きる権利を脅かしている（第9章）．

　第II部で取り上げる問題は，グローバルなものもあるが，地域によって様相が異なっている．アクターの顔ぶれも違っている．そこで，第III部では，アジア，ヨーロッパ，アメリカ大陸，アフリカといった地域情勢を見ていく．アジアは経済発展が進み注目されているが，権威主義的な中国の台頭は不安も生んでいる（第10章）．また北朝鮮の核開発は，日本はもちろん世界に脅威を与え続けている．アジア内外の大国が入り乱れる中で，東南アジアは独自の存在感を示そうとしている（第11章）．ヨーロッパは良くも悪くも人類全体を引っ張る存在であり続けてきたが，EU分裂の危機や新型コロナウイルスの感染拡大に直面し苦闘している．ヨーロッパとアジアにまたがるロシアは，プーチン政権のゆくえが注目される（第12章）．アメリカは第二次世界大戦後の世界を引っ張る「覇権国」であるが，その覇権は国内外から揺るがされている．トランプからバイデン大統領への交代でどう変わるかは，世界のゆくえを占う．中南米はそのアメリカの「裏庭」とされ，アフリカ大陸は「暗黒大陸」といわれてきた．しかし，人口の増加とともに両地域には期待も大きく，その将来は世界全体を左右しうる（第13章）．

　本書では，以上のように，多くのアクターと問題，地域を取り上げる網羅的なものである．それでも，すべての国際関係の現象を捉え切れていない．むしろ，世界＝国際関係のすべてをこの1冊で知るというよりは，日本にいる私たちが生活するうえで必要な，国際関係の現状と今後を考える上で役に立つ思考の枠組み，あるいは「見方」を提供するものである．そのような身近な学問としての国際関係論を示す狙いが本書には込められている．

　　注
1）　大矢根（2018）参照．
2）　日本の代表的な国際関係論の研究者について，初瀬・戸田・松田・市川（2017）を参照．テーマの広がりについては，初瀬（2019）参照．

第1章
国際関係の理論とイメージ

1. 国際関係の研究アプローチ

　前章では「国際関係」とはどういうものかを概観した．それは国境を越える広い現象を指していて，私たちの生活にも影響を与えているものである．では，その広い現象をどのように理解すればいいのであろうか．国際関係論は，他の学問と同様に，「社会科学」として，問題解決へ向け，事例を分析して法則性を導き，解決策を提示することを使命としてきた．特に国際関係論では，2回の世界大戦を踏まえて，人類にとっての悲劇である戦争を防止することに強い関心をもってきた．今ではさらに広いテーマを扱うようになっている．そのために，国際関係論ではいろいろな分析の試みが行われてきたが，大きく分けると，2つのアプローチ（方法）がある．

　1つは「歴史的アプローチ」である．単純にいえば，何がどう起きたのか，事実関係を詳細に叙述していくやり方である．例えば，トゥキュディデスの『戦史』は，紀元前5世紀の古代ギリシャでのペロポネソス戦争について，誰が何をしたのかを時系列に詳しく述べた古典として名高い[1]．どうして日本が太平洋戦争を開戦するに至ったかを，日米の関係者の証言や文書を調べて解き明かす研究も，このアプローチに含まれる[2]．そのように国際関係の特定の出来事を明らかにする試みを通じて，私たちは歴史の「教訓」を学ぶことができる．ただし，特定の出来事から得た教訓を，別の時代や場所で起きた問題にも適用できるかはわからない．

　それに対して「理論的アプローチ」は，国際関係のいろいろな事実に共通している原因と結果のつながり（＝「因果関係」）を解き明かして，法則化することを主たる目的とする研究方法である．例えば，いろいろな内戦の事例を調べていくと，「民族間の経済的な不平等は，内戦を起きやすくさせる最大の原因である」というように，ある現象の共通する原因を明らかにしていく．そのように原因と結果のつながりを解き明かし，法則性を導くことによって，今度は，次に何が起きるのかが予測できるようになる．先の例だと，「民族間の経済的な不平等が高まると，内戦が起きるかもしれない」と予測できる．さらに，予測できるのならば，「ある国で民族間の経済な不平等が強まっているなら，内戦に発展しないように，雇用の機会を提供するなど，民族間の不平等を早く解決しなければならない」，そして「解決のためには国際社会による援助が必要である」というように，対処する方法（＝政策）を考えることができるようになる．このように，理論的アプローチは，歴史的アプローチ以上に，一般化して法則性を導き出すことにこだわる．過去の紛争の事例をデータ化して，1人当たりの国内総生産（GDP）と紛争発生の間の関係を分析し，いくら以下であれば紛争が起きやすくなるかを導き出すというように，統計学や数学を用いた「計量的（定量的)」な分析方法が用いられることも多い[3]．

　国際関係論では今でも歴史的アプローチが盛んであるが，歴史的アプローチは理論的アプローチと密接に結びついている．理論的アプローチでは，いろいろな出来事に共通する原因を明らかにしていくが，分析対象となる事例が多ければ多いほど，また詳細であればあるほど，データ化して分析することが容易になり，導かれる分析結果の信頼性が高まっていく．導かれた法則性を個々の事例に照らし合わせて検証することもできやすくなる．しかし，理論的アプローチに従事する研究者が個々に詳細に調べられる事例の数には限りがある．その点で，歴史的アプローチの研究者が個々の出来事を解明していくことは，国際関係論全体として大きな意義がある．理論的アプローチは，ある意味で歴史的アプローチによる研究成果に依存しているのである．

そもそも，古代のギリシャや中国以来，歴史的アプローチによる研究は長らく積み重ねられてきた．むしろ 20 世紀半ばくらいになって，他の科学の影響を受けてようやく理論的アプローチが取り組まれるようになってきた．

2.　いろいろな国際関係の理論とイメージ

　2 つの研究アプローチによって研究が積み重ねられてきた結果，国際関係論では，紛争など国際関係の問題はこのような原因で起きるので，こう解決しうるかもしれないという「理論」と，国際関係（あるいは世界）はこのようなものであるという「イメージ」が作り上げられてきた．しかし，貿易問題で深まっていた米中対立が，2020 年の新型コロナウイルス問題の責任の所在をめぐってさらに悪化したように，国際関係の現象における因果関係は極めて複雑である．また，物理など自然科学のように，理論を試す実験もできるわけではなく，正しさを検証することは難しい．そのため，研究を積み重ねても，国際関係に関する理論やイメージは，1 つには絞られていないのが現状である．いろいろな整理の仕方があるが[4]，ここでは 4 つの代表的な「理論」とそこから生み出される国際関係の「イメージ」をまとめてみたい．それぞれ，厳密な意味での理論とはいえない．また，同列に並べることに異論があるかもしれない．しかし，変化する国際関係を捉える「見方」を提示するためにあえて試みたい．それぞれの理論やイメージには，それが正しいことを示す証拠が挙げられる．

①現実主義理論

　いわゆる「現実主義（リアリズム）」は，国際関係を動かしているアクターは「国家」であるとする．日本を含めた各国家は，自国の利益，すなわち「国益」を追求して行動する．統制する中心的権威が存在しないアナーキー（後述）の状態で，各国が自らの国益を追求する国際関係は，弱肉強食の世界である．強い国ほど国益を確保でき，弱い国は国益を失い，場合に

よっては国家が消滅してしまう．国益の中でも特に安全保障が大事となる．その競争では，他国を自らの意思に従わせることができる国家の力（パワー），特に軍事力が重要となる．世界に平和が訪れるのは，各国および軍事同盟の間の軍事力のバランスが均等となった「勢力均衡（バランス・オブ・パワー）」の状況でしかありえない．このように，現実主義では，国家間の「権力政治（パワー・ポリティクス）」が主たる分析の対象となる．

E.H. カー，ハンス・モーゲンソー，ケネス・ウォルツ，高坂正堯といった論者がよく知られている[5]．ただし，カーやモーゲンソーが国家の動きそのものに注目する「古典的」現実主義といわれるのに対して，ウォルツはアナーキーや（冷戦のような）二極構造といった国家が組み込まれた国際的なシステム（構造）に注目して，1980年代に「構造的」現実主義といわれて注目された．なお，近年ふたたび盛んになっている「地政学」の議論も，権力政治の分析に地理学の視点を取り入れたものである[6]．

現実主義論者が挙げる根拠としては，現在の国際関係におけるアメリカの圧倒的な影響力がまず挙げられよう．たとえ一貫性がなくても，アメリカの大統領の主張が国際舞台で受け入れられることが多いのは，アメリカが圧倒的な軍事力をもつからである．アメリカは世界の軍事予算の約4割（約75兆円）を占めていて（日本の防衛予算は約5兆円），技術的にも核ミサイルや巨大空母を保有するなど，いまだに世界最強である．ただし，ここ10年，中国が経済発展とともに軍事力を大きく強化しつつある．軍事予算は公表されているだけで20兆円近くとなり，隣国日本の安全を脅かしている．

経済力は当然軍事力の源になるものの，同じではない．現実主義の考え方では，国が貧しくても，軍事力が強ければ国際的な影響力は強くなりうる．例えば，北朝鮮は，国は貧しいが，金正恩体制の生き残りのために核ミサイルの開発を進め，それによってアメリカとの首脳会議にこぎつけるまでになった．逆に日本は，経済力は高くても軍事力はさほど強くないために，国際的な発言力は弱い．現実主義の考え方では，ある国が国益と安全を確保するには，その国自体が軍事力を強化するか軍事同盟を組むことが必要とされ

る．実際，日本は，日米安全保障条約を通じてアメリカと軍事同盟を組んで，北朝鮮や中国に対抗するという方針を採っている．ただし，ある国の軍備強化が，それ自体によって他国の警戒と軍備強化を招いてしまい，結局安全保障が脅かされてしまう「安全保障のジレンマ」も指摘されている．

②自由主義理論

それに対して，「自由主義（リベラリズム）」の理論は，アナーキーな世界で各国が国益を追求するという前提は現実主義と共有しつつも，第二次世界大戦後の国際貿易の進展により，国家がお互いにますます経済的に依存する，いわゆる「相互依存関係」が広がっていることに注目する[7]．そのため，現実主義の主張とは異なり，国家は問題解決のために対立ではなくむしろ協力する傾向が強いとする．諸国家は国際協力の制度を発展させ，いわゆる「国際レジーム」が各分野で形成されている[8]．国際レジームとは，国際問題を解決・管理するための原則，規範，規則および政策決定の手続きの集合である[9]．

そもそも，国際関係を動かしているのは，国家だけではない．国連など国際機構やNGO，民間企業といった「非国家アクター」も，国際関係において重要な役割を果たしているとする．それらは国際レジームにも参加し，「グローバル・ガバナンス」（後述）の形成に貢献している．

また，自由主義理論は，国家の中身にも注目して，多様なアクターが織りなす国内の政治過程を分析する必要を強調する[10]．国家の政治の仕組み，すなわち政治体制が民主的か非民主的かも重要である．人権が保障され選挙で政権が選ばれるような「民主的」な国家の間では，基本的に戦争は起きないとされる．いわゆる「民主的平和（democratic peace）」論であり，18世紀の哲学者イマニュエル・カントにさかのぼる伝統のある主張である[11]．

自由主義論者が挙げる証拠としては，まず，第二次世界大戦後，国連を中心とした国際協力が進んでいる点である．自由貿易の体制が作られて貿易が盛んになることで多くの国で経済発展が進み，日中間を含めて世界的な経済

の相互依存が深まった．たしかに中国が軍事力を強化するにつれて，尖閣諸島問題など日本にとって中国の脅威は増している．しかし，日中関係は不安定であるものの，お互い不利益を被ることもあり，軍事的な衝突には至っていない．また，地球環境問題など地球規模の課題についても，「持続可能な開発目標」（SDGs）が 2015 年に国連で採択されるなど，解決へ向けて多くの国々や国連，NGO，企業が協力している．2020 年に発生した新型コロナウイルスの問題でも，いろいろな批判を受けつつも，世界保健機関（WHO）を中心とした国際協力が展開されている．日本，アメリカ，欧州諸国の間では，かつて繰り返し戦争が行われてきたが，第二次世界大戦で日本やドイツが敗れ民主的な国になってからは，少なくとも戦争が起きる可能性はほぼなくなっており，民主的平和論を実証しているといえる．

③マルクス主義理論

　国際関係を動かしているのは「経済関係」であると考えるのが，「マルクス主義」の理論である．ちなみに，カール・マルクスは 19 世紀に実在したドイツの哲学者で，共産主義や社会主義の概念を発展させた人物である．ここでは，マルクス自身が国際関係について述べた内容というよりも，その基本的な考え方や視点に基づいた理論という意味で，その名前が冠されている．

　マルクスは，人間の社会活動は労働者と資本家といった経済関係で規定されており，資本をもつかもたないかで分かれる「経済階級」の間では，支配・従属の関係と，それに対する抵抗さらには革命の発生は避けられないとした．それを国際関係に当てはめると，豊富な資金力を有する先進国や国際的な大企業，企業に投資する資本家が，国際関係でも強い力をもっているということになる．発展途上国の権力者や富裕層もまた，先進国や大企業，資本家と結びつき，国際的な支配層を形成している．どこの国かに関係なく，それら経済資本を握る階級は，お互い結託して，政府や国際機構を通じて国際政治を動かし，先進国や発展途上国の国内にいる社会的経済的弱者（労働者，中小企業，女性，子どもなど）から利益を吸い上げている．結果として

国際関係には，「支配−従属」，あるいは「中心−周辺」の構造が形成されていて，容易には変化しない．「従属論」のフェルナンド・エンリケ・カルドーゾや「世界システム論」のイマニュエル・ウォーラーステインなどの論者が知られている[12]．

　証拠としては，経済自由化と自由貿易による経済のグローバル化を通じて，トヨタやアップル，アマゾンなど世界規模の大企業が急成長する一方で，古くからの国内産業が衰退していることが挙げられる．最近は，日本も含めてアマゾンやグーグルなど，いわゆる「GAFA」を中心とした IT 産業が国際的に強くなり，各国に進出して独占的な利益を上げている．ファーウェイなど中国系の大企業も，国際的な影響力を強めつつある．それにより，伝統的な産業はもちろん，百貨店など従来の小売業も潰れ，途上国の天然資源や農産物は国際的な企業によってその都合のいい価格で買収されていく．先進国でも，鉄鋼業など製造業では，賃金の安い国へと工場が移っていくために，労働者の雇用が失われてきた．しかも，激しい国際競争に勝つために，企業にとって解雇しやすく好都合な「非正規雇用」の割合が世界的に高まっている．そのため，大企業および資本家は利益を増やす一方で，一般的な労働者の収入はむしろ減少傾向にある．途上国では，バナナ農園や縫製工場などで，労働者が不当に安い賃金で長時間働かされている．

　しかも，大企業や富裕層は国家や国際機構を牛耳って，国内・国際レベルで自らに都合の良い政策を実施させている．特に規制緩和や「小さな政府」，自由競争，個人の自助努力を強調する「新自由主義」的な政策は，1980 年代から世界各国で採用されている．マルクス主義論者によると，それは有力企業や資本家が参入しやすい環境を作り，かつ規制を逃れてさらに収益を上げるためのものに過ぎない．労働や環境に対する政府の規制は，あったとしても，大企業や資本家の要求により骨抜きにされている．むしろ各国は，企業や資本を引き留めるために，労働者や自然環境を守る規制を緩和する「底辺への競争」をこぞって行っている．最近の FTA（自由貿易協定）など自由貿易の促進も，先進国や大企業にとって都合のよいものに過ぎない．そも

そもマルクス主義では，国家自体が，大企業や資本家の「道具」に過ぎないと考えられる．2003 年のイラク戦争も，アメリカの政治家や石油企業が，中東の油田確保のために政府を動かして行ったものとされる．

　対して，労働者や貧困層は反発や抵抗を各国で起こし，不平等な国際経済の構造自体を変革する試みも行われてきた．1960，70 年代には「南北問題」が国際問題として国連などで取り上げられ，途上国での石油など天然資源の国有化や，経済援助を求める途上国の国際的な運動が盛んとなった．今世紀に入る頃には，2001 年の「世界社会フォーラム」をはじめ，労働者や社会的弱者が集まり「反グローバリズム」の国際的な運動も行われてきた．しかし，それらの試みは必ずしもうまくいっているとはいえない．工場の国外移転が進むアメリカでは，白人労働者が不満を高め，彼らを助けることを公約したドナルド・トランプが 2016 年末に大統領に選ばれた．しかし，トランプ自身が大富豪であり，当選後は富裕層向けの減税を実施したり，外交でもアメリカの大企業が好む政策（地球温暖化対策反対など）を実行したりした．新型コロナウイルスの問題でも，アメリカや日本，EU 諸国，ブラジルなど世界各国で，国民の健康よりも，大企業の利益を優先しているかと思えるような経済支援策が実施されてきた．

④構成主義理論

　「構成主義（コンストラクティビズム）」は，国際関係を動かしているのは「価値」や「規範」，「文化」であるとする．価値には，例えば，自由や民主主義，人権，内政不干渉といった政治に関わるものもあれば，アイデンティティや，ジェンダー，エコ，ベジタリアンといった個人の生き方にかかわるものもある．また，キリスト教や仏教，イスラム教など，宗教的な価値観もある．規範には，条約など国際法や国際機構などで決定される国際的なルールがある．文化には，伝統的なものや新しいもの，各国の文化やグローバルなもの，漫画や音楽などサブカルチャーもある．現実主義理論や自由主義理論を含む従来の国際関係論では，国家を含めた国際関係のアクターは，自ら

の利益を合理的に追求するものと想定されていたが，構成主義者たちは，その「利益」の内容自体が国際的な価値や規範，文化によって変化することを指摘する．そのため，経済力や軍事力よりも，社会的な価値や文化が，国家を含めた国際関係のアクターの行動に影響を与えると主張する．論者には，マーサ・フィネモアとキャスリン・シキンクやアレキサンダー・ウェント，大矢根聡などがいる[13]．

　証拠としては，条約の形をとった「国際法」が発展して，人権の尊重など国際社会のルールや規範が増加し，どの国も無視できないものとなっていることが挙げられる．中国のような専制的な国家でも，あからさまに人権を侵害すると国際的な批判を受けるため，慎重にならざるを得ない．また，国益の内容自体が変化し，国益以外の目標も各国は追求している．アメリカは，米中対立はアメリカ経済に不利益とわかっていても，人権や自由の価値観のために中国を批判する．また，1990年代以降ジェンダー平等の価値が国際的に広がることで，各国は外交目標にそれを取り入れ，国内では女性の権利を守るための法律や政策が作られてきた．最近では，LGBT＋といった新しい価値・概念も広がりつつある．エコは大切，地球環境を守ろう，といった価値観の広がりも，地球温暖化対策の国際協力を促す原動力となってきた．

　国際規範がアクターの行動を促したり制約したりするだけでなく，1997年の対人地雷禁止条約（オタワ条約）につながった国際キャンペーンのように，NGOや個人など「規範起業家」が新たな価値や国際規範を生み出し拡散させることもある[14]．2020年にアメリカで黒人男性が白人警官に殺害されたことで広がったBlack Lives Matter運動も，人種差別反対の国際的な運動としてアメリカを超えて世界に広がっている．しかもその運動がコロナ禍で国際的な人の移動が制限される中で広がったように，インターネットの普及が価値や規範，文化の拡散を加速させている．そして，こういった価値や規範の創出と拡散が，国際問題の解決につながることに構成主義論者は期待する．

　他方で，価値や規範，文化が「衝突」することもある．中国は，「内政不

干渉の原則」といった別の国際法上の規範を主張することで，人権侵害への国際的な批判に反論している．日中対立や米中対立の背景には，人権や民主主義，自由といった価値観の違いからくる不信感がある．日本でも，ネットでの反韓的な言説の広がりが，日韓関係を損なっている．また，1990 年以降，民族や宗教間の対立が紛争の原因となることが増えた．インターネットを通じて，イスラム過激派やキリスト教原理主義といった過激な思想が広がって，国際的なテロや内戦の温床となっている．2001 年の 9・11 同時多発テロや 2014 年以降の「イスラーム国」勢力のイラクやシリアでの広がりは，インターネット上の過激な思想に触発された欧米の若者が参加したことが一因であった．宗教的な保守勢力が強まり，むしろ女性や同性愛者への人権侵害が強まっている国もある．ヘイトスピーチの拡散など価値や文化の対立と分断を招くインターネット空間の負の側面も指摘されている．

　以上，4 つの主な理論とイメージを見てきたが，国際関係論で広まった順番でいえば，①から④へと進むにつれて新しい理論であり，それぞれ時代の変化を反映してきた．①現実主義は，2 度の世界大戦と冷戦を経て国際関係論では主流であり続け，実務家を含めて今なお根強い支持がある．②自由主義は，第一次世界大戦以前から主張されていたが，第二次世界大戦後の経済的な相互依存と国連を中心とした国際協力の進展を反映して発達していった．

表 1-1　国際関係の理論とイメージ

	現実主義	自由主義	マルクス主義	構成主義
国際関係を動かす要因	軍事力	相互依存関係，国内政治	経済関係	価値，規範，文化
主要なアクター	国家	国家，非国家アクター	先進国，大企業，資本家，労働者	多種多様
証拠	アメリカの影響力	国際協力の進展，欧米の平和	南北問題，貧富の格差拡大	国際法の発達，ジェンダー平等の規範
問題の解決方法	自衛と軍事同盟，勢力均衡	国際レジーム，民主化	国際経済構造の変革	新たな価値や規範の創出・拡散

出典：筆者作成．

1980年代には，国際レジーム論のように国際制度に注目した自由主義理論が盛んとなり，特に構造的現実主義論者との論争が盛んとなった．1960年代以後には，植民地から独立した発展途上国と先進国との間の経済格差，いわゆる南北問題を反映して，③マルクス主義的な見方も主張されるようになった．冷戦が終結した1990年代以後，人権や環境などの価値や国際規範が広がり，他方，世界各地で民族紛争が目立つようになると，④構成主義理論に基づく研究が盛んになっていった．

　今世紀になると，それぞれの理論の精緻化や事例研究への取り組みが中心となり，理論間の論争やさらに新しい際立った理論は登場していない[15]．結局，それら4つの理論とイメージは，それぞれ国際関係の現実の一側面を指摘しているといえる（表1-1）．実際の分析では，それらの理論が組み合わされることが好ましい．地球温暖化（気候変動）の問題を例に挙げると，①現実主義から見ると，強い軍事力をもつアメリカが自国の利益を優先するために，なかなか有効な国際協力が進まない．②自由主義から見ると，それでも，地球温暖化の解決へ向けて，日本やEU諸国，国連，NGO，企業が協力して，国際レジームが発達し取り組みが進んだ．③マルクス主義的な視点からは，先進国によるCO_2削減へ向けた取り組みは一見好ましいように思えるが，厳しい環境基準を満たしうる企業はごく一部であり，エコカーやEV（電気自動車）を作ることができるような企業（多くは先進国や中国の大企業）が儲かるにすぎない．そういった技術をもたない発展途上国は収益を上げることができず，部品を作る下請けにとどまることになる．それどころか，先進国から移転してきた工場や外国投資による森林開発によって環境破壊が引き起こされている．④構成主義からは，「エコ」といった価値観の国際的な広がりやSDGsの認知度向上が，地球温暖化問題への国際的な取り組みを促している．中国のような新興国でもそのような価値観が広がり，環境問題への関心と規制が最近では進みつつある．アメリカのように大統領が地球温暖化対策に関心がない場合でも，カリフォルニア州などでは市民の環境への意識が高く，独自の取り組みが進んだ．

　このように 4 つの国際関係の理論が示すイメージは，いずれも現実の国際関係の一部である．それぞれの理論やイメージを知っているからこそ，そうでなければ見逃されたかもしれない事実に気づくことができるのであり，より深みのある研究，そしてより有効な政策を生み出すことができる．

　ただし，国際関係論の理論と現実の間の関係は，複雑である．現実の国際関係を反映して理論やイメージが作られる一方で，逆にそれらの理論やイメージの影響を受けて国際関係が形成されてきた部分がある．例えば，①現実主義に従って政治権力者が軍事力を強化し国際関係で権力政治を追求した結果が，過去 2 回の世界大戦であった．今度は，それを反省した人々の間で②自由主義が支持されるようになり，現実の国際政治において国連が作られ，国際協力が促されることとなった．今でも多くの政治権力者は，①現実主義のイメージに従って行動する傾向が強く，敵対的な対外政策が生み出され，それによって国家間が対立するという，いわば予言の自己実現的な状況に陥りがちである．平和や人権の実現には，政策担当者や人々自身の国際関係のイメージ（あるいは世界観）を変えることが必要な場合も多い．その意味でも，いろいろな国際関係論の理論とイメージを知っておく必要がある．以下の章でも，これら 4 つの理論とイメージにたびたび言及していく．

3.　国際関係論における重要な概念

　次に，国際関係論で重視されてきた，国際関係を考えるうえで不可欠な概念について，上の理論やイメージと絡めながら，いくつか紹介しておきたい．

①アナーキーと主権国家システム

　1 つは，国際社会は「アナーキー」という概念である．アナーキーとはもともと，ある社会の無政府状態のことを示す言葉である．それを国際社会の特徴として述べた場合，国際社会には，国内社会における政府や裁判所，警察のようなものが存在しない状態を指している．そのようなアナーキーな状

態においては，各国は，軍事力を強化するなどして，自分で自分の身を守らないといけない，ということになる．特に現実主義論者が重視する国際関係の基本概念である．

　では国際社会に何らルールや秩序はないのかというと，そうではない[16]．16世紀くらいのヨーロッパで近代国家が誕生すると，「主権国家システム」という国際秩序が作られていった．それは，17世紀以降のヨーロッパで生まれた国際関係のシステムを指す．そのシステムでは，各国家は「主権」を有し，領域を排他的に支配する権利があり，国家の領域内では，その国の政府がすべてを統治する．各国は，他国の国内問題に口を挟んではいけないという，いわゆる「内政不干渉の原則」が国際ルールとなっている．同時に，各主権国家は，人口や軍事力，経済力に関係なく，法的には平等とされる．そのため，国連総会では国の大きさに関係なく，一国一票で多数決が行われる．いくつもの国にまたがる問題は，原則として，国家間の協議，すなわち「外交」によって取り組まれる．このシステムは，19世紀以降，中南米からアジア，アフリカと，国家が独立するにつれて世界全体へと広がっていった．多くの現実主義者の間でも，主権国家システムの存在は認められている．ただし，それはあくまでも形式的なものに過ぎず，実際は軍事力が強い大国が支配すると考えている．

② グローバル・ガバナンス

　冷戦が終わった1990年代になると，国際協力が広がっていった．そこで現れた概念が「グローバル・ガバナンス」である[17]．たしかに国際社会には，アナーキーの概念で表現されたように「政府」（＝ガバメント）は存在しない．しかし，問題解決のための国際的な制度（国際法や国際機構）や，国家，NGOなどからなる統治のネットワーク（＝ガバナンス）が形成されている．すなわち，確かに国際社会はアナーキーで，ガバメントは存在しないが，それでも国際レジームなどを通じたガバナンスは発達しつつある，と指摘されるようになった．そのガバナンスのネットワークは「グローバル・ガバナン

ス」と名づけられ，研究が進められている．例えば，保健の分野では WHO を中心とした「グローバル・ヘルス（保健）・ガバナンス」（GHG）が作られている[18]．それが今回の新型コロナウイルスでどの程度機能したかは，今後の研究対象となるであろう．このグローバル・ガバナンスは，国際協力を重視する自由主義論者が特に主張している概念である．

③ソフトパワー

　最近よく目にする国際関係論の概念が，「ソフトパワー」である．それは，軍事力や経済力を意味する「ハードパワー」ではなく，国家などがもつ文化的な魅力や価値観，イメージの力のことである[19]．例えば，日本のアニメ，アメリカのハリウッド映画，韓国の K-POP などが，それぞれの国のソフトパワーを生み出している．ソフトパワーがあれば，ハードパワーが低くても，国際関係で大きな影響力を発揮することができる．例えば，日本は，軍事力は強くないが，平和的であるとか，礼儀正しいといったイメージがあるために，多くの他国の人々から好意的に見られるようになると，日中間で対立が起きた時には，日本の味方をする国が増えることになる．

　そのため，日本や韓国，フランス，中国などいろいろな国が，自国のソフトパワーを高めるための「文化外交」を行ってきた[20]．ただし，日本政府がソフトパワーを強化するために行ってきた「クールジャパン」政策はうまくいっているとはいえない．むしろ，ソフトパワーは，口コミやインターネット，イベントなどを通じて，人々自身によって生み出される．他方で，国際テロを行う過激派や民族主義者も，SNS などを利用してソフトパワーを生み出し，戦闘員の募集や資金集めに利用することがある．このソフトパワーの概念は，構成主義論者の分析に親和的であるが，現実主義論者も国力を強める方法として重視している．

　注
1）　トゥキュディデス（2013）参照．

2)　加藤（2015）参照.

3)　松原・飯田（2012）；多胡（2020）参照.

4)　例えば，初瀬龍平は，国際関係のイメージを，ホッブス的，グロティウス的，マルクス的，カント的，インペリアル的イメージに分類している．初瀬（2012）を参照．本書の分類でも参考にしている．他に今井（2017）を参照.

5)　Carr（1946＝邦訳 2011）；Morgenthau（1978＝邦訳 2013）；Waltz（1979＝邦訳 2010）；高坂（1966）．他にも Mearsheimer（2014＝邦訳 2019）参照.

6)　曽村（2017）参照.

7)　Keohane and Nye（2001＝邦訳 2012）.

8)　Krasner（1983＝邦訳 2020）.

9)　注 8 のクラズナーの国際レジームの定義は，「所与の争点領域においてアクターの期待が収斂するところの明示的もしくは暗黙の原則，規範，ルール，および意思決定手続き」（邦訳，2 頁）.

10)　国際レベルと国内レベルの意思決定の連環をモデル化したパットナムの「ツーレベル・ゲーム」や，国家間関係だけでなく，国内政治や官僚組織の特性を強調したアリソンの対外政策決定過程の議論を参照．Putnam（1988）；Allison and Zelikow（1999）．岩崎（2012）所収の，杉浦功一「アリソンの『決定の本質』」（195-209 頁）および「パットナムのツーレベルゲーム」（211-225 頁）も参照.

11)　カント（1985）．Russett（1993 ＝邦訳 1996）も参照.

12)　カルドーゾ・ファレット（2012）；Wallerstein（2004＝邦訳 2006）.

13)　Finnemore and Sikkik（1998）；Wendt（1999）；大矢根（2013）．政所・赤星（2017）も参照.

14)　足立（2004）；（2015）参照.

15)　葛谷・芝崎（2018）参照.

16)　特にブルら「英国学派」が指摘している．Bull（1977＝邦訳 2000）.

17)　グローバル・ガバナンス委員会（1995）；鈴木（2017）；西谷・山田（2021）参照.

18)　城山（2020）参照.

19)　Nye（2004＝邦訳 2004）.

20)　渡辺（2011）参照.

I. 国際関係のアクター

第2章
国　　家

1.　国際関係のアクターとしての国家

　前章は，国際関係をどう理解するかについて，4つの理論とイメージを説明した．いずれも国際関係の実態の一側面を捉えており，それらを組み合わせることが必要であると述べた．本章以降はそれを踏まえて，国際関係を「誰が」動かしているのかに注目する．すなわち国際関係の「アクター（行為主体）」をみていきたい．まず本章は国家を取り上げ，特に国家が行う外交を考えたい．

　現実主義理論が強調するように，今なお国家は，国際関係の主役の1つである．その国家の活動で代表的なものが「外交」である．外交（diplomacy）とは，国語辞典である『大辞林（第三版）』によると，「外国との交際や交渉」とされ，内政の対義語とされる．言い換えると，「外交」とは国家と国家の交渉とそれに関連する活動のことである．ただし，異なる国の民間人同士が交流する「民間外交」や「市民外交」，違う国の自治体同士が交流する「自治体外交」といった用法も見られる．外交や外交史の研究は，国際関係論が学問として成立する以前から行われており，研究の歴史は長い[1]．また，「外交政策（対外政策）」（foreign policy）というとき，安全保障を含めた国家の対外的な政策全般を示し，交渉としての外交はその方法の1つということになる．以下では単なる交渉にとどまらない，対外政策の立案から実施まで含む広い意味で，外交の語を用いる．

2. 国家と外交

(1) 外交の「主体」

外交を行う「主体」について改めて考えてみると，当然それは国家ということになるが，具体的に何を意味しているのであろうか．ある国家が他国と交渉するというのは，どういうことであろうか．基本的に，外交の主体としての「国家」は，まるで個人のように，単一の意思をもつものとみなされる．例えば，「日本は，アメリカの世界保健機関（WHO）脱退の決定には賛成しない」というときの「日本」や「アメリカ」に現れている．

しかし，外交アクターとしての「国家」とは，具体的にはある国の政府を指し，その政府内部だけでも多くの人間や組織が存在する．それ以前に，個々に意思をもった国民が存在する．ある国の国民の意思が1つに集約されて，「国家の意思」として外交の場で表明されているのである．違う言い方をすると，国家の構成員（国民や政治家，官僚など）たちの意思は，外交政策の決定過程を経て1つに集約されていく．日本の例だと，日本国民の意思は，原則としては選挙を通じて政治家（議員）に伝えられるが，現実には世論調査などから政府の官僚によっても汲み取られる．それら政治家や政府の外務省にいる専門的な官僚（＝外交官）の意思は，他の省庁と調整されつつ，国会や内閣などで集約されて，日本政府としての単一の意思となる．それを受けて，外交交渉の場において日本政府の代表が，同様の過程を経て1つの意思を背負う別の国の代表と交渉し，合意が成立したり失敗したりする．

もちろん，国家全体や政府内部，外務省内部には，外交目標や手法などをめぐってさまざまな意見がある．一部の構成員の意思は，その過程で無視されるかもしれない．地球温暖化対策の交渉におけるアメリカの消極的な姿勢のように，積極的な対策を望む一部のアメリカ国民の意思が無視されることもある．特に外交政策の場合，一部のエリート（日本だと外務省や首相官邸）の意向が強く反映されがちである．しかも，その複雑な外交政策の決定

の過程は，外部からは見えなかったりする．昔から外交の研究では，そのような状態は，「ブラックボックス」といわれてきた．要するに外部（他国）からは内部が見えず，外交交渉の場でいきなり1つの意思として表明される．最近では，情報公開が進み，メディアによる取材が盛んとなり，ウィキリークスをはじめインターネットを通じた情報の漏洩が増えることで，内部の決定過程がわかるようになりつつあるが，北朝鮮や中国政府の内部のように，相変わらず外部からは内部の様子が見えない国も多い．

(2)　外交の「目標」

　外交の「目標」は，基本的には，国家の利益＝「国益」を実現し守ることである．問題は国益とは何かである．現実主義的な理論が強調するように，「国益」とは何よりも安全保障のことであり，他国の侵略から自国を守ることであった．それが次第に，経済的利益や資源，人権，環境，感染症予防など，幅広い分野が国益に含まれるようになった．国益概念の広がりを受け，地球温暖化問題など環境問題に注目する「環境外交」，人権を守るために行われる「人権外交」，自国への石油などエネルギーの安定供給を目指す「エネルギー外交」といった言葉も生まれた．

　しかし国益の意味が広がると，政府は複数の外交政策の目標を常に抱え，同時に追求しなければならず，外交の現場で絞り込みに迫られる．例えば，日本政府の外交政策の基本方針を示す『外交青書』の令和2年（2020年）版では，日本外交の6つの重点分野として，①日本外交の基軸である日米同盟の更なる強化，②北朝鮮をめぐる諸懸案への対応，③中国・韓国・ロシアといった近隣諸国外交，④緊迫する中東情勢への対応，⑤新たな共通ルール作りを日本が主導する経済外交，⑥地球規模課題への対応が挙げられている[2]．しかし，外交目標は相互間で矛盾や対立が生じやすい．上の日本外交の重点分野でも，①の日米同盟の強化は，米中関係の状況によっては，③にある日本の対中関係の悪化につながる可能性がある．対立しないよう優先順位を定めようとしても，その決定自体が困難を伴う．

　外交目標で難しいのは，「国家」と「国民」のどちらを重視すべきか，言い換えると，国家全体の利益のために一部の国民を犠牲にすべきか，というジレンマが常に付きまとうことである．例えば，北朝鮮問題では，日本人拉致問題の解決と核兵器開発の停止という 2 つの目標の間で，日本政府は長らくジレンマを抱えてきた．2000 年代後半以降，拉致問題を理由に，核兵器開発問題をめぐる北朝鮮との交渉がたびたび暗礁に乗り上げている．また，沖縄の米軍基地問題のように，国全体の安全保障のために特定の地域を犠牲にすべきかどうかも，長く争われてきた問題である．ほかにも，国益か国際公益かや，軍事的な安全保障の優先度も，外交の目標にかかわる対立軸となってきた[3]．

(3)　外交の「方法」

　外交の「方法」として，まず，「公式」と「非公式」とがある．公式の外交交渉には，先進国首脳会議（G7，サミット），首脳会談，外相会談，実務者協議など，正式に設けられた会合がある．しかし，実際の外交交渉は，非公式な形で，担当者同士で水面下で進められることも多い．会議の中身は当然公開されない．例えば，2002 年 9 月，当時の小泉首相が北朝鮮を電撃訪問し，金正日（今の金正恩の父）総書記と日朝首脳会談を行って，日本人拉致問題が大きく進展したが，その訪問に先立ち，当時の外務省の田中均局長による北朝鮮政府関係者との 30 回以上にわたる秘密交渉が行われたという[4]．また，米中の国交正常化交渉の過程で，1971 年の卓球の世界選手権での選手同士の交流が注目されたように，スポーツイベントや学術交流，市民交流が外交に利用される場合もある．

　外交の方法としては，「強硬路線」と「協調（対話）路線」とがある．強硬路線では，経済制裁や脅迫，場合によっては武力行使すら行って，自らの外交目標や利益を達成しようとする．近年の北朝鮮による核兵器の開発に対しては，日本は北朝鮮に経済制裁を実施するなど強硬路線が採られている．対して，協調（対話）路線は，話し合いを重んじ，合意を目指して交渉する．

相手の外交目標や利益に配慮することで，交渉を前進させようとする．北朝鮮との交渉において，韓国はしばしば「太陽政策」を取ってきた[5]．それは，イソップ童話の「北風と太陽」の寓話から作られた言葉であるが，対決や制裁（＝北風）ではなく，北朝鮮という国家の存在を認めて援助をしながら交流を行い（＝太陽），徐々に相手の政治体制を変えていこう（＝旅行者の上着を脱がせる）とする外交である．現在の北朝鮮の核兵器開発問題でも，日本と対照的に，韓国の文在寅（ムン・ジェイン）大統領は対話によって問題を解決しようとしてきた．どれが有効な方法かは，その時の情勢によって左右される難しい問題である．

(4)　外交の「舞台」

　外交がどこで展開されるのか，いうなれば「舞台」について，二国間と多国間とがある．いわゆる伝統的な外交は，「二国間（ユニラテラル）外交」あるいは「古典外交」といわれ，2つ国の政府（の政治家や外交官）の間で行われてきた．今なお外交の一般的な形態であり，自国の国益を追求したい場合，こちらの舞台を通じて外交が展開される傾向にある．対して「多国間（マルチラテラル）外交」は，多くの政府代表が集まる国際会議や国際機構を舞台に行われる外交である．特に第二次世界大戦以降，地球環境問題など多くの国に影響する問題が増えるにつれて活発になっている．多国間外交では，国際社会全体の利益（＝「国際公益」）が重視されることが多い．

　国家の外交として，二国間と多国間のどちらの外交に重きを置くべきかは，難しい選択である．「アメリカ・ファースト」を唱えて国益を優先したアメリカのトランプ前大統領は，国連などでの多国間外交を避け，二国間外交を追求する傾向が強かった．このような二国間外交を重視する姿勢は，「二国間主義（ユニラテラリズム）」あるいは「単独行動主義」ともいわれる．対して，多国間外交を重視すべきという考え方は「多国間主義（マルチラテラリズム）」ともいう．トランプは，多国間外交ではアメリカの主張がなかなか通らず，直接他国と交渉した方がアメリカの外交目標が実現しやすいと考

えたのである．環太平洋パートナーシップ協定（TPP）は，太平洋地域の自由貿易を推進する多国間の協定であり，当初はアメリカのオバマ政権が旗振り役となっていた．しかし，オバマを継いだトランプは，自国の主張が通らないということでTPP脱退を宣言し，二国間で自由貿易協定を締結する外交方針に切り替えた．同じ理屈で，地球温暖化対策のパリ協定から脱退したり，新型コロナウイルス問題ではWHOからの脱退を表明したりした．このようなアメリカに対して，同盟国である日本は難しい外交を強いられた．

3. 日本の外交

(1) 第二次世界大戦後の日本外交の基本方針

　国家が行う外交の例として，ここでは日本を取り上げたい[6]．第二次世界大戦後に採用された外交方針は，いわゆる「経済中心主義」の路線であった．

　第二次世界大戦で敗れた日本は，連合国の占領ののち，1952年に再独立した．連合国の占領の間にヨーロッパで東西冷戦が始まり，事実上のアメリカ占領下で，日本はアメリカを中心とした西側（資本主義）陣営に組み込まれ，ソビエト連邦（ロシア地域などを含む社会主義の国）率いる東側（社会主義）陣営と対抗していく．そういう国際環境の中で，1948年5月から54年12月まで政権を担っていた当時の吉田茂政権は，アメリカと「日米安全保障条約」（日米安保条約）を1951年に締結（1960年に改定）し，安全保障分野ではアメリカの軍事力に依存するようになる．これが経済中心主義といわれる外交方針となった．

　つまり，吉田首相は，日米同盟を結んで，軍事面ではアメリカに守ってもらうようにしたのである．日本の軍事的な負担が減る代わりに，日本は米軍に基地を提供した．特に沖縄は，再独立後も1972年までアメリカの統治下に置かれ，広大な米軍基地が築かれ，現在に至っている．それでも軍事負担が少ない分，日本政府は国内の経済発展に力を入れることができた．工業の育成と貿易の拡大に重点を置くことで，日本は1950年代から60年代にかけ

て高度経済成長に成功している．アメリ
カにとっても，冷戦の文脈で，西側の一
員に組み込まれ，東側である中国（中華
人民共和国）やソビエト連邦（当時），
北朝鮮に接している日本に軍事基地を置
くと同時に，日本が経済成長して自立す
ることは好ましいことであった．1955
年に結成された自由民主党（自民党）は
吉田政権の政策を受け継ぎ，政権を担い
続けたが，アメリカの言いなりという批
判を受けつつも，日米同盟を基盤とした
経済中心主義の外交方針を維持し続けた．

吉田茂首相（出典：外務省ウェブサイト
https://www.mofa.go.jp/mofaj/annai/ho
nsho/shiryo/yoshida/shiryo.html）

(2) 1990年代の日本外交

　冷戦が終結すると，すでに「経済大国」となった日本は，国連を中心に国
際協調路線をそれまで以上に追求しはじめた．すなわち，アメリカ依存から
離れて「外交地平の拡大」を目指すようになった．国連中心の多国間外交の
試みである．1980年代には超大国であったアメリカの国力に陰りが見られ
るようになり，他方で日本はバブル経済によって絶好調であった．自動車産
業が日本企業に脅かされ業績が悪化するなど，経済停滞が目立つようになっ
たアメリカは，日本に自力で国を守るよう要求するようになった．冷戦が
1989年に終結すると，日本にとってもアメリカに守ってもらう必要性が低
下していく．しかも，それまで東西対立のために十分機能していなかった国
連が再活性化し国際協力が盛んとなると，経済大国である日本に対し，いっ
そうの「国際貢献」を求める声が国内外で強まっていった．

　その声に応えて日本政府は国際協力を拡充させ，1991年には，アメリカ
を抜いて，世界第1位の政府開発援助（ODA）提供国になった．さらに
1992年には国際平和協力法（PKO法）が成立し，自衛隊を国連平和維持活

動（PKO）へ派遣できるようになる．背景には「湾岸戦争」があった．1990 年 8 月にイラクが隣国クウェートを軍事侵略したことに対し，国連安全保障理事会の決議で米軍を中心とする多国籍軍が派遣された．1991 年初頭に戦争となり，多国籍軍はクウェートからイラク軍を追い出すことに成功した．これは国連の集団安全保障体制が冷戦終結でようやく機能するようになった事例とされる．しかし日本は，日本国憲法の制約で海外に軍隊を派遣できず，多額の資金を提供したものの，クウェート政府が感謝の意を表明した新聞広告に日本の名前が載らないなど，日本の存在感は薄かった．そこで，「カネだけでなく汗も流す」日本，いわゆる「普通の国」を目指して，PKOへ自衛隊を派遣できるようにしたのである．PKO は，紛争終結直後の国に，紛争再発防止と復興を目的として行う国連の活動であり，戦争に行くわけではないので，日本国憲法の制約があっても自衛隊を派遣することができる．それでも，軍国主義時代の記憶が残る当時の日本では，自衛隊に対する警戒心が強く，PKO への派遣をめぐっても国内で論争があった．

　日本は，紛争解決以外でも国際貢献を強めた．1990 年代以降，地球環境問題が深刻化したが，日本は積極的に取り組むようになった．1997 年には，地球温暖化を解決するための「国連気候変動枠組条約」の締約国の会議が京都で行われたが，具体的に二酸化炭素などを削減する数値目標を定めた「京都議定書」の締結に，日本は尽力した．同時に，日本は，経済力と国際協力への貢献に見合った国際的な地位を要求するようになる．1993 年以降，日本は，アメリカ，イギリス，フランス，ロシア，中国に限られていた国連安全保障理事会の常任理事国入りを目指すようになった．ただし，現在の常任理事国の賛成を条件とする国連憲章の改正が必要などハードルが高く，中国などの反対もあり，現在に至るまで成功していない．

（3） 21 世紀の日本外交

　2000 年代に入ると，小泉純一郎政権（2001 年 4 月～06 年 9 月）は，再び日米同盟の強化を目指した．ブッシュ Jr. アメリカ大統領と親密な関係を築き，

2001 年の 9・11 同時多発テロの後，アメリカが国連決議がないまま一方的に行った「イラク戦争」にも，日本は特措法を制定して，自衛隊を湾岸地域に派遣して後方支援するなど協力した．また，小泉首相は，高い国内支持率を背景に独自のリーダーシップを発揮し，外務省中心ではなく首相中心の「官邸外交」を推進した．例えば，2002 年 9 月，先述のように，突然北朝鮮を訪問して金正日と対談し，日本人拉致問題の解決に取り組んだ．ちなみに，当時の官房副長官で北朝鮮にも随行したのが，安倍晋三前首相である．他方で，アジア外交では，靖国神社参拝を契機として，1990 年代には割と良好であった日中・日韓関係が悪化した．靖国神社は，戦前に国が作った神社で，戦死者が英霊として祀られた．戦後，靖国神社は民間の神社となったが，第二次世界大戦の戦争犯罪を裁いた極東国際軍事裁判（東京裁判）で A 級戦犯になった人物も祀られるようになっていた．そこに現役の首相や政治家が参拝することに対して，中国，韓国，アメリカなどが反発し，とくに日中と日韓関係が悪化したのである．

　小泉政権の次の安倍晋三政権（第 1 次）（2006 年 9 月〜07 年 9 月）は，小泉外交を継承しつつも，2006 年 10 月に訪中するなど日中関係を改善した．安倍首相は小泉前首相の北朝鮮訪問時にも随行しており，北朝鮮問題の解決に意欲的であったが行き詰まり，体調を崩して 1 年で辞任した．その後，自民党政権は次第に国民の支持を失い，野党であった民主党が人気を獲得していく中で，短期間での政権交代が続いた．福田康夫政権（2007 年 9 月〜08 年 9 月）では，2008 年 8 月に北海道洞爺湖で主要国首脳会議（G8，当時はロシアも参加）が開催されたが，内政問題で手一杯だった．麻生太郎政権（2008 年 9 月〜09 年 9 月）では，解散総選挙をにらんだ民主党との駆け引きなど内政の問題中心で余裕がなかった．それでも，マンガや日本食など日本のソフトパワーを世界に広める外交を推進した．

　自民党は 2009 年 8 月末総選挙で敗れて，民主党への政権交代が実現した．1955 年の結党以来，自民党は，分裂によるごく短期間を除いて政権を担い続けていたが，初めて選挙による敗北で政権交代を許した．国民の高い期待

を受けて，民主党党首の鳩山由紀夫が政権を担った（2009年9月〜10年6月）．鳩山首相は，さっそく就任直後の国連総会で地球温暖化問題への積極的な姿勢を表明するとともに，アメリカとの対等な関係を目指した．鳩山は，沖縄の在日米軍の普天間基地の県外移設を公約として，その実現を目指した．普天間基地は，米軍海兵隊が駐留するなど規模の大きな基地であったが，住宅街の中にあり，事故の危険が常々指摘されていた．自民党政権時代に県内での移設が決定されていたが，それを鳩山は県外移設にして，沖縄県民の負担を減らそうとしたのである．しかし，アメリカは沖縄の地理的な軍事的意義を主張し，県外移設に消極的であった．また，県外の自治体も米軍基地を受け入れることを嫌がったため，首相が自ら設定した5月末の県外移設の決定期限を守ることができず，首相は辞任した．

　跡を継いだ同じ民主党の菅直人政権（2010年6月〜11年9月）は，軌道を修正し日米関係を再び重視するようになった．しかもこの時期には，経済成長が進む中国の脅威が強まっていった．2010年9月には，日本の支配下にあるものの中国も領有を主張する尖閣諸島の近海で，領海侵犯した中国漁船と海上保安庁の巡視船が衝突する事件が起きた．その後，中国国内で反日デモが起きるなど，日中関係は急激に悪化していった．2011年3月には東日本大震災が発生し，菅政権は内政・外交含め，十分なリーダーシップを打ち出せなかった．その後も同じ民主党の野田佳彦政権（2011年9月〜12年12月）が続いたが，福島の原発問題の処理や消費税の増税問題で手いっぱいで，国民の支持はさらに低下していった．しかも，アメリカ主導であり，農産物の自由化が求められるTPPをめぐって政権内外で対立が激化した．

　2012年12月の総選挙で民主党は敗れ，自民党が勝利し，安倍晋三政権（第2次）（2012年12月〜20年9月）が誕生した．安倍政権は，中国など対外的には強い姿勢を示した．そのためにも，2015年9月安保法制を採択して集団的自衛権を実行できるようにするなど，アメリカとの関係強化を図った．2016年5月には，G7伊勢志摩サミットを主催し，経済対策やテロ対策など話し合いを行った．安倍政権は，2019年に日本の歴代総理大臣の中で

最長の長期政権となり，それまで1年おきに政権が交代してきた状況を考えると，外交面で比較的安定していたことが評価される．中国との関係も基本的には改善し，新型コロナウイルス問題の発生まで，2020年4月には習近平国家主席の訪日が実現する予定であった（訪日は延期）．

　他方で，韓国とは，従軍慰安婦や徴用工問題で関係が悪化した．日米関係では，アメリカのトランプ大統領から，在日米軍駐留にかかる費用の日本の負担を4倍（約8000億円）に増やすことを要求されるなど，アメリカ追従の外交に対する批判的な声も国内で起きるようになった．また，2020年3月，新型コロナウイルス問題で東京オリンピックが延期された．2021年9月の安倍首相の自民党総裁としての任期切れ（＝政権の終了）の後どうなるのかが注目されたが，結局，2020年8月に体調不良から辞任を表明し，安倍政権下で長らく官房長官であった菅義偉が首相に就任した．安倍外交の継続を掲げているが，新型コロナウイルス感染症への対応に追われている．

　このように，戦後日本の外交は，国連など多国間外交もそれなりに重視しつつも，基本的に「日米同盟」を基軸とした二国間外交を重視し，かつ自国の経済発展を重視する外交であった．中国の台頭など国際環境が変化する中で，従来の外交方針をどの程度変えるべきか，あるいは維持するべきかが，日本外交の課題となっている．2020年5月，アメリカのトランプ大統領がWHOからの脱退を表明した際には，日本も追随すべきかの選択に迫られた．アメリカでは，2020年11月の選挙の結果，バイデンへと大統領は交代したが，アメリカとの関係，距離の置き方は引き続き難しい問題である．中国や北朝鮮の軍事的脅威を考えると，アメリカとの友好関係の維持は必要かもしれないが，アメリカへの依存も，他国の信用をかえって失いかねない．例えば，米中対立でアメリカと歩調を合わせると中国との経済関係が悪化して，日本の国益を損なうかもしれない．アメリカとイランの対立における日本の立ち位置も難しい．同時に，北朝鮮問題，日韓関係，地球温暖化問題，新型コロナウイルス問題への対応と外国人観光客減少の挽回，外国人労働者受け入れ，日本の魅力を高めるソフトパワーの充実など，経済も絡んだ多くの外

交課題を抱えている.

　国家の外交・安全保障にはジレンマも伴う．その最たるものが沖縄の米軍基地問題である．先述のように，近年の日本の安全保障でも日米同盟が重視される．しかし，日米同盟においては，日本国内の米軍基地が防衛の要とされ，その在日米軍基地のおよそ7割が沖縄県にある．図2-1のように米軍基地が人口の多い沖縄本島中部に占めるため，沖縄県民の負担は大きく，1990年代以降県民投票などで県外移設が繰り返し要求されてきた．しかし，現在の政府の対応は，住宅地にある普天間基地を同じ沖縄の辺野古へ移設する計画が中心であり，環境問題も絡んで強い反対が起きている．この沖縄の米軍基地問題では，一部の国民（沖縄県民）の安全を犠牲にしてでも，日米同盟による国家全体の安全保障が追求されるべきか，また，どの程度，軍事的な

出典：https://saygee.org/futenma/

図2-1　普天間から辺野古へ

安全保障を優先するかという点が問われている[7].

注

1)　原著が 1939 年に出版された，ハロルド・ニコルソンの『外交』は古典とされる．
Nicolson（1939＝邦訳 1968）参考．細谷（2007）も参照．

2)　『外交青書』は，外務省のウェブサイト（https://www.mofa.go.jp/mofaj/gaiko/
bluebook/index.html）を参照．

3)　杉浦（2019）参照．

4)　田中・田原（2005）参照．

5)　文（2018）参照．

6)　日本外交史については，個々の人物や政策分野，事件など多くの研究があるが，
通史については，五百旗頭（2014）や宮城（2016）を参照．

7)　杉浦（2017）;（2019）参照．

第3章
国際機構

1. 国際関係のアクターとしての国際機構

前章では国際関係のアクターとして国家に注目した．本章と次章では，国際機構やNGO，企業といった国家以外のアクター（非国家アクター）を取り上げる．本章では国際機構に注目するが，国際機構の機能や活動の分析は，「国際機構論」として独自の研究分野を構成してきた．国際関係論のみならず，国際法や組織論，社会学などの学問分野の手法を取り入れて，国際機構独自の特徴や役割が探求されている[1]．

国際機構とは，international（国際的な）＋organization（組織）であり，「国際機関」と表現されることも多いが，同じ意味である．単語からは，国際NGOや多国籍企業のようなものも含みうるが，一般的には，政府が条約などに基づいて設立する「政府間」国際機構を指す．国際機構は法人格を有し，各国政府や企業と契約などができる．加盟している国家のことを「加盟国」といい，各国政府は代表を派遣する．国際機構の設立の目的は，二国間の協力では難しい国際協力を効果的に行うためである．国際機構の三大要素は，①総会（一定の間隔で加盟国の代表全員が集まる），②理事会（組織の運営のため日常的に一部の加盟国の代表が集まる），③事務局（一般職員，いわゆる国際公務員）である．株式会社でいえば，それぞれ，①株主総会，②取締役会，③経理部や営業部などで働く社員たちの組織に相当する．WHO＝世界保健「機関」，OECD＝経済開発協力「機構」といったように，

国際機構によって日本語の訳語は異なっているが，大半が上の三大要素を備えている．なお，国連児童「基金」（UNICEF，ユニセフ）のように，「機構」や「機関」がつかない場合もある．また，よく混同されるのが，国際機構と国際 NGO/NPO である．繰り返すように国際機構とは複数の政府が集まって作った組織であり，国際 NGO/NPO とは次章で取り上げるように，市民が自主的に作った組織であり，性質の違いは大きい．

　国際機構自体は，国際協力の一形態として発達してきた．国際協力は，近代主権国家同士の対等な協力を想定してきた．近代国家自体が 17 世紀以降ヨーロッパで発達した経緯から，国際機構は最初ヨーロッパで生まれた．19 世紀にヨーロッパで産業革命が進み，機械で物を大量に作れるようになり，蒸気機関車の発明によって大量の物や人が移動できるようになると，国境を越えた活動が盛んになっていく．それに伴い国際的な問題が生じるようになり，ヨーロッパで国際協力が深まっていった．フランスとドイツの国境近くにある河川を共同で管理するため，1815 年に「国際河川委員会」がライン川で設立された．それまでの国際協力とは，自前の職員のいる常設的な事務局が存在した点で異なり，国際機構の先駆けとされる．その他の国際的な河川でも同様のものが設立されていった．その後，ヨーロッパでいわゆる「国際行政連合」が誕生し，1865 年には，電報に関する国際協力を扱う国際電信連合が設立され，1874 年には，現在も存在する万国郵便連合（UPU）（当初の名称は一般郵便連合）が設立された．いずれも，国家間の対立が少ない非政治的で技術的な分野での国際協力を扱った．

　しかし，1914 年 6 月に第一次世界大戦が発生すると，国際機構を設立することで国際平和を維持しようという構想が支持され，戦後 1920 年 1 月にベルサイユ条約等の発効によって「国際連盟」が誕生した．国際連盟の特徴としては，①世界のほとんどの国が参加する，最初の世界的な国際機構であること，②戦争の防止から経済社会協力まで幅の広い国際協力を行うこと，③総会，理事会，事務局，常設司法裁判所を有することが挙げられる．しかし，ウッドロー・ウィルソン大統領が設立の旗振り役であったにもかかわら

ず，アメリカは議会の反対のため加盟しなかった．さらに 1930 年代の大恐慌後のナチスドイツや日本の侵略を止めることができず，結局，国際連盟は第二次世界大戦の発生を防ぐことができなかった[2]．第二次世界大戦後には，国際連合が取って代わることになる．

　戦後は，冷戦による東西対立はあったものの，国連や世界銀行と国際通貨基金（IMF）（設立が決まった会議の場所から併せて「ブレトンウッズ機関」と呼ばれる）をはじめ多くの国際機構が設立されていった．国連は世界のほどんどの国が加盟する「普遍的」な国際機構であるが，加盟国を限定した地域的な国際機構（例：欧州連合（EU））もある．国連や EU は広い分野を活動領域とする「一般的」な国際機構であるが，特定の分野に重点を置く専門的な国際機構（例：世界銀行＝開発分野）もある．国際機構は現在 200 を超えるといわれる．年々数が増え，グローバル化で国際問題が増えるにつれ，国際関係において重要性を強めてきた．

　国際機構による私たちの生活への影響も拡大している．最近でいえば，新型コロナウイルス感染症対策における世界保健機関（WHO）の活動が注目を集めた．ちなみに，WHO は，1907 年設立の国際公衆衛生事務局と国際連盟保健機関を前身として，戦後になり誕生した．1980 年には天然痘の撲滅に成功して，人類として初めての快挙を成し遂げ，他にも多くの実績がある．しかし，2020 年の新型コロナウイルス感染症の問題では，テドロス事務局長（エチオピア出身）を筆頭に WHO の中国寄りのスタンスに対する批判が噴出した．中国の反対で，台湾をオブザーバーとして認めてこなかったことも背景にある．アメリカのトランプ政権は，そのスタンスを批判して 2020年 5 月に WHO からの脱退を表明した．それでも，インフルエンザの流行や今回の新型コロナウイルス問題では，WHO による情報提供や分析は，私たちの生活に大きな影響を及ぼしてきた．

　このような国際機構が国際関係においてどの程度重要か，あるいはどのような役割をもつかについては，前に見た国際関係の理論とイメージによって異なる．現実主義的な見方では，国際関係では国家が中心であり，それ以外

は重要ではないか，大国の支配下にある操り人形に過ぎない存在とみなされる．自由主義的な見方では，非国家アクターは国家と並んで主要なアクターになりうる．むしろ国際協力では重要な役割を果たし，グローバル・ガバナンスの主要な担い手である．マルクス主義的な見方では，ブレトンウッズ機関を中心に，国際機構は新自由主義的なグローバル化を推進し，現在の不平等な国際経済秩序を支える存在である．その背後には大企業や資本家，それらに操られる政府がいて，自分たちの利潤のために国際機構を裏で動かしている．グローバル化のなかで貧富の格差を生み出し，環境破壊や人権侵害などの問題を引き起こす存在として国際機構を批判的にとらえる．構成主義的な見方では，国際機構は新しい価値や規範が生み出され拡散する場，あるいは複数の価値が競合する場とみなされる．同時に，国家から自律したアクターとして，新しい国際的な規範を生み出すこともありうる．

2.　国際関係における国連

(1)　国際連合（国連）の基本情報

　代表的な国際機構とえいば，国際連合（国連）である．国連は，1944 年の 8 月から 10 月にかけてアメリカで開催されたダンバートン・オークス会議を経て，1945 年 4 月 25 日〜6 月 26 日のサンフランシスコ会議で設立が決められた．同会議は，第二次世界大戦末期，ナチスドイツが敗北し，日本はまだ連合国と戦っている時期に，当時の連合国 50 カ国が集まって，戦後秩序を考えるために開かれた．戦前の国際連盟の失敗を教訓にしながら，新しい国際機構を設立して平和を守る計画が支持され，国際連合を設立する条約である「国連憲章」が調印された．

　1945 年 10 月 24 日に国際連合は正式に誕生し，本部はニューヨークに置かれた．第二次世界大戦のような戦争が 2 度と起きないようにすることが最大の目的である．ただし，「国際連合」と「連合国」は英語では同じ the United Nations であり，連合国という戦争中の協力体制を戦後も続けること

で，平和を守ることが想定されていた．実際，日本やドイツは「敵国」扱いされ，国連憲章にも 53 条や 107 条など「（旧）敵国条項」が今なお残る[3]．

　加盟国の数は，設立時の 51 カ国から現在 193 カ国へ増加した．増加したのは欧米の植民地だった国が独立し，加盟したためである．現在，世界中のほとんどの国が加盟している．国連の基本的性格は，あくまでも主権国家の連合である．加盟国が国連の活動の内容を決めるのが原則である．それら国家が国連を設立するために締結したのが，先述の国連憲章であり，国連の基本的な仕組みや活動を規定した「憲法」のようなものである．国連で用いられる公式の言語は，アラビア語，中国語，英語，フランス語，ロシア語，スペイン語である．それらは，多くの国で使われる言語であるとともに，連合国の主要国（当時のソビエト連邦はロシア語）の言語でもある．

　国連憲章の前文などから国連の主要な目的は，①全世界の平和を守ること，②各国の間に友好関係を作り上げること，③貧しい人々の生活条件を向上させ，飢えと病気と読み書きのできない状態を克服し，お互いの権利と自由の尊重を働きかけるように，共同で努力すること，④各国がこれらの目的を達成するのを助けるための話し合いの場となることである．平和を守ることが何よりも重要な目的で，他の目的はそのために何が必要かという視点から導かれている．

（2）　国連とは何か

　国連難民高等弁務官事務所（UNHCR）など，「国連」や「UN」が付いたさまざまな組織の名前はよく耳にする．そもそも「国連」というとき，それは何を指しているのであろうか．

　まず，いわゆる「国連本体」が，一般に言われる「国連」にあたる．それは，安全保障理事会，経済社会理事会，信託統治理事会，総会，事務局，国際司法裁判所の 6 つの主要機関からなる．株式会社でいえば株主総会，取締役会，総務部などに該当する．加えて，国連本体が作った「計画」や「基金」といった名前が付く組織がある．総会決議によって設立され，独自の理

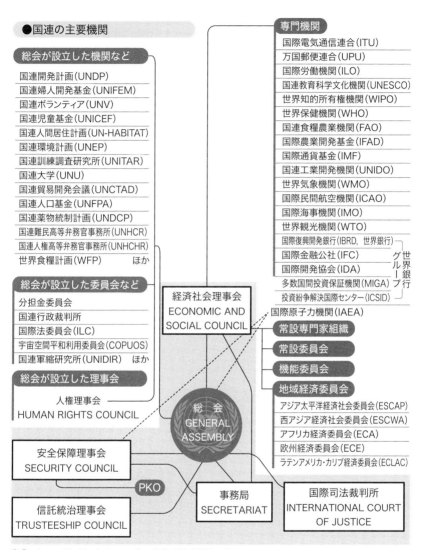

●国連の主要機関

総会が設立した機関など

国連開発計画（UNDP）
国連婦人開発基金（UNIFEM）
国連ボランティア（UNV）
国連児童基金（UNICEF）
国連人間居住計画（UN-HABITAT）
国連環境計画（UNEP）
国連訓練調査研究所（UNITAR）
国連大学（UNU）
国連貿易開発会議（UNCTAD）
国連人口基金（UNFPA）
国連薬物統制計画（UNDCP）
国連難民高等弁務官事務所（UNHCR）
国連人権高等弁務官事務所（UNHCHR）
世界食糧計画（WFP）　　　ほか

総会が設立した委員会など

分担金委員会
国連行政裁判所
国際法委員会（ILC）
宇宙空間平和利用委員会（COPUOS）
国連軍縮研究所（UNIDIR）　ほか

総会が設立した理事会

人権理事会
HUMAN RIGHTS COUNCIL

安全保障理事会
SECURITY COUNCIL

PKO

信託統治理事会
TRUSTEESHIP COUNCIL

経済社会理事会
ECONOMIC AND
SOCIAL COUNCIL

総　会
GENERAL
ASSEMBLY

事務局
SECRETARIAT

国際司法裁判所
INTERNATIONAL COURT
OF JUSTICE

専門機関

国際電気通信連合（ITU）
万国郵便連合（UPU）
国際労働機関（ILO）
国連教育科学文化機関（UNESCO）
世界知的所有権機関（WIPO）
世界保健機関（WHO）
国連食糧農業機関（FAO）
国際農業開発基金（IFAD）
国際通貨基金（IMF）
国連工業開発機関（UNIDO）
世界気象機関（WMO）
国際民間航空機関（ICAO）
国際海事機関（IMO）
世界観光機関（WTO）
国際復興開発銀行（IBRD, 世界銀行）
国際金融公社（IFC）
国際開発協会（IDA）
多数国間投資保証機関（MIGA）
投資紛争解決国際センター（ICSID）

世界銀行グループ

国際原子力機関（IAEA）

常設専門家組織

常設委員会

機能委員会

地域経済委員会

アジア太平洋経済社会委員会（ESCAP）
西アジア経済社会委員会（ESCWA）
アフリカ経済委員会（ECA）
欧州経済委員会（ECE）
ラテンアメリカ・カリブ経済委員会（ECLAC）

出典：https://imidas.jp/genre/detail/D-103-0007.html

図 3-1　国連の組織図

事会などを有して半ば自立した機関であり，子会社のようなものである．例えば，国連児童基金（UNICEF），国連開発計画（UNDP），UNHCRなどがある．新聞などで「国連機関」といわれるときは，たいてい含まれる．

　さらに，独立しているが，国連と協力関係にある「専門機関」がある．それぞれ個々の専門分野（保健，食糧，郵便など）で活動している．独自の設立条約，総会，理事会を有し，国連本体と強いつながりをもつ．例えば，世界銀行，IMF，世界貿易機関（WTO）などがあり，WHOもここに含まれる．万国郵便連合や国際労働機関（ILO）のように，国連よりも長い歴史をもつものもある．各専門機関は独立しているので，国連本体には加盟したまま，WHOからは脱退ということもできる．これら国連本体，計画・基金，専門機関を合わせて「国連システム」という（図3-1を参照）．

（3）　国連本体の仕組み

　国連本体は，6つの主要機関から構成される[4]．

　まず，①安全保障理事会，通称「安保理」といわれる機関がある．国際平和を守る「主役」であり，平和の脅威に真っ先に対応する役割を担っている．武力制裁や経済制裁といった強制措置や，平和維持活動（PKO）の実施などを決めることができる．安保理は非常に強い権限をもっており，安保理で採択される決議は，すべての加盟国を法的に拘束する．決議内容が自国の友好国への経済制裁であっても，安保理決議には従わないといけない．

　安保理の会合に出席できるのは，全加盟国から選ばれた15の「理事国」のみである．理事国には2つのカテゴリーがある．まず「常任理事国」といわれる5カ国があり，中国，イギリス，フランス，ロシア，アメリカである．中国の代表が中華民国から中華人民共和国に，ソビエト連邦がその解体後にロシア連邦にと，代表権が移ったことはあるが，国連憲章で規定されていて，その顔触れは設立から変化がない．常に安保理の会合に出席できる（＝常任）というだけでなく，常任理事国には「拒否権」という特権が与えられている．拒否権とは，決議の採択を阻むことのできる権利である．安保理の決

議は多数決で採否が決まるが，常任理事国のうち1国でも反対すれば決議は通らない．さらに，10カ国からなる「非常任理事国」がある．それらの国々は，全加盟国が出席する国連総会での選挙で2年おきに選ばれる．任期2年で交替し，連続再選はできない．ちなみに日本は，加盟国に対し選挙運動を行うことで，過去に何度も非常任理事国に選ばれている．

　同じ理事会という名前が付く機関として，②経済社会理事会（通称，経社理）がある．国連として，貧困や社会問題，人権の推進，麻薬，地球環境といった経済・社会の問題にどのように取り組むかを決定する機関である．会合に出席できる理事国は安保理同様，一部の加盟国だけであるが，理事国は54カ国存在する．任期は3年で，すべての理事国を総会が選ぶ．何度でも連続で選ばれることが可能で，日本は理事国の常連である．ただし，経済社会理事会の決議は，安保理のような加盟国を直接拘束する力をもたず，加盟国に実施を呼びかける「勧告」に過ぎない．そのために，安保理に比べると国際的な注目度は低い．それでも，経済社会理事会のもとには，「女性の地位委員会」や「社会開発委員会」などの専門的な「機能委員会」が設置されており，各国代表に加えて，専門家やNGO代表が出席してより専門的に議論が行われて，経社理や国連総会に勧告を行う．

　国連憲章には，③信託統治理事会という機関も規定されている．もともと，国連設立時には多かった植民地の一部を信託統治地域として，その独立などを促進するために設けられた．しかし，ほとんどの植民地が独立したことで1994年に役割を終了している．

　国連にとって安保理と並んで重要な意思決定機関として，④総会がある．全加盟国の代表が出席し，あらゆる問題について話し合う．ただし，憲章の規定で，紛争が発生した時など，平和の問題は安保理で優先的に議論されることになっている．国連総会の決議の採択の方法は，「一国一票」による多数決か，非公式に話し合って大半の加盟国が賛成できるまで議案を修正して本会議では投票を行わない「コンセンサス」で行われる．多数決だと，白黒がはっきりして加盟国間の分断が表面化してしまうので，コンセンサスの手

法が採られることが多い．現在の総会では，数で多数を占める発展途上国の影響力が強い．ただし，予算など国連自体に関することを除いて，決議の効力は加盟国に対する法的拘束力をもたない勧告に過ぎない．例えば，2007年以降，死刑の廃止を視野に入れた死刑執行の一時停止を求める決議（いわゆる死刑廃止決議）が国連総会では何度か採択されているが，日本は死刑を廃止・停止する義務を負わない．安保理のような拘束力をもたないのである．それでも，世界全体の意思表示として重みがある．

　総会は，毎年9月に開催される（ただし緊急総会がいつでも開かれうる）．9月の開会の時には多くの加盟国の首脳が出席して演説を行うので，注目される．あと，総会は，事務総長を任命し，経済社会理事会や安保理の理事国を選ぶ．2006年には総会の下に「人権理事会」が設立されて，加盟国の人権状況の定期的な審査や人権問題の調査など行う．理事会の名は付くものの，法的には総会の付属の機関である．

　⑤事務局は，安保理や総会などの決議を受けて，国連の日常的な業務を行う．事務局全体で約4万人程が働いている．職員は国際公務員ともいわれる．競争試験や加盟国からの出向で採用される．終身雇用ではなく，ポストが空いたら募集が行われ，任期は数年である．職員は，出身国や地域的なバランスに配慮して採用される．しかし，日本人にとって，2つの公用語習得の必要や雇用が安定しないなどハードルが高く，国連諸機関全体で900人ほどと，分担金に比して人数が少ないのが問題とされる[5]．事務局トップは事務総長と呼ばれ，国連の象徴的な存在である．安保理の勧告により総会が任命される．そのため常任理事国によって拒否権が行使されないような国出身の人物が選ばれる傾向がある．任期は5

国連総会の議場

年で，慣習上再選は1回だけ
である．2016年までは韓国
出身のパン・ギムンで，2017
年からは，ポルトガル元首相
のアントニオ・グテーレスが
事務総長に就任している．国
連憲章の規定（第99条）に
より，事務総長は，国際平和
のため安保理に注意を喚起す
る権限がある．また，自身か

アントニオ・グテーレス事務総長（出典：https://www.
unic.or.jp/info/un/un_organization/secretariat/secretary
-general/secretary-general/）

特別代表を任命して，紛争の仲介や調停を行う．

　最後が⑥国際司法裁判所であり，法律的な問題を判断し国連機関に助言を
行ったり，加盟国間の国際裁判を行ったりする．ただし訴えを出せるのは加
盟国のみである．なおかつ紛争当事国双方が裁判することを受け入れないと
裁判ができない．例えば，韓国は，竹島問題を国際裁判で解決しようという
日本の提案を拒否してきた．国際裁判では，国内の裁判所ほどの権限はなく，
命令ではなく勧告的意見をだすだけである．それでも，国境紛争など多くの
紛争を解決してきた．

(4)　国際関係における国連の活動

　このような組織形態を有する国連は，まず，国際社会に対して地球規模の
問題（＝グローバル・イシュー）の存在を啓発する活動を行ってきた．国連
は各国の利害を超えて，世界全体のために行動する．総会，安保理や専門機
関，国連が主催する国際会議を通じて，地球規模の問題が取り上げられてき
た．例えば，1992年の国連主催の国連環境開発会議（通称，地球サミット）
を通じて地球温暖化問題への取り組みが本格的に始まった．また，日本に
とってのアフリカの貧困問題など，国連は，各国に自国と直接関係のない問
題に触れる機会を与え，人類としての連帯感を育成してきた．さらに，2000

年には国連ミレニアム開発目標（MDGs），2015 年には持続可能な開発目標（SDGs）を採択して，国際協力の目標を示した．現在，加盟国，他の国際機構，NGO，企業，いずれも SDGs 実現へ向けての貢献が求められる．

また国連は，多数の加盟国・多種多様な構成機関という国連としての特徴を活用した国際協力を実施してきた．例えば，2010 年 1 月の中米のハイチ大地震では，20 万人以上の死者がでて，国民の 3 分の 1 の 300 万人が被災したが，それに対して国連本体及び関係機関は協調して，以下のような総合的な支援を実施した．全体的な援助の調整は国連事務局，救難活動と治安維持は国連平和維持部隊（自衛隊を含む各国の軍隊から構成），避難民への食料の提供は国連世界食糧計画（WFP），孤児になった子どもへのケアはUNICEF，負傷者の治療と伝染病の防止は WHO，仮設住宅の提供は国連人間居住計画（HABITAT），長期的な経済復興は UNDP と，それぞれの分野に応じた支援を行った．このような国連の活動は高い評価を受け，1988 年には平和維持部隊，2001 年には国連と当時のアナン事務総長，2020 年にはWFP など，国連システム全体で 7 度ノーベル平和賞を授与されてきた．

さらに，国連の活動への NGO や企業の参加も拡大している．そもそも国連創設の段階から民間団体による提案や働きかけが行われていた．その後も，国連の一部機関や国際会議では，NGO の正式な議論への参加が認められている．例えば，国連の経社理のもとにある「女性の地位委員会」において，NGO はさまざまな女性差別問題を訴えている．また，難民支援など加盟国への援助活動では，国連機関は NGO と広く協力している．さらに，国連グローバル・コンパクト（2000 年発足）など企業との協力関係も強化されつつある（次章で詳細）．

（5）　国連の限界と課題

問題は，国連の予算が常に不足していることである．PKO など活動ごとに拠出金を加盟国から集めたりはするものの，通常の予算は約 3 千億円程度（日本の国家予算は 2020 年度で約 100 兆円）に過ぎない．割り当てられる各

加盟国の分担金は，経済規模などによって数年おきに改正される．日本は長らく分担率 2 位であったが，2018 年の見直しで，1 位アメリカ 22%，2 位中国 12% に次ぐ，3 位の約 8.56% となり，約 250 億円を負担している．負担が少ないことは好ましい半面，国連での日本の影響力の低下が懸念される．

　また，加盟国間の対立も国連の足を引っ張ってきた．先進国と発展途上国，地域，宗教などで対立が起きる．特に財政面でも軍事面でも，国連の活動はアメリカの意思に左右される．アジアやアフリカの植民地が独立して大量の発展途上国が国連に加盟すると，国連創設をリードしたアメリカの意思は総会などで反発されるようになり，アメリカの国連離れが見られるようになった．特に「アメリカ・ファースト」のトランプ政権になってからは，アメリカはさらに非協力的になっており，分担金の支払いを渋った．2021 年にバイデン政権に代わってからの変化が注目される．同時に中国やブラジル，インドなど新興国が，今後どれだけ国連に協力するかが重要となっている．実際，中国は分担金の負担を増やしたり，途上国への援助の増額を行ったり，PKO に部隊を派遣したりと，国連の活動に協力的である．しかし，安保理の常任理事国として拒否権を行使することもある．中国の存在感が増し過ぎても，新型コロナウイルス問題を契機としたアメリカの WHO 脱退表明に見られるように，他の加盟国の国連離れが進んで，かえって国連の存在感が低下するかもしれない．

　　注
1)　最上（2016）；横田ほか（2016）；渡部・望月（2015）；望月・吉村（2020）；山田（2018）参照.
2)　国際連盟について，篠原（2010）参照.
3)　旧敵国条項の 1 つである国連憲章第 53 条には，「1. 安全保障理事会は，その権威の下における強制行動のために，適当な場合には，前記の地域的取極又は地域的機関を利用する．但し，いかなる強制行動も，安全保障理事会の許可がなければ，地域的取極に基いて又は地域的機関によってとられてはならない．もっとも，本条 2 に定める敵国のいずれかに対する措置で，第 107 条に従って規定されるもの又はこの敵国における侵略政策の再現に備える地域的取極において規定される

ものは，関係政府の要請に基いてこの機構がこの敵国による新たな侵略を防止する責任を負うときまで例外とする．2. 本条 1 で用いる敵国という語は，第二次世界戦争中にこの憲章のいずれかの署名国の敵国であった国に適用される」と書かれている．これは，第二次世界大戦で連合国の敵であった国（日本やドイツ）が，国連憲章に違反した場合，連合国の構成国は，国連の決議がなくても単独で無条件に軍事制裁を課すことができることを意味している．

4) 国連の組織や活動について，次の国連広報センターのウェブサイトを参照 (https://www.unic.or.jp/working_at_un/)．

5) 外務省「国際機関で働く日本人職員」(https://www.mofa.go.jp/mofaj/fp/unp_a/page22_001263.html)（2021 年 1 月 11 日アクセス）参照．

第4章
国際 NGO と企業

1. 国際関係のアクターとしての NGO

(1) 国際関係における NGO への注目

「市民社会（civil society）」の概念は，資本主義が発達する近代ヨーロッパで発展し，当初は国家から自立した自由な経済社会を意味した．19 世紀になると，アメリカ社会を模範に，国家や経済社会とは異なる，自由で民主的な社会領域という捉え方が強まった[1]．国際関係で市民社会の概念が注目を集めたのは，冷戦終結前後の時期である．1980 年代後半から東欧の社会主義諸国が相次いで民主化していくなかで，その原動力となったのが市民社会であった．

さらに冷戦終結後，国連を中心とした国際協力が活性化すると，市民社会を構成する組織，特に NGO（非政府組織）の役割への期待が高まった．1992 年の国連環境開発会議（地球サミット）を皮切りに，国際 NGO は「グローバル市民社会」の一員として，グローバル・ガバナンスの主要アクターとして期待されるようになる．開発途上国においても，NGO やコミュニティ団体を含む市民社会組織（CSO）が次第に成長し開発など多様な分野で活躍するようになった[2]．バングラデシュのように，NGO が国家の機能を大幅に肩代わりする国も現れた．国連ミレニアム開発目標（MDGs）やその後継の持続可能な開発目標（SDGs）にもあるように，今世紀になってもCSO は国際協力の中心アクターの 1 つとして，政府，国際機構，企業など

と「パートナーシップ」を組んで，協働し問題解決に取り組むことが期待されてきた．

　国際関係論においては，前にみたように現実主義的な見方では，国際関係では国家が中心であり，それ以外は重要ではないか，大国の支配下にある存在とみなされる．対して自由主義的な見方では，NGO のような非国家アクターも国家と並んで主要なアクターになりうる．むしろ国際協力では重要な役割を果たし，グローバル・ガバナンスの主要な担い手になりうるとする．そこでは新しいアクターとして市民社会組織，特に NGO が注目される．対して，マルクス主義的な見方では，NGO は必ずしも好ましい存在としては扱われない．富裕層，先進国市民，途上国でも高学歴で英語話者など，いわゆる世界のエリート層が NGO を設立して運営することが多く，NGO は「改善」はするものの世界の不平等な構造を「変革」することはできない，むしろ支配の維持を結果として担っているとして批判的に捉えられる．構成主義的な見方では，非国家アクターは新しい価値や文化を生み出し推進し，場合によっては抵抗する存在とみなされる．NGO も，軍縮や地球環境問題，ジェンダー平等，民族差別問題といった国際的な問題への取り組みを進めるよう国際社会に働きかけを行い，「それらは良くないことであり，国際的に解決しなければならない」という価値観の変化を生み出し，LGBT＋のような新しい国際的な価値観や国際規範の創出に貢献する存在である．

(2)　NGO とはなにか

　非国家アクターとして特に 1990 年代から注目されるようになったのが，NGO あるいは NPO といわれる組織である．そのような固有名称の組織があるわけではなく，特定の性質を持った組織の総称である．NGO は Non-Governmental Organization，直訳すれば非政府組織の略であり，NPO は Non-Profitable Organization，直訳すれば非営利組織の略である．ただし，NGO と NPO は同じものと考えて構わない．ともに公の目的のために「市民」が自主的に作った「非政府」で「非営利」な団体のことである．

　「非政府」とは，特定の政府とのつながりがないという性質を意味する．政治的に中立で相手に受け入れてもらいやすい．そのため，北朝鮮のような国家でも人道的な援助活動が許されやすい．ただし，後述のアドボカシー活動のように，政治的な主張をしないわけではない．政党のように政治権力を追求する存在ではないということである．「非営利」とは，金儲けが目的ではないという性質であり，民間企業とは対照的である．

　NGO も NPO も同じ性質を有する組織であり，同義語と考えても構わない．ただし，国連の経済社会理事会における「協議資格」の制度で使われる呼び方であることから，国際協力の分野では「NGO」という名称が使われることが多い．活動が特定の国内だけの場合，「NPO」が使われやすい．日本では，1998 年制定の「特定非営利活動促進法」（通称，NPO 法）がある．また，性質的には NGO/NPO だが，どの法律で法人として登録されているかによって，社団法人，財団法人，公益社団法人，特定非営利活動法人といった言葉が組織名の前につけられることもある．有名な NGO である「セーブザチルドレン」は，日本の法律上は，「公益社団法人セーブザチルドレン」である．

　また，NGO は，その他のローカルな組織や社交団体と同様に，市民社会組織（CSO）の 1 つであり，市民社会を構成する存在である．ただし，NGO/NPO を他の市民社会組織とはっきり区別できるわけではない．なお，日本赤十字社など赤十字社（赤新月社）は国家間会議に基づいて設立されており，NGO とはいえない．また，国際協力機構（JICA）は日本政府の援助機関で，「ユニセフ」も正式名称は国連児童基金（UNICEF）で国連機関であり，NGO ではない．ただし，日本でユニセフを支える活動に取り組んでいる日本ユニセフ協会は民間組織であり，NGO に該当する．

　NGO の特長として，①地域住民やマイノリティ，社会的弱者の声を活動に反映させようとする姿勢が強いことが，まず挙げられる．また，②機動力を生かした国際的なネットワーク作りが得意である．個々の団体は規模が小さくても，特定の分野や問題についてネットワークを作って協働することで大きな力を発揮しうる．例えば，普段は国際協力 NGO を支援する NGO で

ある「国際協力 NGO センター」(JANIC) は，そのネットワークを生かして，2011 年の東日本大震災や 2018 年の広島豪雨災害など日本国内の自然災害でも迅速な援助を行った．2017 年度のノーベル平和賞を受賞した「核兵器廃絶国際キャンペーン」(ICAN) は，多種多様な NGO が国際的なネットワークを形成したものであり，政府や国際機構に働きかけを行って，同年の核兵器禁止条約締結につながった．

③公共意識が高いことも NGO の特長である．少数民族などマイノリティの利益に関わる活動をしていても，それは最終的にテロの防止や多様性の確保など国際社会全体の改善や変革になるという信念がある．最後に，④同じ支援活動でも NGO の方が効率的でコストが安くて済む点である．政府系の援助機関や国際機構と同じ費用をかけた場合でも，地域の事情に通じているなどから NGO はより必要かつ有効な手段を採るので，地雷の除去や学校の運営などで費用対効果が高くなりやすい．

以上の特長を NGO がもつことから，次第に現代の国際協力で大きな役割を担うようになった．特に政府や国際機構から見た場合，自らが援助を実施するよりも，NGO に任せた方が，より対象者から受け入れられるという意味で正統性が高く，同時に，実効的で効率的な援助になると考えられる．

NGO の活動分野は多岐にわたる．紛争（例：「ピースウィンズ・ジャパン」），医療（例：「国境なき医師団」），人権（例：「アムネスティ・インターナショナル」），子ども（例：「セーブザチルドレン」），ジェンダー（例：「プラン・インターナショナル・ジャパン」），開発（例：「日本国際ボランティアセンター」），環境（例：「グリーンピース」）などがある．分野ごとに「開発」NGO，「環境」NGO と呼ばれたりする．

NGO は，かつては欧米諸国のキリスト教の教会関係者など宗教団体を通じて設立されるパターンがよく見られた．最近は，「社会起業家」など志のある個人による設立も増えている[3]．

NGO で働く人材について，日本ではボランティアが働いているイメージが強いが，実際は有給の職員が中核となって運営されているし，その方が好

ましい．NGO の活動が長期的かつ効率的に行われるには，専門的知識を
もった長期で働く人材が必要であり，そのような人材を集めるには，生活の
できる水準の給与が必要である．欧米では，規模の大きな NGO/NPO が多
く存在し，学生の就職先として人気を集めている．

　人材を集めるためにも資金が必要だが，NGO の資金源は，募金や会費，
バザーの開催のほかに，政府や国際機構からプロジェクト実施の資金提供を
受けることも多い．しかし政府系の資金に頼ることは NGO の良さである
「非政府」という性質を損なう危険性もある．そこで，最近の NGO はさま
ざまな手法で資金を集めている．例えば，2007 年に設立された「TABLE
FOR TWO」という団体は，会社の社食や大学の学食のセットの値段に 20
円程度上乗せしてもらい，それで集まった資金で途上国への支援活動を行う
という試みを行い，成功している[4]．また，最近では，スマートフォンの普
及で，プロジェクトごとにインターネット上で寄付を集める「クラウドファ
ンディング」の活用も増えている[5]．元来，NGO の運営には企業の経営に
通じる側面があり，むしろビジネスでの手腕を生かして資金を集める社会起
業家も増えている．実際，次第に NGO と企業との境界線もあいまいとなっ
ており，活動目的は NGO と同じだが，会社形態をとるケースも増えている．
まとめて「ソーシャル・ビジネス」とも呼ばれる[6]．

　国際関係での NGO の活動は今なお活発である．NGO の数は 1990 年代以
降世界的に急増している．日本国内でも，国際協力に携わる NGO の数は，
1979 年 53 団体，89 年 193 団体，99 年 391 団体，現在では 500 弱とされる．
1979 年の増加はカンボジア難民の救済をきっかけとしたものであり，95 年
は阪神淡路大震災がきっかけであった．初めて日本国内でボランティアを経
験した人々が，同じように苦しむ外国の人を助けるために国際協力 NGO を
立ち上げたのである．

(3)　国際関係における NGO の活動

NGO の活動は大きく 2 つにわけることができる．まず，①アドボカシー

（政策提言）活動である．与野党の議員や政府官庁の官僚，企業関係者に直接面会したり，あるいはイベントや抗議デモで，現在の政策の問題点や援助の必要性を訴える活動である．国際的なネットワークが利用されることも多い．例えば，1990 年代後半，ナイキなど大手スポーツメーカーがパキスタンで安い賃金で子どもを使ってサッカーボールを生産し，アメリカなどに輸出していることが明るみになった．多くの NGO が，政府やサッカー関係者，スポーツメーカーに働きかけて，児童労働をやめるように訴え，98 年に国際サッカー連盟（FIFA）は児童労働で作られたボールをワールドカップで使わないことを決定した．

　反対するだけでなく，1992 年の地球サミット以来，気候変動（地球温暖化）に関する政府間会議では，NGO 関係者は各国政府代表に働きかけを行ったり，場合によっては専門家を欠く小国の代表団に参加したりして，特定の政策プランを訴えてきた[7]．軍事分野でも，NGO の盛んな働きかけが功を奏して，1996 年には「対人地雷全面禁止条約」（オタワ条約）が成立している[8]．先述の ICAN も，政府や国際機構に働きかけを行って，2017 年の核兵器禁止条約締結に貢献した．

　また，広い意味でのアドボカシーとして，特に先進国の人々への NGO による啓発活動も行われている．一般の人々に対して，イベントなどを通じて問題の存在を訴える．街頭デモを行う場合もあれば，ハッシュタグをつけるなどインターネット上のキャンペーンも最近はよく見られる．2005 年には，貧困で多くの人々が日々死んでいることをホワイトバンドを着用して訴える「ほっとけない世界の貧しさ」キャンペーンが行われた．ただし，日本国内では，ホワイトバンドの収益が直接援助に使われないことへの疑問の声があがるなど，欧米では盛んなタイプの啓発活動に対する理解不足も当時は見られた．最近では，児童労働反対キャンペーンや化粧品のための動物実験反対キャンペーンなどが，日本でも NGO を中心に行われている．

　特定の問題や政策を訴え，社会を変えようとするアドボカシー活動は，古くは 1960，70 年代のベトナム戦争の反戦運動や 2020 年 5 月のアメリカでの

白人警官による黒人殺害に端を発した Black Lives Matter 運動のように，いわゆる「社会運動」と共通点をもつ．実際に NGO が組織面で社会運動の中心を担うなどつながりも深いが，NGO のアドボカシーはより組織的な活動である．また，NGO の場合，ウェブ上でのキャンペーンや街頭デモを組織・支援しつつも，ピンポイントで国会議員や官僚，国際会議参加者など政策担当者と面会して政策の問題や代替案を訴える「ロビー活動」にも力を入れる．上の核兵器禁止条約の採択も，直接的なロビー活動と一般の人々への啓発活動の両方が行われた成果である．

　もう 1 つの NGO の主たる活動が，②地域密着型の支援事業である．援助国政府や国際機構にはできない地域住民との緊密なコミュニケーションを通じて，より効果的な支援活動を行う．例えば，日本国際ボランティアセンター（JVC）は，カンボジアの農村において生業改善支援を行い，住民とともに，村にある身近なものを活用して雨季の冠水対策をしたり，地元で採れるハーブの栽培・加工・出荷による収益の増加を試みたりしている[9]．

(4)　NGO と他のアクターとの関係

　NGO と他のアクターとの関係について，NGO は権力をもつ先進国政府やその支配下にある国際機構，営利志向の企業に対しては，敵対的な見方をしてきた．しかし最近は「パートナーシップ」を組むなど協力関係を結ぶことも多い．パートナーシップとは，ここでは複数のアクターが特定の目的実現のために協働することを指す．1990 年代以降盛んとなり，2001 年の MDGs や 2015 年の SDGs でも，その実現のためにパートナーシップの活用が強調された．

　まず，① NGO と政府とのパートナーシップがある．コストの安さや，地域住民との距離の近さから，国際援助において政府は NGO との協力を強める傾向にある．例えば，日本政府は，政府開発援助（ODA）において，NGO・外務省定期協議会を設け，「草の根・人間の安全保障資金協力」や「日本 NGO 連携無償資金協力」などを通じて資金協力をしている[10]．例えば，

緊急人道援助活動で政府（外務省）と企業，NGOなど多様なアクターが協力して運営される「ジャパン・プラットフォーム」（後述）がある[11]．

②NGOと国際機構とのパートナーシップも盛んである．国連の経済社会理事会は，国連の創設初期から，審査のうえでNGOに「協議資格」を与える制度を設けている．資格をもつNGOは経社理関連の会合や国際会議に出席して，意見を述べる機会を与えられる．国連NGOともいわれ，92年に700，今日では5400を超える．最近の国際機構が主催するほとんどの国際会議では，政府代表とともに，NGOなど市民社会のアクターが何らかの形で参加する．他にも，UNICEFの子どもへの援助活動や国連難民高等弁務官事務所（UNHCR）による難民支援など，国際機構はNGOと共同して事業や援助活動を実施している．

最後に，③企業とNGOのパートナーシップも増えている．背景には，企業も社会的な責任を負うべきであるという「企業の社会的責任」（CSR）の活動の普及がある．CSRを推進したい企業は，ノウハウを得るためにNGOと協力する．NGOも，資金獲得という現実的な理由や，協働によって企業のあり方を具体的に変えることで，貧困や労働，環境問題の解決につなげたいという動機から，企業との協力を模索するようになっている．

（5） NGO の課題

1990年代以降，NGOへの期待は続いているものの，さまざまな活動の限界や課題も指摘されている．まず，①資金の問題があって，どのNGOも資金集めに苦労している．特に日本のNGOは欧米に比べて規模が小さく，それもあって職員の給与も安く，平均年間給与は341万円というデータもある[12]．対して，欧米はチャリティの文化もあって寄付を獲得しやすく，資金基盤が安定しているところも多い．次に，②NGOの「独立性」の問題である．資金を自力で集めるのは難しいので，活動資金を政府や国際機構から求めざるをえなくなる．上で述べたように，たしかに政府は，NGOとのパートナーシップを望むことが多くなっている．しかし，そのように政府から資

金提供を受けると，「非政府」というNGOの特長が薄れ，単なる「下請け」になってしまう恐れが強まる．企業とのパートナーシップも，社会の「変革」の担い手としてのNGOの特長を失わせる危険性がある．そこで，「国境なき医師団」のようにあくまで自力で活動資金を集めるNGOもある．協力関係にある北（先進国）と南（途上国）のNGOの間でも支配-従属の関係が生まれやすい．「南」のNGOが，森林開発よりも環境保全を優先するなど，地域住民のニーズよりも，資金を提供してくれる北のNGOのご機嫌をうかがうといったことが起きている．

　③NGOには「代表性」の問題もある．NGOの職員は，政治家のように選挙を通じて選ばれたわけではない．そう主張はされても，本当に援助対象の住民や集団，一般会員の声を活動に反映しているのか疑わしいケースもある．個人の自由を強調するといった欧米的な価値観への偏りや，特に途上国では，先進国を拠点とする国際NGO職員は高収入となることから，「エリート主義」的であることが批判されることもある．関連して，④透明性や「アカウンタビリティ」の問題も指摘される．活動内容や財政状況に関して，ウェブサイト等で情報を公開していないNGOも多い．寄付されたお金が国際テロ組織の活動に使われるなど，NGOが犯罪行為の隠れ蓑となる場合もある．ただし，過度なアカウンタビリティの追求は，規模の小さいNGOにとって業務の負担となることもある．

　2000年代に入る頃には，以上のような欧米のNGOへの偏りや普遍性の問題，NGO自体の正統性や透明性の問題，政府への資金依存などにより，市民社会への失望もみられるようになった．また，2008年のアメリカのリーマンショックをきっかけとした世界金融危機による，NGOへの寄付や財政支援の減少も打撃を与えた．さらに，政府の権威主義化によって「市民社会スペース」が制限され，ロシアやカンボジアのように国際NGOの活動への規制が強まる国も見られるようになった（第8章参照）[13]．

2. 国際関係のアクターとしての企業

(1) 国際関係における企業への注目

　国際関係論において，企業は，NGO と同様，必ずしも主要なアクターとはみなされてこなかった．しかし，1990 年代以降はその役割を考察する研究が増えてきている．現実主義があくまで国家中心に国際関係を捉えるのに対し，自由主義理論からの見方は，グローバルな市場経済の担い手として企業を捉え，国家間の相互依存を促進する存在とする．また，企業は，グローバル・ガバナンスの一部をなす「国際レジーム」に参加している（第 1 章参照）．国際レジームはこれまで，国連のような政府間国際機構が中心的な担い手であった．それが，グローバル化が進み企業の影響力が増すにつれて，政府間国際機構ではなく，企業による国際レジーム，いわゆる「プライベート・ガバナンス」が出現するようになった．代表的なものとしては，主要国の中央銀行が加盟するバーゼル銀行監督委員会による「バーゼル規制」がある．同委員会は，国際的な金融活動を行う銀行について，信用リスクなどを担保するために，一定以上の自己資本比率を保つことなどを求める規制を推進する．

　このように国際協力の担い手であるなど企業の好ましい側面に注目する自由主義的な見方に対して，マルクス主義的な見方では，企業は，自分たちの利潤のために国家や国際機構を裏で動かして，グローバル化のなかで貧富の格差を生み出し，環境破壊や人権侵害などの問題を引き起こす存在である．企業のなかでも，世界の富裕層や資本家によって所有される多国籍企業は特に強い影響力を有する．この支配構造を変え不平等を是正するには，労働者や途上国（特に貧困層）が積極的に反グローバル化運動を行って構造自体を「変革」することが必要となる．このように国際関係論では企業に対する注目が集まっているが，そこでは功罪両面が指摘されている．

(2)　国際関係における企業の活動

　グローバル化により，国境を越えて活動する企業は急速に増えてきた．経済・社会への国際的な影響力をもつ企業もある．例えば，トヨタ（自動車）やボーイング（航空機）など巨大メーカーのほかに，グーグル，Amazon，フェイスブック，アップルといったいわゆる「GAFA」と呼ばれる巨大 IT 企業は，最近になり世界的な影響力を有するようになった．2020 年の世界的なコロナ禍においても，むしろ収益を増進させた．同時に，ある国での事件や災害が，企業活動やグローバル経済に影響を与える機会も増えている．例えば，2011 年に部品工場が多く所在していたバンコクの洪水によって，世界全体の自動車の生産が一時停滞した．2020 年の新型コロナウイルス感染拡大による中国での工場の操業中止は，任天堂のゲーム機の生産を滞らせるなど，世界全体のサプライチェーンに大きな影響を与えた．

　企業は国際関係の一部であると同時に，国際関係を動かす存在でもある．企業がロビー活動や政治献金を通じて，国の政治や外交を動かすことは昔から見られた現象である．日本の大企業の集まりである日本経済団体連合会（経団連）は，自民党への企業献金などを通じて大きな影響力をもち，政府の脱原発政策への反対や悪化した日中関係での中国との対話要請など，その時の国民多数の意向とは異なる政策を政府に求め，一部実現させることがある．アメリカでは，巨大な石油企業や軍需産業は政治家への献金などを通じて強い政治的影響力をもってきた．最近では，Twitter など SNS を運営する企業も，従来とは異なる形で政治的影響力をもつようになっている．その影響力の大きさから，ヘイトスピーチやフェイクニュース，広告の規制を求められており，言論の自由と収益の観点との間で板挟みになることもある．

　企業の利益追求が，人権侵害や環境破壊，紛争などグローバルな問題の原因となることも多く，経済の自由化と規制緩和が進むいわゆる「新自由主義的」なグローバル化での企業間競争の激化がそれを加速させている．商品の質が上がり価格が下がる半面，企業は競争に勝つ必要に迫られる．そのため，企業が政府に国外への工場移転をちらつかせ，労働者を守るための規制の緩

和を政府に求める，いわゆる「底辺への競争」が起きている．それにより，非正規雇用が拡大し，国内外の貧富の格差が拡大している．より安く原材料を調達しようとする巨大企業の営利追求は，コーヒーやカカオ豆の農園での児童労働の原因の１つとなってきた．追加コストを嫌う企業の環境規制逃れは，地球環境の破壊につながっている．1990 年代から 2000 年代初めにかけての西アフリカの紛争では，ダイヤモンド鉱山の収入が紛争の原因となり，「紛争ダイヤモンド」や「ブラッドダイヤモンド」と呼ばれた．

　しかし，1990 年代以降，企業による国際協力も活発化している．政府や国連，NGO も，企業と連携するようになった．例えば，後述の「国連グローバル・コンパクト」（2000 年発足）がある．また，「世界エイズ・結核・マラリア対策基金」（通称グローバルファンド）（2000 年設立）は，政府機関や民間団体にエイズなど感染症の予防・治療に関連する事業提案を募り，承認・資金提供を行うものだが，マイクロソフト創業者のビル・ゲイツも自らの個人資産で作った財団を通じて多額の出資を行っている[14]．2020 年の新型コロナウイルスの問題でも活躍している．他に，「世界経済フォーラム」（通称ダボス会議）は，1971 年より開催され，世界の有力な多国籍企業の経営者や政治家，学者が集まる会議である．企業が資金を提供して，グローバルな問題について話し合い解決策を探ったり，世界を引っ張るリーダーの育成（ヤング・グローバル・リーダーズ）を行ったりしている．先の紛争ダイヤモンドの問題では，NGO などからの批判を受けて，認証を受けていない紛争地での非合法なダイヤモンド原石の貿易を認めない「キンバリー・プロセス」が，2003 年より国連と業界団体の主導で実施されている．

　このように企業による国際協力が活発になった背景には，第 1 に，貧富の格差問題や環境問題，児童労働など企業がかかわる国際問題が急増したことが挙げられる．その中で，先述の CSR を問う株主や消費者の声が高まり，CSR の一環として国際協力を行う企業が増えたのである．第 2 に，年金基金など大手の機関投資家が，従来の財務情報だけでなく，環境（Environment）・社会（Social）・ガバナンス（Governance）の要素も考慮したいわゆ

る「ESG 投資」をするようになり，企業にとって圧力となっていることも
挙げられる．第 3 に，グローバル化による国際競争の激化で，情報が迅速に
伝達し，場合によっては「炎上」して，売り上げにすぐに悪影響が出る時代
になったことも大きい．企業も国際協力を通じて，国内外でイメージをよく
したいという動機を強くもつようになった．関連して，第 4 に，2015 年に
採択された国連の SDGs への注目の高まりが背景にある．消費者の環境への
意識が強まるにつれて，SDGs 達成への貢献（へのアピール）がビジネス
チャンスとしても捉えられている[15]．地球温暖化対策に貢献できる商品は，
昔よりも消費者の注目を受けやすい．最後に，政府や国際機構，NGO の側
にも企業の力を借りたい動機がある．エイズ薬や熱帯病，新型コロナウイル
スのワクチンの開発における製薬会社ように，資金面や技術面で企業の役割
が不可欠な分野も多い．

(3)　企業と多様なアクター間のパートナーシップ

　NGO のところでも触れたように，現在，いろいろなアクター間のパート
ナーシップが増加している．国連での 2001 年の MDGs，2015 年 SDGs では，
企業など民間セクターにも達成への貢献が求められている．同時に企業側に
も，ノウハウをもつ国際機構や NGO と協力する動機が強い．
　まず，①企業と国際機構のパートナーシップがみられる．国連は今世紀に
なり企業とのパートナーシップを強めようとしてきた．国連グローバル・コ
ンパクトは，1999 年 1 月に開かれたダボス会議で，当時のコフィー・アナ
ン国連事務総長からの提案で始まった．国際レジーム論やグローバル・ガバ
ナンス論の理論家であるジョン・ラギーがその枠組みを考案した（2005 年
に企業と人権に関する国連事務総長特別代表就任）．
　参加する企業は，以下に挙げる人権，労働，環境，腐敗防止の 10 の原則
を約束する．その約束が「コンパクト」であるが，英語では口約束と契約の
中間くらいの強さである．法的拘束力があるものではなく，むしろ規制を補
完し，イノベーションを促すための社会的な説明責任，透明性，情報開示に

基づく自発的なイニシアティブである．2000 年 7 月に発足し，企業は，自ら進んで以下の人権，労働，環境，腐敗防止の分野で普遍的に合意された10 原則を守り，企業戦略や活動を展開していくことが期待される．

「人権」
原則 1　企業はその影響の及ぶ範囲内で国際的に宣言されている人権の擁護を支持し，尊重する
原則 2　人権侵害に加担しない
「労働」
原則 3　組合結成の自由と団体交渉の権利を実効あるものにする
原則 4　あらゆる形態の強制労働を排除する
原則 5　児童労働を実効的に廃止する
原則 6　雇用と職業に関する差別を撤廃する
「環境」
原則 7　環境問題の予防的なアプローチを支持する
原則 8　環境に関して一層の責任を担うためのイニシアチブをとる
原則 9　環境にやさしい技術の開発と普及を促進する
「腐敗防止」
原則 10　強要と賄賂を含むあらゆる形態の腐敗を防止するために取り組む

　日本で国連グローバル・コンパクト（以下，GC）に参加する企業などの団体が集まって作られた「グローバル・コンパクト・ネットワーク・ジャパン」によると，日本で参加する企業・団体は，2020 年 12 月段階で 382 である[16]．そのウェブサイトでは，企業が参加する動機として以下が挙げられている．(1)企業の経営理念と GC 原則が一致，(2)社内において CSR に対する意識の深化を図り，CSR 推進に役立てるため，(3)社内外に自社の企業姿勢を示すため，(4)自社の事業・経営のグローバル化に対応するため，(5)取

引先からの要請に応えるため，(6)業界のリーディングカンパニーとしての責務を果たすため，(7)国連GCの権威，位置づけに認知・認識を獲得するため，(8)自社経営統合の際の求心力としてである[17]．ただし，よく指摘される問題点は，原則を遵守しているかどうかが検証されず，罰則がない点である．そこには自発的イニシアティブとしてより多くの企業の参加を促進したいという狙いとの間でジレンマがある．

　②企業とNGOのパートナーシップも増えている．企業はCSRの実践のノウハウをNGOに求め，NGOには企業に働きかけて環境や貧困問題の解決を図りたいという動機があり，盛んになってきた．例えば，「C.A.F.E. プラクティス」(Coffee and Farmer Equity Practices) は，スターバックスと環境NGOの「コンサベーション・インターナショナル」(CI) が共同で，コーヒーの取引における社会面，環境面，経済面に関するガイドラインを策定し，2004年に導入したものである[18]．社会面，環境面，経済面に関する28の評

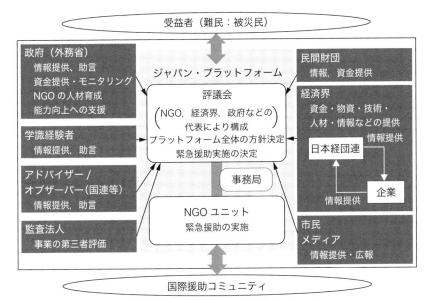

出典：https://www.japanplatform.org/lib/data/reports/sasakawa/02.html

図 4-1　ジャパン・プラットフォームの組織図

価指標があり，生産者，共同組合，輸入業者にこのガイドラインを遵守するよう奨励する．他に，NGO の「ACE」と森永製菓の協働による「1 チョコfor 1 スマイル」活動は，アフリカでのカカオ豆の採取で児童労働が行われているという批判を受けて，チョコレートの売り上げの一部の資金を使ってガーナなどで子どもたちへの教育を支援するというプロジェクトである[19]．また，例は多くないが，アドボカシー活動でも，企業と NGO が連携することもある．例えば，化粧品開発での動物実験廃止キャンペーンでは，NGOとともに，THE BODY SHOP や LUSH も参加している[20]．

さらに，これまで見てきた企業，NGO，政府の三者間のパートナーシップもある．前にも触れた日本の緊急人道援助活動での「ジャパン・プラットフォーム」では，図 4-1 にもあるように，アクターがそれぞれの特長を生かして協力している．政府は情報を集め，企業は資金や資材を提供し，NGOは現地で実際の支援活動を実行する．

(4) 企業への NGO や社会運動からの批判

ただし，依然として企業への批判がある．企業の目的はあくまでも「金もうけ（営利）」である．マルクス主義論者が指摘するように，あくまでも営利目的のために企業は国際関係で活動している点には注意が必要である．

今のグローバル化のあり方に対しては，NGO や社会運動からの強い批判が長らく存在する．1999 年のシアトルでの IMF と世界銀行の閣僚会議では，社会運動家や NGO による街頭デモが繰り広げられた．毎年の G7 でも街頭デモが行われるようになった．背景には，経済格差を生む新自由主義的なグローバル化を，先進国や国際機構，大企業，富裕層が結託して推進しているという見方がある．そのようなグローバル化に対抗するために，社会的弱者への配慮が行われた「多様性」を認める「もう 1 つの（オルタナティブ）」グローバル化ないし世界を目指す運動が行われている．多様な人々を意味するネグリとハートの「マルチチュード」の概念も注目された[21]．

そこでは企業も批判の対象となっている．企業による CSR や国際協力も，

あくまで目的は営利であり，儲からない分野や地域には支援しない傾向があると批判される．NGO や社会運動家は，ダボス会議に対抗して，2001 年以降「世界社会フォーラム」を開催し，「もうひとつの世界は可能だ」という標語を掲げ，企業が弱者から搾取していることを批判し，社会的弱者への配慮やより平等な社会を求める運動を行っている．

　その後も企業を批判する社会運動はたびたび見られる．2011 年 9 月以降のニューヨークでの街頭デモである「ウォールストリートを占拠せよ」運動は，2008 年のリーマンショックの原因を生み出したにもかかわらず，金融機関が政府によって救済される一方で，貧富の格差は広がり続け，若者や弱者は失業や低賃金で苦しんでいる不公平を訴える．その「われわれは 99%だ」のスローガンは，1% の富裕層が世界を支配していることを批判する言葉である．実際，2018 年には，Amazon.com の経営者ジェフ・ベゾスの 12兆円をはじめ世界で最も裕福な 26 人が，世界人口のうち所得の低い半数に当たる 38 億人の総資産と同額の富を握っているという[22]．この運動は，「オキュパイ運動」として，世界各地に，またいろいろな問題に波及し，日本でも反原発の「東京を占拠せよ」などの街頭運動が行われた[23]．

　ただし，運動に参加する NGO に対しても，先述のように「変革」の担い手というよりもエリート主義であるとか，企業の「下請け」になっているといった批判がある．オキュパイ運動など社会運動に対しても，具体的なビジョンがないといった指摘がある．いずれにせよ，国家（政府）だけでなく，国際機構，NGO，企業といった非国家アクターが国際関係でどのように活動し，どのような影響力をもち，今後どのような関係を結んでいくかは，国際関係を考えるうえで重要である．

注
1)　木村ほか（2018）所収の杉浦功一「市民社会」（220-231 頁）を参照．
2)　日本を含む世界各地での NGO の発展について，重田（2017）と毛利（2011）参照．
3)　例えば，社会起業家を育成する団体「社会起業塾」のサイトを参照（https://

kigyojuku.etic.or.jp/entrepreneurs/）.

4) TABLE FOR TWO のウェブサイト（https://jp.tablefor2.org/）を参照.

5) 例えば，キャンプファイヤのウェブサイト（https://camp-fire.jp/）を参照.

6) 経産省のサイト（https://www.meti.go.jp/policy/local_economy/sbcb/index.html）を参照.

7) その他の事例について，毛利（2011）参照.

8) NGO の地雷廃絶日本キャンペーンのサイト参照（http://www.jcbl-ngo.org/database/landmines/mbt/）（2021 年 1 月 11 日アクセス）.

9) 日本国際ボランティアセンターのウェブサイト（https://www.ngo-jvc.net/）参照.

10) 外務省のウェブサイト「国際協力と NGO」（https://www.mofa.go.jp/mofaj/gaiko/oda/shimin/oda_ngo.html）（2021 年 1 月 11 日アクセス）を参照.

11) ジャパン・プラットフォームのサイトを参照（https://www.japanplatform.org/）.

12) 国際協力 NGO センター（JANIC）「NGO で働く―52 団体・659 名のデータから実態を見る」（https://www.janic.org/synergy/career_ngocensus2017）（2020 年 12 月 29 日アクセス）.

13) 杉浦（2020a）参照.

14) 國井（2019）参照.

15) 水野・原（2020）など多数のビジネスパーソン向けの本が出版されている.

16) グローバル・コンパクト・ネットワーク・ジャパンのウェブサイト（http://www.ungcjn.org/index.html）を参照.

17) 以下のサイトより（http://www.ungcjn.org/faq/index.html）（2021 年 1 月 11 日アクセス）.

18) スターバックス・コーヒー・ジャパンの「C.A.F.E. プラクティス」についてのサイト（https://www.starbucks.co.jp/responsibility/ethicalsourcing/cafe_practice.html）（2021 年 1 月 11 日アクセス）を参照.

19) 次のサイトを参照（https://www.morinaga.co.jp/1choco-1smile）（2021 年 1 月 11 日アクセス）.

20) 次のサイトを参照，THE BODY SHOP（https://www.the-body-shop.co.jp/sp/pages/commitment/against-animal-testing.html），LUSH（https://jn.lush.com/article/fighting-animal-testing-campaign）. いずれも 2021 年 1 月 11 日アクセス.

21) ネグリ＆ハート（2005）参照.

22) OXFAM International（2019）.

23) 五野井（2012）参照.

第5章
女性，子ども，障害者

1. 国際関係のアクターとしての「社会的弱者」

　伝統的な国際関係論では，戦争や安全保障問題が注目されるなかで，女性，子ども，障害者，先住民族といった社会的に弱い立場にある人々に関わる問題は注目されてこなかった．国際規範として人権が重視されるようになるにつれて，各国の国内及び国際的な場でそれらの人々が直面している困難が注目されるようになり，取り組みがなされるようになった．現在では，2015年に国連で採択された持続可能な開発目標（SDGs）が「誰一人取り残さない（leave no one behind)」ことを原則としているように，社会的弱者が抱える問題はグローバルな課題になっている．同時に，それらの人々自身がNGO などの組織を作って，アクターとして政府や国際機構に働きかけを行い，国際的な支援活動を行っている．ここでは，国際的な問題とアクターの両面から，女性，子ども，障害者を取り上げたい．

2. 女性と国際関係

(1) 国際関係論と女性・ジェンダー問題

　女性と国際関係については，2つのテーマがある．すなわち，国際関係の「アクター」としての「女性」と，「国際問題」としての「女性」である．国際関係では，比較的最近まで，アクターとしての女性も，国際問題としての

女性・ジェンダーの問題も注目されなかった．しかし，欧米先進国内でジェンダー問題や男女共同参画が取り上げられ，フェミニズム運動が活発になるにしたがって，次第に国際的な場でも取り上げられるようになった．

　なお，「ジェンダー（性差）」とは，文化的・社会的に規定された男女の役割のことであり，いわゆる「男らしさ」や「女らしさ」で表現される内容と考えると分かりやすい．ジェンダーは，時代や民族，文化によって変化しうる点で，肉体的な性別であり変化しない「自然性（Sex）」とは異なる．定義にあるようにジェンダーは男性と女性両方に関係するが，現実には，ジェンダーは女性に不利なように規定されがちである．

　国際関係論ではながらく外交や安全保障が主な研究対象であったため，そもそもジェンダーへの関心が乏しかった．むしろ，国際関係論で安全保障が主要なテーマとなり，現実主義理論が主流であるのは，男性中心の視点がその背景にあるとも指摘される[1]．それでも次第に，国際関係論でもジェンダーの視点が取り込まれつつある．

（2）　国際関係のアクターとしての女性

　前に述べたように，18世紀〜20世紀前半における国際関係とは国家間の外交とされていた．その時期の外交での女性の役割は極めて低かった．理由としては，外交の伝統的な見方が影響している．外交には「合理的思考」と冷静さ，深い教養，長い経験が求められるとされた．しかし女性は，論理的な思考ができない，感情的で教養もなく，育児で休むため，女性は外交官にふさわしくないという偏見が広がっていた．今なお，女性の外交官は少なく，日本の外務省の職員では，最近の採用では男女比は同数であるものの，職員全体では女性の割合は3割ほどである[2]．

　最近では，女性が国際関係の舞台に積極的に登場している．まず，女性の政治家が増加している．国会議員の割合では，北欧諸国では4割を超えていて，アフリカのルワンダでも57%，世界平均で23.4%である．ただし，日本の国会議員は10.1%に過ぎず，世界で165位である（2018年）[3]．それでも，

元国連難民高等弁務官である故緒方貞子や現国連軍縮担当事務次長の中満泉をはじめ，国際機構や NGO で活躍する日本人では，女性の割合が大きい．国連をはじめとする国際機構では，「ジェンダーの主流化」を進めており，女性にも平等にチャンスが与えられやすいので，日本では昇進において差別を受けがちな女性が多く挑戦するというのが背景にある．

　国際舞台への登場は，最初は欧米先進国の女性が中心であったが，次第に発展途上国でも女性運動家やジェンダー問題を扱う NGO が増加してきた．例えば，パキスタン人のマララ・ユスフザイは，反対する男性の襲撃を受けたりしながらも女性の教育の権利を訴えて，2014 年にノーベル平和賞を受賞した（後述）．

　国際舞台への女性の進出の背景には，世界各国の民主化や社会の変化による女性の声の影響力の増大がある．日本も含めて世界のほとんどの国で，第二次世界大戦終了まで女性には参政権が与えられていなかった．それ以前は，女性には政治はわからない，感情的で冷静な判断はできないという偏見があった．第二次世界大戦後になり，各国の民主化が進み，参政権が男女平等に与えられた．また，「クォータ制」を導入して，候補者に一定の女性の割合を含ませることを政党に義務づける国も増えつつある．さらに，日本など先進国では，少子高齢化の影響で，労働力として女性の役割が増大し，社会的な影響力を強めている．これらのことから，選挙では，外交問題を含めて女性の声に耳を傾けざるを得なくなっている．例えば，日本の内閣府の外交に関する世論調査（2019 年）では，韓国に親しみを感じると回答した割合は，男性が 22.3% なのに対して，女性は 30.5% であった[4]．直接的ではなくとも，日本政府はこのような女性の声を踏まえて外交政策を考えていくことになる．

(3)　女性・ジェンダーが関わる国際問題

　教育，就職，仕事，結婚，子育てなど人生の様々な局面で，女性への差別や不平等が起きている．子どもの段階での問題も多い[5]．例えば，中東や南アジアの国では，女性が 18 歳未満，なかには 10 代前半で親が決めた相手と

結婚させられる「児童婚（早婚）」の問題が起きている．世界の約6億5000万人の女性が18歳未満で結婚したという．2020年公表のデータでも，世界の20歳から24歳の女性のうち，20%が18歳未満で結婚し，5%は15歳未満で結婚している[6]．世界の女性のうち2億5000万人が15歳未満で結婚したという[7]．ただし，当事者を含めてその社会では，児童婚が人権侵害であるいう意識自体がない場合も多い．ジェンダーは，先に述べたように，社会や文化に根差したものであり，簡単に変えることができない．そのことが問題の解決を難しくさせる．

　ジェンダーは，まず，伝統・慣習から形成される．その中には，日本でも昔は強かった「男尊女卑」の考え方や，女性は子どもを産み育てるのが第1であるといった，今も残る思考がある．ジェンダーは宗教によっても規定される．盛んに言及されるのがイスラム教での女性の扱いであるが，女性が肌を露出したり，教育を受けたり，家の外で仕事をしたりすることが教義上の理由で制限される国がある．例えば，サウジアラビアでは，肌の露出や外での仕事の制約はもちろん，2018年6月まで自動車の運転すら禁じられていた．ただし，マレーシアやインドネシアでは女性の車の運転が許され，高等教育を受けて外で仕事する女性も多いように，同じイスラム教徒の多い国でも女性への制約はまちまちである．そもそも，同じ宗教でも教義の解釈自体がさまざまである点には注意が必要である．

　また，アメリカでの中絶をめぐる議論のように，人権の概念を強く推進する先進国でも，女性の人権やジェンダー平等と信仰が対立する事態は起きている．中絶問題では，人を殺してはいけないというキリスト教の教えと女性の中絶の権利との間で論争が続いている．ブッシュJr.政権時代のアメリカは，人口抑制と女性の出産の権利のための国連機関による教育活動が中絶を勧めているとして，国連への分担金の支払いを停止するなど国際的な影響が生じたこともあった．男性による女性へのセクハラを告発する「＃MeToo」運動が2019年頃に盛んになったように，先進国でも女性へのハラスメントの問題は残っている．しかし，ジェンダー平等に対する保守層からの

反発も強い．女性の社会進出が進み女性の経営者が増える一方で，企業の意思決定に参加する役職では依然女性は少ない．日本の大企業が加盟する日本経済団体連合会（経団連）の会長・副会長を兼ねている理事 19 名（基本的に加盟企業の会長・社長）のうち，2020 年 6 月段階で女性はゼロであった．

　途上国ではさらに深刻なジェンダー問題が続いている．女性に関する文化や宗教，伝統に関わる，日本では考えられない酷い問題も存在し，国際的な問題となっている．まず，「女性器切断」（FGM）の問題がある．一部の中東やアフリカのイスラム諸国では，女性の性欲を抑制して貞淑さを守らせるために，幼児のころに女性器の一部を切断する慣習が行われている．本人の意思を無視した切除自体が問題であるが，切除が不衛生な環境と器具で行われるため，感染症にかかって命を落とす子どもも大勢いる．毎年少なくとも31 カ国で 200 万人が FGM の対象になっているといわれており，国際的なジェンダーの問題として国連などでも取り上げられている[8]．

　インドでは，女性への性的暴行（レイプ）事件の頻発が最近でも話題となっているように，ジェンダー問題が深刻な国の 1 つである．そのインドで慣習と絡んで起きているのが，「ダウリー殺人」である．ダウリーとはインドの言葉で花嫁持参金を意味するが，ダウリーが少ないことを理由に，嫁ぎ先の家が花嫁を殺害する事件が頻繁に起きている．また，女の子が生まれると将来多額のダウリーが必要となるため，女児と分かると中絶したり，赤子の段階で殺害したり，女児に教育を受けさせないなどといった差別が起きている．

　他にも，「名誉の殺人」という慣習が存在する．イエメンなど中東に残る慣習で，親の意思に反した結婚，不倫，離婚をした女性や，性的暴行を受けた被害者の女性を，一族の名誉を守るためという理由で女性の親族が殺害するという慣習である．

　多くのジェンダーの問題は女性が男性よりも不平等に扱われるという形をとるが，出産・育児にともなう権利や健康に関する問題のように，女性にしか起きえない問題もある．実際，医療レベルの低い国では出産の際の死亡が

多い．国際協力の分野では，出産に関わる健康の問題は，「リプロダクティ
ヴ（出産関連の）・ヘルス・ライツ」といわれ，取り組みが行われている．

　女性・ジェンダーの問題は，貧困と結びつくことが多い．生活が苦しいと，
家事に加えて，収入を得るための仕事も負わされるなど，女性の負担が大き
くなりがちである．貧困問題は国際的な問題であるが，経済的な自立が困難
である女性の方が深刻になる．日本を含む先進国でも，会社での昇進の不平
等や賃金格差，育児制度の不備，シングルマザーの貧困といった問題が取り
上げられている．途上国では，加えて女性の人身売買（人身取引）の問題も
深刻である．毎年世界で400万人の女性が人身売買され，売春や労働に従事
させられているといわれる．日本でも，有名なドラマ「おしん」で描かれる
ように，特に戦前は貧困ゆえに農家の女児が口減らしのために売られたり遠
く離れた店へ奉公に出されたりすることが起きていたが，途上国では今でも
同じようなことが続いている．ただし，今の日本も国際的な批判を受けてい
る．アメリカ国務省は毎年各国の「人身取引年次報告書」を作成し公表して
いるが，日本に対しても，「JK ビジネス」の存在などジェンダーについて厳
しい評価を下している[9]．

　また，教育面においても男尊女卑的な思考や貧困から，女児より男児の教
育が優先される傾向がいまだ多くの地域で残っている．それは男性と比べて
国際的な女性の識字率の低さにも表れていて，例えばパキスタンでは，識字
率は男79%，女55%（2009年）である．民族紛争における集団的な性的暴行
も深刻な問題である．1990年代以降民族紛争が増えたが，その際に相手民
族への見せしめとして組織的に他民族の女性に対し性的暴行が行われた．し
かも，暴行により子供を妊娠した女性が戦後になっても差別されるといった
事態も起きている．

（4）　女性に関わる問題への国際協力

　特に1990年代以降になると，女性・ジェンダーに関する問題が国際問題
としてたびたび取り上げられるようになった．国連主催の「世界女性会議」

では，政府間会議と NGO フォーラムが開催される．1975 年第 1 回メキシコシティ，1980 年第 2 回コペンハーゲン，1985 年第 3 回ナイロビ，1995 年第 4 回北京と開催された．特に北京での会議は大規模なものとなり，貧困，教育，健康，女性に対する暴力，紛争下の女性，経済，権力・意思決定分担における男女の不平等，女性の地位向上のための仕組み，人権，女性とメディア，女性と環境，少女と幅広いテーマが取り上げられた．今では，女性・ジェンダーの問題は国際協力の目標となり，各国でジェンダーの平等が求められるとともに，政府や国際機構，NGO による国際協力が行われている．

　2000 年採択の国連ミレニアム開発目標（MDGs）でも目標 3 で「ジェンダー平等推進と女性の地位向上」が設定され，その後継の目標で，2015 年採択の持続可能な開発目標（SDGs）でも目標 5 で「ジェンダーの平等を達成し，すべての女性と女児のエンパワーメントを図る」ことが織り込まれた．先述の児童婚や FGM などの有害な慣行の撤廃も，目標 5 のターゲット 5.3 に入っている．また，他の分野での国際協力においても，ジェンダー平等への配慮が求められたり，国連など国際機構の組織や活動でも採用でジェンダーの平等が徹底されたりなど，ジェンダーの主流化が進められている．

　国際目標の採択や，女性の権利を保護するための条約の締結を受けて，各国で法律の制定・実施が行われている．例えば，日本では，1979 年に締結された「女子差別撤廃条約」に加入したことをきっかけに，1985 年に「男女雇用機会均等法」が採択された．1980 年代頃の発展が遅れていた中国や東南アジアへ日本人男性が「児童売春ツアー」に行くことが国際問題となり，1999 年に「児童買春・児童ポルノ禁止法」が制定され，その第 10 条の規定で海外で児童買春を行った場合も処罰がなされることとなった．また，日本の政府系援助機関である国際協力機構（JICA）は，ジェンダーと開発の分野で，女性の経済的エンパワーメントの推進，女性の人権と安全の保障（紛争，災害，暴力や人身取引からの保護），女性の教育と生涯にわたる健康の推進，ジェンダー平等なガバナンスの推進，女性の生活向上に向けた基幹インフラの整備推進を優先開発課題として，途上国に支援を行っている[10]．

　国際機構もジェンダー問題に積極的に取り組んでいる．国連には，経済社会理事会のもとに「女性の地位委員会」が設けられており，女性・ジェンダーに関わるあらゆる問題が話し合われている．テーマは「女性の移住労働者への暴力」「女性と少女の売買」「女性の人権のメインストリーム化」など多彩である．同委員会では，さまざまな決議の採択や条約案の作成が行われてきた．2011年には国連内のいくつかの組織が統合されて「UN Women」が設立され，女性の地位委員会などをサポートしている[11]．2020年4月には，UN Womenのムランボ＝ヌクカ事務局長が，新型コロナウイルス対策の外出自粛により，家庭内暴力（DV）が広がることを懸念する声明を出している[12]．

　NGOも，それぞれの専門分野で女性・ジェンダーの問題に取り組んでいる．例えば，「プラン・インターナショナル」は，女性に特化した支援活動を途上国を中心に行っていて，女性に対するカウンセリングや教育，保健医療サービスの提供，職業訓練を実施している[13]．

　近年のノーベル平和賞では，戦争や紛争に直接かかわるテーマに取り組んできた人物や団体だけでなく，戦争の原因になるような貧困や人権侵害の問題に取り組む人物や団体を高く評価するようになっている．2014年10月，2014年度のノーベル平和賞が，女性教育の権利を訴えるパキスタンのマララ・ユスフザイ（当時17歳）と，インドの児童労働問題に取り組んでいるカイラシュ・サティヤルティ（当時60歳）に授与された．

　当時17歳のマララは，ノーベル賞全6部門を通じて史上最年少での受賞者となった．マララは，パキスタンで女子が教育を受ける権利を11歳の時からイギリスBBCサイトのブログなどで訴えてきた．パキスタンでは，女性への教育を不必要と考える伝統がいまだに強く残っており，その伝統を固持するイスラーム過激派が勢力を伸ばしている．国際的に注目を集めるようになった彼女に対し，2012年10月，女性の権利拡大を好まないイスラーム過激組織パキスタン・タリバーン運動（TTP）が銃撃を行い重傷を負わせた．マララは奇跡的に回復し，2013年7月12日にニューヨークの国連本部で演

説して，「すべての子どもに教育を受ける権利の実現を」と訴え，銃撃され
ても信念を曲げず，教育を受けられない子どものための活動を続ける姿を国
際社会にアピールした．その時の動画は，YouTube などで日本語の字幕付
きで見ることができる．また，既に自伝も書かれている[14]．現在はイギリス
を拠点に，世界の全ての女子や児童への教育実現を訴えている．しかし，受
賞後には，再びイスラム過激派に脅迫されるといった事件も起きた．

　サティヤルティは，一般的には知られていないが，電気技師から，1980
年に「BBA/SACCS・南アジア奴隷解放連盟」を設立して活動家に転じ，奴
隷的な境遇にある子供の救済や，児童労働の撲滅に取り組んできた．25 年
間で 7 万人余りの子供たちを救済し，社会復帰を支援してきたという．実際，
インドやネパールなど南アジアでは，いまだに人身売買が深刻であり，日本
の NGO「ラリグラス・ジャパン」など多くの NGO が人身売買の問題に取
り組んでいる[15]．

　しかし，女性・ジェンダー問題に取り組む際，文化・伝統・宗教の重視か，
女性個人の権利の重視かという難しい問題が生じる．例えば，先にも述べた
ようなイスラム教の信仰と関連した議論がある．イスラム教の教えを信じる
信仰の自由と，女性の人権のどちらを尊重するか選ばないといけない局面が
起きうる．政教分離を徹底するフランスでは，学校におけるスカーフ（ヒ
ジャブ）の着用をめぐる問題が以前から存在している．ドイツやフランスで
は，全身を覆う水着「ブルキニ」の着用を海岸やプールで禁止する動きがあ
り，論争を呼んできた．女子サッカーなどスポーツでのユニフォームでも問
題になっている．欧米でイスラム教徒（ムスリム）の移民を排斥を主張する
政党の躍進が見られるが，その根拠として女性への宗教上の差別が理由とし
て取り上げられたりする．

3. 子どもと国際関係

（1） 国際関係における子ども

18 歳未満の子どもは，世界の人口約 77 億人うち 23 億人を占めており，さらに 15 歳未満は約 26% で 19 億人余りである（2019 年）．子どもは，社会において弱い存在．抵抗できず，大人の言いなりになりやすい．そのために，さまざまな側面で人権侵害が起きやすい[16]．

予防可能な病気が原因で 5 歳を迎えられない子どもが 1 日に 1 万 6000 人いる（2017 年）．最も貧しい 20% の世帯の子どもは，最も裕福な 20% の世帯の子どもに比べて，5 歳の誕生日を迎える前に死に至る可能性が約 2 倍とされる．児童労働にかかわる子どもは 1 億 5200 万人で，そのうち最悪の形態は 7300 万人である（2017 年）．2012 年から 2014 年の間に，世界 106 カ国で 6 万 3251 人の人身売買被害者が確認された．性産業で搾取されている子どもは毎年 100 万人いるとみられる．さらに，少年兵は南スーダンをはじめ世界に 25 万人いるとされる[17]．先述のように児童婚の問題も根強く，「早すぎる妊娠・出産」で命を落とす子どもも多い．途上国に関わる問題が多いものの，日本を含む先進国も，児童虐待や子どもの貧困，外国人・移民の子どもの教育問題などさまざまな問題を抱えている[18]．2020 年の新型コロナウイルスの感染拡大によって，健康や教育，家計，安全などあらゆる面で子どもに悪影響が出ている[19]．問題の原因としては，貧困や紛争のほかに，子どもは親の所有物で家のために働くべきといった根強い伝統や慣習がある．

（2） 子どもを守るための国際協力

子どもの問題に対してさまざまな国際協力が行われてきた．1989 年には「子どもの権利条約」が採択され，世界の大半の国と地域が参加している．同条約では 4 つの原則として，差別の禁止，子どもの最善の利益の保障，生命・生存・発達の権利の保障，子どもの意見の尊重が謳われている．SDGs

にも，子どもの教育（目標4），子ども兵士を含む児童労働の撲滅（目標8
のターゲット8.7）など，子どもに関わる目標やターゲットが多く明記され
ている[20]．

　子どもの権利条約の項目の遵守と実践のために，国連人権高等弁務官事務
所の補助のもので「国連・子どもの権利委員会」が設けられ，締結国は報告
書を定期的に提出し，審査を受けている．日本のJICAをはじめ，政府開発
援助（ODA）のプロジェクトには子どもを対象としたものも多く，子ども
への教育協力などが実施されている[21]．国際機構についても，国連児童基金
（UNICEF，ユニセフ）は，1946年に設立され，子どもの教育や医療など支
援している．ユニセフ親善大使として黒柳徹子が活躍するなど，日本にもな
じみが深い．国際労働機関（ILO）は，1999年に採択された「最悪の形態の
児童労働に関する条約」（第182号条約）の遵守を締結国に求めるとともに，
技術協力プログラムとして「児童労働撤廃国際計画」（IPEC）を1992年以
来実施している[22]．他にも，「セーブザチルドレン」や「ワールド・ビジョ
ン」などの国際NGOが先進国，途上国を問わず活動している．NGOは子
どもたちへ支援活動を行うとともに，先述の子どもの権利委員会に情報を提
供したり，アドボカシー活動を行ったりする[23]．

　これらの活動は，基本的には，国際的な問題に「大人」が取り組んでいる
ものである．しかし，上の「子ども権利条約」にも規定されるように，子ど
も自身の意見も尊重されることが原則となっている．最近では，国際関係の
「アクターとしての子ども」の動きも見られるようになっている．例えば，
2002年には，「国連子ども特別総会」が開催され，各国代表団やNGOから
子どもも参加し，政府代表の会合と並行して子どもフォーラムが開催され
た[24]．国連や政府，NGOが主催する国際会議に子どもが参加して意見を述
べる機会が増えている．

4. 国際関係と障害者

(1) 国際関係における障害者

　障害をもつ人は，世界中で約6億5000万人と推定されている．ただし，障害及び障害者の定義は1つに定まっているわけではない．2006年採択の「国連障害者権利条約」は，「障害者には，長期的な身体的，精神的，知的又は感覚的な障害を有する者であって，様々な障壁との相互作用により他の者と平等に社会に完全かつ効果的に参加することを妨げられることのあるものを含む」（第1条）としている．1970年に制定され2011年に定義を含め改正された日本の「障害者基本法」によると，障害者とは，「身体障害，知的障害，精神障害（発達障害を含む）その他の心身の機能の障害（以下「障害」と総称する）がある者であって，障害及び社会的障壁により継続的に日常生活又は社会生活に相当な制限を受ける状態にあるものをいう」（第2条1項）．

　障害者に関わる問題としては，健康に暮らす権利が保障されていないことや，教育や雇用の機会が保障されていないこと，周囲からの偏見や差別が挙げられる．また，精神や肉体に関わる問題だけでなく，日本の障害者基本法が第2条2項で挙げている「社会的障壁」，すなわち「障害がある者にとって日常生活又は社会生活を営む上で障壁となるような社会における事物，制度，慣行，観念その他一切のもの」も障害者を苦しめる．基本的にはそれぞれの国での対応が求められるが，特に途上国においては政府の意思や能力の欠如により，困難な状況に障害者やその家族が置かれている．

　特に女性障害者の場合，障害者であるために受ける差別と，女性であるために受ける差別の「複合差別」を受けている．女性・ジェンダー分野でも，障害・障害者の分野でも，女性障害者は不可視化されていた．女性障害者の特有の差別として，恋愛，結婚，妊娠，出産，妻としての役割，育児といった母としての役割のはく奪．さらに性的暴力や，子宮摘出手術の強要といったものが挙げられる[25]．女性障害者の置かれた状況が国際的に問題視される

ようになったのは今世紀になってからであり，そこでは女性障害者自身によるものを含めた国際的な運動があった．

(2)　障害者問題に関する国際協力

　障害者の問題に対する国際協力も，次第に発展してきた．1970 年に「知的障害者の人権宣言」が国連で採択されたのを皮切りに，1975 年に「障害者の人権宣言」が採択された．1981 年が国連の国際障害年となり，1982 年に「障害者に関する世界行動計画」，1983 年から「国連障害者の 10 年」，1993 年「障害者の機会均等化に対する基準規則」が採択され，2006 年には国連総会で「国連障害者権利条約」が採択された．条約のもとで「障害者権利委員会」が設置された．同条約では，第 6 条で障害のある女性について定めており，締約国に障害のある女性の複合差別に対する措置を求めている．条約の制定過程では，障害者団体による積極的な働きかけが行われた．

　以後，直接障害者を支援する「障害者のエンパワーメント」と各分野で障害者への配慮を行う「障害者の主流化」という「ツイン・トラック・アプローチ」が実行されている．日本の JICA も，このツイン・トラック・アプローチを採用し，前者には，リーダー育成や自立生活訓練など直接支援と，コミュニティでの啓発や関連専門職の育成といったエンパワーメントのための条件・環境整備，研修，専門家派遣，技術協力プロジェクト，ボランティア派遣を行っている．JICA のジェンダーと開発に関する課題別指針の改定（2009 年）では，女性障害者への支援の重要性も言及されている[26]．

　国際機構もさまざまな支援を行っている．国連は，先の障害者権利委員会の事務局を務めるとともに，2014 年より人権理事会が「障害者の権利に関する特別報告者」を任命して，各国政府や他の国際機構，障害者団体などと協議して，ベストプラクティスの共有や障害者の権利の侵害の情報を集め，具体的な勧告を行っている．2019 年 6 月より，「国連障害インクルージョン（包摂）戦略」が事務総長によって実施されている．国連システムの 57 の組織体が協力して，障害者権利条約の内容に沿った障害者のインクルージョン

をすべての国連の活動の柱で実践していく.「障害のインクルージョン」とは,障害者の意義のある参加,国連の活動における障害者の権利の主流化,障害問題に特化したプログラムの開発,障害に関わる視点の考慮を意味する[27].国連のみならず多くの援助機関で追求されている.

WHO は,2001 年に「国際生活機能分類」で障害が人と環境の相互作用で生まれることを概念化し,障害の肯定的側面に着目する「障害の社会モデル」へ転換し,効果的な保健サービスへの平等なアクセスなどを支援している.ILO は,障害者の労働機会への権利に重点を置き,職業リハビリテーションの概念の定義など関連した基準作りを行っている.世界銀行は,障害インクルーシブな開発へ向けたプロジェクトへの融資などを行っている[28].

障害者を代表する,あるいは障害者が自ら運営する NGO が,政府や国際機構と連携しながら国際協力に参加している.例えば,「日本障害者リハビリテーション協会」は,「障害者権利条約の実践のための障害者リーダー能力強化」コースなどの国際研修事業を行っている.「DPI 日本会議」は,障害当事者の団体として障害者の社会参加を目指しているが,2002 年よりアフリカでの障害者の自立生活運動の推進や,障害者リーダーの育成とエンパワーメント,ピアカウンセリングや障害政策等に関する研修を毎年開催している.関西に拠点を置く「メインストリーム協会」は,障害者が地域で自立した生活を送れるよう,障害者自身が中心となり,介助者派遣事業や権利擁護事業を行っている.同団体は,カンボジア,ネパール,バングラデシュでも自らをモデルにして,障害者自立生活運動や自立生活センターを支援している[29].また,日本の障害者団体の多くは,国連 ESCAP において決議された第 3 次「アジア太平洋障害者の十年」(2013-22 年)を推進するために,民間団体より構成される「アジア太平洋障害フォーラム」(APDF)に参加している.

注
1) Tickner(1993=邦訳 2005);Steams(2013);土佐(2000)参照.

2) 外務省「外務省における女性の職業選択に資する情報の公表及び特定事業主行動計画に基づく取組の実施状況」（2019 年 1 月）（https://www.mofa.go.jp/mofaj/files/000143718.pdf）（2020 年 12 月 27 日アクセス）.
3) 列国議会同盟（IPU）『議会における女性 2019　年間レビュー』（日本語版）.
4) 内閣府「図 10 韓国に対する親近感」（令和元年度外交に関する世論調査より）（https://survey.gov-online.go.jp/r01/r01-gaiko/zh/z10.html）（2020 年 12 月 27 日アクセス）.
5) 久保田ほか（2014）を参照.
6) UNICEF の児童婚のサイト参照（https://data.unicef.org/topic/child-protection/child-marriage/）（2020 年 12 月 31 日アクセス）.
7) 日本ユニセフ協会の児童婚についての日本語のサイト参照（https://www.unicef.or.jp/about_unicef/about_act04_04.html）（2020 年 12 月 31 日アクセス）.
8) UNICEF の FGM のサイト参照（https://data.unicef.org/topic/child-protection/female-genital-mutilation/）．日本語のサイトも参照（https://www.unicef.or.jp/about_unicef/about_act04_03.html）．いずれも 2020 年 12 月 31 日アクセス.
9) 日本語訳は日本大使館のサイトを参照（https://jp.usembassy.gov/ja/trafficking-in-persons-report-2020-japan-ja/）.
10) JICA「ジェンダーと開発」のウェブサイト（https://www.jica.go.jp/activities/issues/gender/index.html）を参照.
11) UN Women 日本事務所のウェブサイト（https://japan.unwomen.org/ja）を参照.
12) 日本語訳は次のサイトを参照（https://japan.unwomen.org/ja/news-and-events/news/2020/4/violence-against-women-and-girls-the-shadow-pandemic）.
13) プラン・インターナショナルのウェブサイト（https://www.plan-international.jp/）参照.
14) マララ・ラム（2013）.
15) ラリグラス・ジャパンのウェブサイト（http://www.laligurans.org/）参照.
16) 子どもに生じる問題や国際協力について，初瀬・松田・戸田（2015）参照.
17) UNICEF の『世界子供白書』や日本ユニセフ協会のウェブサイト（https://www.unicef.or.jp/）より．日本ユニセフ協会のサイトで『世界子供白書 2019』の日本語版がダウンロードできる（https://www.unicef.or.jp/sowc/）.
18) 子どもが直面している問題と国際協力について，国際子ども権利センターほか（2019）参照.
19) セーブザチルドレンのサイト参照（https://www.savechildren.or.jp/lp/coronavirus-protectageneration/）（2020 年 12 月 31 日アクセス）.
20) 子どもに関わる SDGs の目標とターゲットを表にしたものは，国際子ども権利センターほか（2019），8-9 頁参照.
21) JICA の教育協力の事業・プロジェクトについてのウェブサイトを参照（https://www.jica.go.jp/activities/issues/education/index.html）.

22)　ILO の児童労働に関するサイト（日本語）を参照（https://www.ilo.org/tokyo/areas-of-work/child-labour/lang--ja/index.htm）．

23)　セーブザチルドレンは 1919 年イギリスで設立され，120 カ国以上で活動している（http://www.savechildren.or.jp）．ワールド・ビジョンは途上国の子どもたちを支援するが，月々一定の金額を寄付すると，支援対象の子どもたちより定期的に手紙などが届く「チャイルド・スポンサーシップ」が有名である．ワールド・ビジョン・ジャパンのウェブサイト（https://www.worldvision.jp/）を参照．

24)　外務省のサイト「国連子ども特別総会　概要と評価」（https://www.mofa.go.jp/mofaj/gaiko/jido/children_gh.html）を参照．

25)　島野（2015），62 頁．ほかに，小林（2017）も参照．

26)　支援内容や指針は，JICA の社会保障関連の支援についてのウェブサイトを参照（https://www.jica.go.jp/activities/issues/social_sec/index.html）．支援内容については同サイトにあるパンフレット「『障害と開発』への取り組み」（2017 年）に詳しい．

27)　United Nations, United Nations Disability Inclusion Strategy, p. 2. 国連障害インクルージョン戦略については，国連ウェブサイトを参照（https://www.un.org/en/content/disabilitystrategy/）．

28)　それぞれの機関の障害者支援に関わるウェブサイトを参照．WHO については（https://www.who.int/health-topics/disability#tab=tab_1），ILO については（https://www.ilo.org/global/topics/disability-and-work/lang-en/index.htm），世界銀行については（https://ida.worldbank.org/cross-cutting/disability）．島野（2015），第 2 章も参照．

29)　日本障害者リハビリテーション協会「障害者支援分野での国際協力」（https://www.jsrpd.jp/overview/international/），DPI 日本会議「国際協力／海外活動」（https://www.dpi-japan.org/activity/international-activity/），メインストリーム協会「国際協力」（https://www.cilmsa.com/pg49.html）を参照．

II. 世界が抱える問題

第6章
グローバル化と貧困問題

1. グローバル化の問題

　グローバル化とは，簡単にいえば人間の活動が国境を越えて行われるようになり，ヒト，モノ，カネの移動が「範囲」，「強度」，「速度」の面で急速に広がっていくことである．グローバル化自体は，16世紀のスペインを中心とした大航海時代や19世紀後半のイギリスを中心とした自由貿易の発達のように，歴史的にたびたび見られた現象である．しかし，1980年代以降広がったグローバル化は，上の3つの側面で抜きん出ている[1]．

　最も進んでいるのが，経済のグローバル化である．経済のグローバル化は，製造から販売まで地球全体で行われるようになることであり，現在では，世界中に製品のサプライチェーンが築かれている．例えば，自動車では，設計がフランスで行われ，部品の製造が中国やタイで行われて，最終的な組み立てが日本で行われたのち，欧米や世界中に輸出されていく．経済活動がグローバルになるとともに，企業間の競争もグローバルとなり，世界規模で自由競争が広がっていく．また，金融のグローバル化もインターネットの発達とともに加速し，今では，外貨の取引を行うFXなど，世界中どことでも瞬時に取引が可能となった．2020年のコロナ禍での激しい上下動にみられたように，世界の株式市場も常に連動している．近年は，ビットコインなどの「仮想通貨」の取引も増大している．

　文化のグローバル化も進んでいる．第二次世界大戦後から，アメリカのハ

リウッド映画が世界的に上映されるようになり，各国の若者のライフスタイルに多大な影響を与えるようになった．現在もなお，ハリウッド映画は，アメリカのソフトパワーの源になっている．他方で，最近では，宮崎駿など日本のアニメや BTS など韓国のアイドルグループが国際的な人気を獲得するようになっている．

　1989 年の冷戦の終結は，西側の自由民主主義国家の「勝利」とみなされ，1992 年のフランシス・フクヤマの著書『歴史の終わり』の主張にあるように，それが国家のあるべきモデルとみなされるようになった[2]．西側先進諸国の国際政治・経済上の優位と圧力のもとで，東欧諸国からアジア，アフリカ諸国へ，民主化の「第三の波」が広がっていった（第 8 章参照）．このような世界各国での民主化の進展は，「政治のグローバル化」とされた．

　このグローバル化を支えてきたのが，ICT（情報通信技術）である．インターネットの発達が，瞬時で世界のどことでもコミュニケーションをとることを可能にした．携帯電話やスマートフォンの普及で，発展途上国の人々でもインターネットに容易にアクセスできるようになっている．また，航空機の発達により，国境を越えた長距離の人の移動も容易になった．各国の規制緩和による格安航空会社（LCC）の発達が，人の移動をさらに加速させ，観光客や外国人労働者を増加させた．

　1990 年代は，グローバル化によって政策の選択の幅が狭まり国家主権が制約を受けているという認識が広がり，国家の「退場」や「変容」が指摘されるようになった．国家に代わる「コスモポリタン」な政治的共同体構築の議論も盛んとなっていった[3]．その文脈で，第二次世界大戦後からの欧州統合が加速し，1992 年のマーストリヒト条約で誕生した欧州連合（EU）が，そのような政治的共同体の「実験」として注目された（第 12 章参照）．また，グローバルなレベルでも，国家に代わって，国際機構や NGO の活躍が目立つようになり，第 1 章でも取り上げた「グローバル・ガバナンス」の概念が広がっていった．国際関係論でも，現実主義理論に対して自由主義理論への支持が高まった時期でもあった．1990 年代は，グローバル化は肯定的に受

け止められていた．しかし，今世紀になり問題点も浮き彫りとなると，グローバル化に対する否定的な見方も広がっていった．

　そもそもグローバル化には，良い面と悪い面とがある．良い面としては，経済のグローバル化によって，貿易が拡大してグローバル経済が活発化し，衣料品のように，消費者はより安く質のいい商品を購入できるようになった点がある．企業もマーケットの広がりによって多数の国に販売できるようになり，日本の自動車産業のように，売り上げを伸ばすことが可能になった．また，以前の中国のように安い労働力を生かすことで，多くの途上国で経済発展が進んでいった．文化のグローバル化も，世界各地の文化がインターネットやSNSによって混ざり合うことで，新しい文化が創出されるようになっている．また，情報の拡散と人の移動によって，国を超えた人々のつながりが深まり，異なる文化への理解や「人類」としての連帯感が生み出されてきた．

　しかし，グローバル化の悪い面も浮き彫りとなっている．経済のグローバル化によって，「勝ち組」と「負け組」の差が明確となり，貧富の差が拡大していった．また，サプライチェーンがつながっているために，ある地域で問題が起きると世界全体で生産活動が止まってしまうリスクが高くなった．実際，2020年の新型コロナウイルス感染症（COVID-19）では，中国からの部品や製品が止まったために，世界中の自動車など工業製品の生産が一時停止した．さらに，グローバル経済の拡大によって，地球環境問題の悪化が進むようになった．自動車の台数の増加や工場の生産活動によって，地球温暖化が加速している．文化のグローバル化も，外国文化の流入によって，伝統文化の破壊や消滅が見られる．その反動から，中東での反米感情の高まりのように，かえって外国文化への反感や偏狭なナショナリズムを強めさせる結果となっている．また，日本における中国系マフィアの活動や中南米の麻薬カルテルのアメリカでの取引，イスラム過激派組織による国際テロのように，「犯罪のグローバル化」といってもいい現象も生まれている．

　しかも，グローバル化によって，遠く離れた地で起きた出来事の悪い影響

が伝播するスピードは，さらに速くなっている．2001年の9・11同時多発テロは，外国人観光客の世界的な減少を招いた．2011年の日本の東日本大震災による福島の原発事故は，放射能の含まれた気流や海水が流れることで，アメリカや中国，韓国といった国々に不安を与えた．アメリカのトランプ政権による中国との間の貿易戦争は，対米と対中貿易に依存する日本の景気を即座に脅かした．また，航空機による人の移動の拡大によって，感染症が広がるスピードも広範かつ速くなっている．2020年の新型コロナウイルスの感染拡大はその典型的なものである．近年はグローバル化の悪い面が目立つようになってきていたが，2020年のコロナ禍でそれが一気に表面化したともいえる．同時に，グローバル化で生じる問題への対応で，むしろ国家の役割が見直される傾向もある．

2. 世界の貧困問題

(1) 貧富の格差の広がり

　グローバル化による悪い面の1つが，貧困の問題である．貧困の問題は，大きく国際レベルと国内レベルに分けることができる，国際レベルでは，「北」と「南」の諸国の間の貧富の格差としての「南北問題」が存在する．ここでいう「北」とは豊かな先進国のことを指す．地球の北半球に多いことからそういわれるようになり，日本やヨーロッパ諸国（イギリス，ドイツ，フランスなど），アメリカ，カナダ，オーストラリアなどが該当する．他方で「南」とは貧しい発展途上国を指す．アフリカやアジア，中南米の多くの国々が該当する．南北問題は，アジア・アフリカ諸国が植民地から独立した1960年代ぐらいから指摘されるようになった．ただし，最近では，発展途上国のなかで，中国のように急速に経済成長を遂げていわゆる「新興国」となった国々も存在する．いずれにせよ，豊かな国（1人当たりの年収が数百万円）から貧しい国（同じく数万円）までの貧富の格差が，国際社会には存在している．

　国際レベルだけでなく，国内での貧富の格差もグローバル化による自由競争の激化で拡大しつつある．先進国，途上国に関係なく，多くの国々で貧富の格差が拡大している．日本でも，生活保護家庭が急増し，「下流社会」や「格差社会」の議論が聞かれるようになって久しい．国内の格差は，都市部と地方・農村といった地域格差や，IT 産業と農業の間のような産業格差など多面的にみられる．

　発展途上国で多くみられる，食うや食わずの貧困状態に置かれていることを「絶対的貧困（極度の貧困）」という．他方，日本でいえば生活保護を受けざるを得ないような，その国での生活水準を満たすことのできない貧困を「相対的貧困」という．

　国際レベルの絶対的貧困もいまだ深刻である．たしかに 2002 年から 2012年にかけて，貧困ライン以下で暮らす人々の割合は，世界人口の 26% から13% へ半減した．しかし，人口が多く経済発展が進んだ中国とインドにおける減少による部分が大きく，アフリカでの減少率はそれほどでもない．また，世界銀行が設定する 1 日の平均収入 1.9 ドル（約 200 円）の国際貧困線以下で生活する人々は，2015 年の時点で約 7 億 3600 万人（世界の約 10%）いるとされる．さらに，世界銀行の推測では，2020 年のコロナ禍により，絶対的貧困層は 2021 年までに世界で 1 億 5000 万人増の見通しである[4]．また，収入の格差だけでなく，識字率や教育の格差，デジタル・ディバイド（IT 格差），電気へのアクセスの格差，テレビの有無など情報格差，医療格差，栄養不足や飢餓の増大など食料の格差，水不足や水質汚染，砂漠化問題など環境面の格差も深刻である．

　相対的貧困についても，先進国や中国など新興国を含めて悪化しつつある．日本では生活保護の対象となる水準で生活する世帯は 16% に及ぶといわれる．アメリカでは，上位 1% の富裕層が国全体の総資産の 4 割を握っているといわれ，年々格差が広がっているが，2020 年の新型コロナウイルスの問題では，貧困層ほど感染率や死亡率が高いとされる．さらに，白人よりも黒人の死亡率が高いとされ，背景には人種問題と絡んだ貧富の格差がある．5

月にはミネソタ州で黒人が警官に犯罪の疑いをかけられて，警官の暴力で死亡する事件が起き，全米で Black Lives Matter という抗議運動が広がり暴動になったが，背景には人種間の経済格差がある．

　このような貧富の格差の拡大の背景には，グローバル化がある．先述のように，国境を越える人間の活動が範囲，強度，速度のすべての次元で拡大するグローバル化によって，世界全体での経済活動はますます活発になっている．しかし，それは同時に，国内外での自由競争が激化することを意味する．工場は，先進国から安い賃金を求めて途上国へ移され，先進国の労働者は失業する．競争に勝つために賃金を安く抑える必要から，非正規雇用が増加する．日本の「外国人技能実習生」のように，安い外国人労働力の導入が進み，自国民は失業していく．さらに各国の間で，外国企業の誘致や産業育成のため，減税，労働基準・環境基準の緩和などを競うことで，労働環境や自然環境，社会福祉などが最低水準へと向かう「底辺への競争」が起きる．それにより，国内での貧富の格差はさらに広がっていく．このような経済自由化と市場重視を基本としたあり方は，「新自由主義的」なグローバル化とされ，国際関係論のマルクス主義論者はとくに批判的に捉えている（第1章参照）．

　結局，もともと資金と競争力のある富める者（先進国，大企業，富裕層）がますます豊かになり，貧しい人々（途上国，中小企業，貧困層）はますます貧しくなっていく．実際，第4章でも触れたように，Amazon.com の経営者ジェフ・ベゾスの12兆円をはじめ世界で最も裕福な26人が，世界人口のうち所得の低い半数に当たる38億人の総資産と同額の富を握っている．

　貧困の問題は経済的な影響に限定されない．貧困と関連してさまざまな問題が生じる．第1に，貧困ゆえに富を求めて紛争が起きる．途上国ほど限られた富を求めて紛争に陥りやすい．また，貧困が民族間の不平等感をさらに強めることもある．生活費を稼ぐために兵士になる者も現れる．逆に，経済インフラを破壊する紛争が貧困を悪化させ，悪循環に陥る．また，新型コロナウイルスの問題では，医療体制の貧弱な途上国で感染が広がった．欧米の先進国でも，感染が拡大しているのは，ニューヨーク市では黒人層など，十

分な医療を受けることのできない貧困層であるといわれている．

　第2に，人権の問題と貧困のつながりがある．貧困を原因として児童労働
や人身売買（人身取引）が起きている．最後に，貧困ゆえに日々の生活費を
稼ぐために森林を過剰に伐採したり，絶滅の危機にある希少動物を捕獲した
りと，貧困は自然環境の悪化を招く．逆に，砂漠化のように環境破壊は貧困
を悪化させる．貧困と環境の結びつきは国際社会でも広く認識されており，
開発と環境を両立させる「持続可能な開発」が国際的な目標となっている．

(2)　開発・貧困解消へ向けた取り組み

　もちろん国際社会も貧困の問題を見過ごしていたわけではない．貧困など
の解消へ向けた国際的な開発目標として，表6-1にある「国連ミレニアム開
発目標」（MDGs）が2001年に設定され，いずれも1990年段階の数値を前

表6-1　国連ミレニアム開発目標

目標1：極度の貧困と飢餓の撲滅 　・1日1.25ドル未満で生活する人口の割合を半減させる 　・飢餓に苦しむ人口の割合を半減させる
目標2：初等教育の完全普及の達成 　・すべての子どもが男女の区別なく初等教育の全課程を修了できるようにする
目標3：ジェンダー平等推進と女性の地位向上 　・すべての教育レベルにおける男女格差を解消する
目標4：乳幼児死亡率の削減 　・5歳未満児の死亡率を3分の1に削減する
目標5：妊産婦の健康の改善 　・妊産婦の死亡率を4分の1に削減する
目標6：HIV/エイズ，マラリア，その他の疾病の蔓延の防止 　・HIV/エイズの蔓延を阻止し，その後減少させる
目標7：環境の持続可能性確保 　・安全な飲料水と衛生施設を利用できない人口の割合を半減させる
目標8：開発のためのグローバルなパートナーシップの推進 　・民間部門と協力し情報・通信分野の新技術による利益が得られるようにする

出典：日本ユニセフ協会ウェブサイト（https://www.unicef.or.jp/about_unicef/about_mill.html）
　　　から筆者作成．

96

表6-2 持続可能な開発目標（SDGs）の17分野

目標1：あらゆる場所で，あらゆる形態の貧困に終止符を打つ．
目標2：飢餓に終止符を打ち，食料の安定確保と栄養状態の改善を達成するとともに，持続可能な農業を推進する．
目標3：あらゆる年齢のすべての人の健康的な生活を確保し，福祉を推進する．
目標4：すべての人に包摂的かつ公平で質の高い教育を提供し生涯学習の機会を促進する．
目標5：ジェンダーの平等を達成し，すべての女性と女児のエンパワーメントを図る．
目標6：すべての人に水と衛生へのアクセスと持続可能な管理を確保する．
目標7：すべての人に手ごろで信頼でき，持続可能かつ近代的なエネルギーへのアクセスを確保する．
目標8：すべての人のための持続的，包摂的かつ持続可能な経済成長，生産的な完全雇用およびディーセント・ワーク（働きがいのある人間らしい仕事）を推進する．
目標9：強靭なインフラを整備し，包摂的で持続可能な産業化を推進するとともに，技術革新の拡大を図る．
目標10：国内および国家間の格差を是正する．
目標11：都市と人間の居住地を包摂的，安全，強靭かつ持続可能にする．
目標12：持続可能な消費と生産のパターンを確保する．
目標13：気候変動とその影響に立ち向かうため，緊急対策を取る．
目標14：海洋と海洋資源を持続可能な開発に向けて保全し，持続可能な形で利用する．
目標15：陸上生態系の保護，回復および持続可能な利用の推進，森林の持続可能な管理，砂漠化への対処，土地劣化の阻止および逆転，ならびに生物多様性損失の阻止を図る．
目標16：持続可能な開発に向けて平和で包摂的な社会を推進し，すべての人に司法へのアクセスを提供するとともに，あらゆるレベルにおいて効果的で責任ある包摂的な制度を構築する．
目標17：持続可能な開発に向けて実施手段を強化し，グローバル・パートナーシップを活性化する．

出典：UNDP駐日代表事務所のウェブサイト（https://www.jp.undp.org/content/tokyo/ja/home/sustainable-development-goals.html）より筆者作成．

提に2015年までの達成を目指した．そのMDGsが期限を迎えた2015年9月には，MDGsに環境の視点を追加して，2030年に向けた「持続可能な開発目標」（SDGs）（表6-2）が採択された．このSDGsは，日本を含む国際社会全体が開発援助などを通じて達成すべき国際目標とされる．

MDGsの後を継ぎつつ，環境に関わる目標を大幅に取り入れたSDGsでも，貧困削減は最初に示される「最低限」の目標である（目標1）．しかも，

MDGs とは異なり，「あらゆる形態」とあるように，絶対的貧困だけではなく，相対的な貧困も含まれており，先進国も対象となる．目標達成へ向けて，各国政府，国際機構，NGO，企業が努力し，単独での達成が困難な国へは国際的な援助が行われる．

　まず，各国の政府による開発への取り組みが行われている．しかし，途上国の政府は開発に必要な資金や能力を欠いている．そこで，先進国政府は政府開発援助（ODA）を発展途上国に提供してきた．日本政府の場合，国際協力機構（JICA）が中心となって援助を実施している．

　ODA はいくつかのカテゴリーから構成される．まずは，①贈与（無償資金協力）であり，お金や物資を無料で提供する援助である．返済が困難なほど貧困にある国家に対して与えられることが多い．また，緊急援助（地震，病気，災害，戦争）や儲からないもの（学校や病院の建設）に対して提供される．次が，②借款（有償資金協力）であり，開発に必要な資金を貸す援助である．貸すといっても，金利は民間の銀行より低く設定され，返済の期間も 30 年など長期で設定される．発電所や道路建設など大規模で長期的な効果をもつ経済インフラ建設への援助で利用される．日本政府による借款は「円借款」ともいわれる．最後が，③技術協力であり，その名の通り，開発に必要な技術を教えるもので，指導する人を派遣したり，逆に招いたりする．農業技術の指導や教育支援を行うために一般の人を募集して途上国に派遣する，日本の「青年海外協力隊」は，そのような技術支援プロジェクトの 1 つである．

　日本の ODA について，2020 年度の政府予算は約 5600 億円である．かつて，1990 年代は 1 兆円以上あったが，財政難とともに急激に減少している．ちなみに，日本の防衛予算（自衛隊などの費用）は約 5 兆円である．ただし，過去の円借款の返済を再度 ODA に回すなどして，日本の ODA 総額は年 1 兆 5000 億円ほどで，2018 年の実績では世界で第 4 位である．日本の ODA は長らくまだ貧しかった中国などアジア向けが多かったが，近年はアフリカにも力を入れている．

　国際機構による貧困解消へ向けた取り組みも盛んである．国際連合（国連）は，専門的な機関として「国連開発計画」（UNDP）を設立し，UNDPを中心に貧困問題に取り組んでいる．UNDPでは無償援助や技術支援が中心である．UNDPの援助の特徴は，国家全体の所得の増加よりも個人に焦点を合わせた「人間開発」の概念に基づいて開発援助を行っている点である．人間開発の概念には，教育やジェンダー平等，保健衛生，人権なども含まれ，個人がもっている潜在能力を発揮できる状態を作ることを目的とする．人間開発へ向けて，UNDPは，NGOとの協力による「草の根開発」や「参加型開発」を通じて，人々の平等や自立に焦点を合わせた支援を行っている．

　開発援助を主な任務とする他の国際機構には，「世界銀行」（世銀）がある．世銀は，正確には，中所得国向けに融資を行う「国際復興開発銀行」（IBRD）と低所得国を対象とする「国際開発協会」（IDA）などから構成されるグループの通称である．当初ヨーロッパの戦後復興のために1944年のブレトンウッズ会議で国際通貨基金（IMF）とともにIBRDの設立が決められ，1960年に途上国向けにIDAが設立された．各国から提供される資金を元に，開発プロジェクトに資金を貸し付ける．UNDPと異なり，ダム建設，道路建設，港湾の整備，火力発電所の建設など工業化に必要であり，かつ多額の資金が求められる経済インフラ整備への融資に重点を置いてきた．IBRDは2019年6月末で100件の承認プロジェクト，総計232億ドルの融資を行い，IDAは2019年6月末で254件の承認プロジェクト，総計219億ドルの融資を行った．1990年代には，インドに対するダム建設への融資によって強制移住や環境破壊に手を貸しているとして，NGOなどによる国際的な反対運動の対象となったこともあるが，現在では，NGOとの連携を強め，貧困層の声に耳を傾け，自然環境への配慮を行っている．最近では，開発政策の遂行に必要な政府の能力強化や反汚職など「ガバナンス（統治）」への支援も重視している．

　1990年代以降，NGOによる開発への取り組みが盛んである．NGOは，第4章で取り上げたように，政府や国際機構への「アドボカシー」（政策提

言）活動を行う．開発や貧困に関しては，貧富の格差を広げる新自由主義的なグローバル化に反対し，貧困問題への積極的な取り組みと，環境や人権，ジェンダーに配慮した開発援助を求める．また，NGO は先進国市民への啓発運動に力を入れている．2005 年に「ほっとけない世界の貧しさ」キャンペーンが NGO を中心に企業，政府が参加して実施された．そこでは，ホワイトバンドの着用を通じて，3 秒に 1 人の子どもが貧困で死んでいく現状と開発援助の必要が訴えられた．日本でも中田英寿や桜井和寿などが出演する CM で一時有名となった．最近は児童労働廃止キャンペーンなども行われている．

　さらに NGO は，地域密着型の開発プロジェクトを実施する．例えば，第 4 章でも触れたように，日本の NGO「日本国際ボランティアセンター」(JVC) は，カンボジアの農村において生業改善支援を行っている．住民とともに，地元で採れるレモングラスなどのハーブの栽培・加工・出荷を行うことで，収益の増加を試みている[5]．

　NGO のなかには，不平等な貿易の仕組み自体の変革を目指して，「フェアトレード」（公正貿易）に取り組む団体もある．フェアトレードは，児童労働を行わず，環境に配慮し，農園労働者に適正な賃金を払っている途上国の生産者のみから材料や商品をやや割高に購入し，それを主に先進国で販売する貿易の仕組みである．最近は日本でもスターバックスやイトーヨーカドー，イオン，無印良品など多くの企業が，次ページの写真のようなフェアトレードの認証ラベルを貼った商品を販売している．フェアトレードの商品として，コーヒーや紅茶，チョコレート，バナナ，服，宝石などが販売されている．インターネットの検索サイトで，「フェアトレード通販」と入力すれば，さまざまなフェアトレード商品が売られていることがわかる．フェアトレード商品の購入など社会問題の解決につながる消費行動は，「エシカル（倫理的な）消費」ともいわれて，SDGs への貢献と結びつけられて注目されている．

　さらに最近は，第 4 章で取り上げたように，企業も，貧困問題やそれに関連した環境問題の原因を作っているという批判から，「企業の社会的責任」

（写真）左から，国際フェアトレードラベル機構（FLO）の認証ラベル，世界フェアトレード機関（WFTO）のWFTOマーク，イオングループで販売されるフェアトレード缶コーヒー

（CSR）が問われるようになっている．そこで，スターバックスなど多くの企業が，毎年，CSR報告書を公表している．特に近年は，国際的な目標であるSDGsにいかに企業として取り組んでいるかをアピールすることが多い．逆にいうと，SDGsへの取り組みをビジネスに生かして，消費者にアピールするようになっている．

3. 国際関係論と貧困問題

　国際関係論の各理論とイメージからは，グローバル化に伴う経済格差や貧困問題は異なって見える．現実主義から見ると，経済の問題も結局は国家間の権力闘争の結果であり，かつ原因でもある．実際，19世紀の欧州列強と植民地がそのまま現在の先進国と発展途上国になっており，例外は少数に限られる．結局，軍事力の強い国が経済的にも繁栄し，経済的な繁栄がさらに強い軍事力の保持を可能にしており，いつまでも貧富の差はなくならないということになる．最近では中国が「一帯一路」政策を通じて途上国への投資や援助に乗り出しているが，それも中国の自国の利益追求とアメリカへの対抗戦略の「手段」に過ぎないという見方になる．対して，自由主義論者は，そもそもグローバル化や市場経済への期待が高く，国際社会全体が貧困から脱却し，途上国が経済成長することは可能であると主張する．グローバル化

に伴う問題は，国際協力によって解決すればよく，実際SDGsを軸に国際協力が行われており，グローバル・ガバナンスも発展してきた．そこでは，国家だけでなく，国連など国際機構とNGO，企業が重要な役割を担うとする．

　対して，マルクス主義論者は，現在の自由貿易の仕組みと，現在の新自由主義的なグローバル化が続く限り，資金を有する先進国や大企業が栄え，途上国や貧しい人々はいつまでも収奪されると考えており，仕組み自体の変革を要求する．フェアトレードはその試みといえる．構成主義論者は，アフリカなどの貧困問題への連帯意識の高まりや，人間開発といった概念の広がり，法的拘束力があるわけでもないSDGsへの注目の高まりといった，貧困解決への取り組みへ国家などのアクターを導く価値観や国際規範の発達に注目する．

　いろいな見方はあるものの，グローバル化でグローバル経済のひずみが大きくなってきたのは間違いない．貧困はそのひずみで生じる最たる問題であり，2020年の新型コロナウイルス問題で，先進国の相対的貧困も含めて，いっそう深刻になると思われる．私たち自身の問題として貧困問題を考えていく必要がある．

注
1)　Held et al. (1999＝邦訳 2006).
2)　Fukuyama (1992＝邦訳 2020).
3)　Held (1995＝邦訳 2002). Strange (1996＝邦訳 1998)；杉浦（2007）も参照.
4)　世界銀行「新型コロナウイルス感染症により 2021 年までに極度の貧困層が最大 1 億 5,000 万人増加」（2020 年 10 月 7 日プレスリリース）（https://www.worldbank.org/ja/news/press-release/2020/10/07/covid-19-to-add-as-many-as-150-million-extreme-poor-by-2021）（2021 年 1 月 1 日アクセス）.
5)　日本国際ボランティアセンターのウェブサイト（https://www.ngo-jvc.net/）を参照.

第7章
戦争・紛争

1. 戦争・紛争と平和をめぐって

　今なお世界各地で戦争・紛争が続いている．国際関係論が専門的な学問分野として登場した 20 世紀初頭以来，最も研究されてきたテーマが戦争と平和の問題である．第一次世界大戦（1914-19 年）と第二次世界大戦（1939-45 年）は，当事者となった欧米社会に大きな衝撃を与え，どうすれば戦争を防ぎ平和を守れるかが熱心に研究されるようになった．しかし，戦争や平和に関係する概念は多様であり，時代とともに変化してきた．「平和」とは，長らく単に「戦争」や「紛争」がない状態を意味してきたが，1970 年代辺りから，単に戦争がない状態である「消極的平和」だけでなく，経済的・政治的安定や，基本的人権の尊重，民主主義，快適で安全な環境，社会福祉，生き甲斐などが実現された状態である「積極的平和」を求める声が強くなっていく[1]．さらに，1990 年代になると，「人間の安全保障」という，より個人の安全に焦点を合わせた考え方も広く受け入れられるようになった[2]．

　「戦争」の概念についても，従来は，イラン・イラク戦争（1980-88 年）のような国と国の間で起きる武力衝突が想定されてきた．また，戦争というと，第二次世界大戦，湾岸戦争（1991-92 年），イラク戦争（2003 年）のように，大規模な戦闘が行われるイメージが強い．例外として，後述の「冷戦」では，全面的な実際の戦闘（＝熱い戦争）は起きず，資本主義（西側）と社会主義（東側）の両陣営間で緊張した状態が続いた．対して「紛争」という場合，

「国境紛争」のように一般的に戦争よりは規模が小さい武力衝突を意味し，また民族紛争や内戦を示すことも多い．「内戦」も戦争から派生した用語であり，国の中で起きる戦争を指す．ロシアでのチェチェン紛争のように「紛争」と名付けられることもある．最近では，国と国との戦争よりも民族紛争や内戦が起きることが増え，紛争の語が，国家間の戦争や内戦を含む武力衝突全般を指す一般的な用語として，国際関係論では頻繁に用いられるようになっている．ここでもその意味で紛争を用いるが，戦争との区別は難しい．

　戦争・紛争が起きる直接的な原因はさまざまある．まず，①民族がある．言葉や文化の違い，少数民族への差別や扱いの不平等が紛争の引き金となる．次に，最近の紛争で注目されるのが，②宗教である．ただし，イスラム教（スンニ派，シーア派），キリスト教（カトリック，プロテスタント），ヒンズー教など信仰の違いそのものより，特定の宗教を支持する政治勢力や政権が，他の宗教の信仰を抑圧したり，信徒を差別したりすることが紛争の原因となることが多い．油田や鉱山などの利権の争奪，貧富の差への不満，就職機会の不平等といった，③経済的問題も紛争の原因として重要である．

　さらに，ある意味で古典的な紛争の原因として，④領土や国境をめぐる争いがある．特定の領土と結びつく利益の争奪戦や，日中間の尖閣諸島問題のような領土問題が，両国のナショナリズムを焚き付けるなどして結果的に武力衝突につながっていくことがある．冷戦時代の「社会主義（共産主義）」や「資本主義」のように，イデオロギーや価値観など，⑤主義主張の正しさをめぐる争いが武力紛争を生むことがある．ほかにも，⑥国内の権力争いが国内外の紛争の原因となる場合もある．当然，内戦の場合が多いが，例えば，現政権が政策の失敗から国民の目をそらすために外国や国内の一部の民族を脅威として対決姿勢を示したり，選挙で勝つために政党や候補者が対外強硬路線を打ち出すことで対外的な緊張が高まったりして，戦争・紛争の要因になることがある．最近でも，米中間で新型コロナウイルスの被害の「責任」をめぐって争いが起きて，両国間で緊張が高まったが，背景には，中国の習近平国家主席とアメリカのトランプ大統領，それぞれの国内での失策から国

民の目をそらす狙いが指摘された.

　ただし，実際の戦争・紛争では上記の原因が複合的に絡み合う．そもそも，現実主義論者が主張するように，世界政府が存在しない「アナーキー」な国際権力構造であるがゆえに，世界は国家間が争う弱肉強食の状態にならざるを得ない．かといって，原因が存在してもいきなり戦争になるわけではない．武力衝突にまでエスカレートする前にその原因を解決すれば，戦争・紛争を防ぐことも十分可能である．国際関係の自由主義論者が指摘するように，国家間は相互依存関係にあり，紛争を避け，解決するための国際協力も進んでいるのである．実際，紛争の予防や起きてしまった紛争の解決のために，さまざまな外交努力や国際協力が行われてきた.

2.　戦争・紛争の歴史と現在

　そこで，まず第二次世界大戦以後の戦争と平和の歴史を振り返りたい．第二次世界大戦では，イギリス，アメリカ，フランス，ソビエト社会主義共和国連邦（かつて存在した今のロシア連邦などから構成された社会主義国家，略称はソ連）を中心とする「連合国」とドイツ，日本，イタリアを中心とする「枢軸国」の間で，一般市民を含めた多くの犠牲者を生む総力戦が行われ，最後は連合国の勝利で終わった．戦後，国際平和を築くため，連合国を中心に国際連合（国連）が設立された．しかし，すぐに「冷戦」（1945 年頃〜89年）に突入することとなる．冷戦とは，「冷たい戦争」のことであり，特に超大国であるアメリカとソ連の間で武力が直接使用されない緊張状態のことを意味した．冷戦の反対は「熱い戦争」で，武力が直接使用される衝突ということになる．米ソともに多くの核兵器を保有したことから，冷戦は，常に核戦争と第三次世界大戦勃発の危機と隣り合わせであった[3].

　冷戦の対立軸は「西」側陣営と「東」側陣営である．西側陣営は，アメリカをリーダーとして，フランス，イギリス，西ドイツ（当時），日本など「資本主義」を掲げた国々から構成された．経済や政治の活動が自由である

ことから，西側諸国は「自由主義陣営」と自称した．資本主義とは，国民が
自由に経済の活動を行い，自由市場を通じて競争することで，ときおり失業
することはあるものの，社会全体は発展するという考え方である．対して，
東側陣営は，ソ連をリーダーとして，東欧諸国，中国（中華人民共和国），
北朝鮮など「社会主義」やその発展形である「共産主義」を掲げた国々が参
加した．社会主義とは，国家がすべての経済活動を統制して，全労働者がい
わば「公務員」となることで失業をなくし，国民の平等を追求する考え方で
ある．共産主義は，さらに国家や通貨すらなくなった完全な平等社会を追求
する．実際の社会主義／共産主義国家では，経済は国家（政府）が統制し
（企業はすべて国営企業），政治の活動に自由はなく，共産党（あるいはそれ
に類する政党）による一党独裁が行われた．この冷戦における米ソを中心と
した東西対立は国連の安全保障理事会にまで及び，国連は国際平和を守ると
いう本来の機能の停止を余儀なくされた．

　冷戦は次のような経過で展開された．第二次世界大戦後，東西に分割され
て占領されたドイツなどをめぐって米仏英とソ連との間で不信感が強まって
いく．1948 年には西側諸国の占領下にある西ベルリンがソ連軍により封鎖
されるなど対立は悪化し，翌年には「ドイツ連邦共和国」（西ドイツ）と
「ドイツ民主共和国」（東ドイツ）が誕生してドイツ分裂が決定的となった．
1961 年には東西ベルリンを分かつ「ベルリンの壁」が建設された．ヨーロッ
パの東西対立は世界に拡大し，1950-53 年には，「朝鮮民主主義人民共和国」
（北朝鮮）と「大韓民国」（韓国）の南北に分断されていた朝鮮半島で朝鮮戦
争が勃発した．53 年には休戦が成立したものの，南北分断は今日にいたる
まで続いている．さらに，1962 年にはキューバ危機が発生し，米ソ対立は
第三次世界大戦勃発寸前にまでエスカレートした．

　その後，1960 年代後半にベトナム戦争でアメリカが実質的に敗北したこ
とを契機に，1970 年代には東西対立が一時的にやわらぎ東西交流が進み，
いわゆる「デタント（緊張緩和）」が見られた．しかし，1980 年代前半には，
ソ連によるアフガニスタン侵攻をきっかけに，東西対立が再び激化し，「新

冷戦」といわれる状態に陥った．新冷戦は，経済が行き詰まっていたソ連に
とって特に負担の大きいものであった．80 年代後半になると，新たにソ連
の指導者となったゴルバチョフ書記長のもとで，国内の改革を進めるいわゆ
る「ペレストロイカ」と国際協調を前面に押し出す「新思考外交」が進展し
た．その中で東欧の社会主義諸国の自由化が進み，東西の緊張は緩和してい
く．89 年には，11 月に東西ドイツ間の行き来が自由になってベルリンの壁
が崩壊し，12 月にはアメリカのブッシュ Jr. 大統領とソ連のゴルバチョフの
マルタ会談で冷戦の終焉が確認された．翌年には東西ドイツが統一されて，
40 年にわたり続いた冷戦はあっけなく終焉を迎えた．

　冷戦後の 1990 年代，国連を中心とした世界平和が期待された．しかし，
実際には新たなる危機や戦争が勃発していく．まず，1990 年 8 月，冷戦終
結で気が緩んだ国際社会を試すように，独裁者のフセイン大統領率いるイラ
クが隣国クウェートを軍事侵略した．対して，東西対立が解消された国際社
会は断固たる姿勢を見せる．翌年 1 月には，国連安保理で採択された決議に
もとづき，アメリカをはじめとした多国籍軍がイラク軍を攻撃し，たちまち
のうちにクウェートを解放した．一連の「湾岸戦争」は，冷戦の終結による
国際社会の団結と，「集団安全保障体制」を通じて国際平和を守る，国連の
本来の機能の回復を印象づけるものであった．

　冷戦終結後，国連は「平和維持活動」（PKO）を活性化させるなど，国際
社会の期待に応えようとした．1991 年には，内戦が終結したカンボジアで，
日本の自衛隊を含む大規模な平和維持活動として「国連カンボジア暫定統治
機構」（UNTAC）が展開し，難民の帰還や経済復興，選挙の実施を助けて
一応の成功を収める．1992 年には，当時の国連のブトロス＝ガリ事務総長
が『平和への課題』という題の報告書を発表し，予防外交，平和創造，平和
維持，平和構築という，紛争の段階に応じた国連の平和への取り組みに関す
る基本方針を示した．

　しかし，冷戦の緊張が解けたことで，カンボジア内戦のように終わる紛争
がある一方，国内での民族対立が表面化して新たな紛争が多く発生した．

1990 年代以降，ユーゴスラビア紛争（1991-92 年），ルワンダ紛争（1990-94年），コンゴ（旧ザイール）紛争（別名：アフリカ大戦）（1996-2002 年），コソボ紛争（1997-99 年），ソマリア紛争（1980 年代〜現在）と紛争が相次いだ．これらの紛争では，「民族浄化」ともいわれる大量虐殺が発生するなど市民の犠牲者が多いのが特徴である．特にルワンダ紛争では 700 万人中 80〜100万人が虐殺された[4]．また，女性が暴行され，子どもが兵士にさせられることも多い．さらには，ソマリアのように，政府が機能しない無政府状態に陥る国も見られた．

　これら相次ぐ紛争に対して，国連は仲介・調停を行ったり，PKO ミッションを派遣したりと懸命に対応しようとした．しかし，先述のソマリアでは1993 年に PKO のために派遣されたアメリカ軍兵士が死傷して内戦が再発したり，ルワンダでの紛争では国連の PKO 部隊の目の前で虐殺が展開されたりなど，紛争解決に失敗するケースも目立つようになり，90 年代当初の国連への期待感は次第にしぼんでいく．

　21 世紀に入ると，アメリカによる「対テロ戦争」が展開されていく．1990 年代以降，イスラム教徒の反米感情が高まった．第二次世界大戦後にイスラム教徒であるパレスチナ人が住んでいた地域にユダヤ人国家を建設したイスラエルを，アメリカが支援を続けてきたことがその背景にある．加えて，湾岸戦争以降，イラクによる再侵略に備えて，イスラム教の聖地があるサウジアラビアにアメリカ軍が駐留し続けたが，それもイスラム教徒の反感を買うことになった．これらのことがイスラム教徒の反米感情を煽り，一部のイスラム原理主義過激派による国際テロ活動が 90 年代以降活発になっていく．そのピークが，2001 年 9 月 11 日の「アメリカ同時多発テロ」（9・11同時多発テロ）であった．

　同時多発テロでは，ニューヨークの世界貿易センタービルやワシントンのペンタゴン（国防省ビル）などへテロリストが乗っ取った旅客機が突入し，数千人の犠牲者が生まれた．当時のアメリカのブッシュ Jr. 政権は，この同時多発テロをアメリカへの侵略と捉えて，徹底した報復を「対テロ戦争」と

称して展開していった．対テロ戦争では，唯一の超大国アメリカと，イスラム過激派テロリストのネットワーク，およびそれを支援する（とされた）「ならず者国家」（イラク，イラン，北朝鮮など）が対峙する図式が成立した．対テロ戦争は，社会に潜む「見えない敵」であるテロリストとの闘いや，インターネットなどハイテクの使用，民間戦争請負会社の利用などを特徴とし，「新しい戦争」とも呼ばれた[5]．

　まず，アメリカは 2001 年 10 月 8 日にテロの首謀者アルカイダのビン・ラーディンをかくまうアフガニスタンへ空爆を開始し，イスラム主義勢力であるタリバンの政権を転覆させた（アフガニスタン戦争）．2003 年にはイラク戦争が勃発する．イラクでは，湾岸戦争以降もフセイン政権による人権の抑圧が問題視され，核兵器など大量破壊兵器の開発疑惑がくすぶり続けた．経済制裁を続けつつイラクとの話し合いを求めるフランスやドイツ，多くの途上国に対し，アメリカは「ならず者国家」イラクへの強硬措置を求めて対立した．結果的に，国連安保理が内部分裂で合意できないまま，アメリカはイギリスなど一部の同盟国とともに一方的に行動を開始した．2003 年 3 月 19 日，英米中心の有志連合軍は空爆を開始し地上戦を展開，イラクを占領してフセイン大統領を逮捕した．日本も自衛隊による人道復興支援や輸送活動で間接的にアメリカに協力した．その後のイラクでは，選挙が実施されて新政権が誕生したものの，テロが続いて不安定な情勢が続き，大軍を派遣し続けるアメリカに大きな負担を強いることとなった．2009 年にオバマがアメリカ大統領に就任すると，イラクとアフガニスタンから米軍の撤退を進め，国際協調の回復が図られた．

　2010 年代になっても，リビア内戦（2011 年〜現在），シリア内戦（2011 年〜現在），南スーダン内戦，中央アフリカ共和国の内戦（ともに 2013 年〜現在），イエメン内戦（2015 年〜現在）など世界各地で紛争が続いている．シリアやイエメンのように内戦に他国が介入する国際的な内戦も目立っている．技術面でもドローン（無人機）やサイバー戦争など新しい軍事テクノロジーの利用も見られるようになった．2014 年後半には，シリアからイラクにかけて，

「イスラーム国」といわれるイスラム過激派武装勢力が勢力を急激に伸ばし，少数宗派の女性を戦闘員に「戦利品」として与えるといった暴虐行為を働いていることが報道されて，国際社会に衝撃を与えた．1990年代以降の紛争の特徴として，住宅地で戦闘が展開され，女性や子どもが犠牲になることも多い．そこで，戦争・紛争で起きる問題とそれに対する国際社会の対応について次にみていきたい．

3.　戦争・紛争で発生する問題と国際協力

(1)　戦争・紛争勃発後

　戦争・紛争が起きているときは，①兵士に関わる問題が生じる．紛争のために劣悪な医療環境に兵士たちは置かれる．特に内戦の場合は，衛生兵や軍医自体をもたない反政府組織が大半である．また，敵につかまった捕虜への拷問の問題が起きる．本来は，戦時国際法（ジュネーブ諸条約など）の下で，敵の捕虜に対しては人道的な扱いが義務づけられ，拷問は許されない．しかし，ジュネーブ諸条約自体が国家間の正規兵同士の戦闘を前提としたものであり，内戦における政府軍と反政府軍の戦闘や武装勢力同士の戦いで，そのようなルールが守られることは少ない．また，兵士の不足から子どもを兵士にする，「少年兵（子ども兵士）」の増加も見られる．最近でも，シリア内戦やイエメン，南スーダンでの紛争で少年兵が増加していることが報告されている．このような問題に対しては，赤十字国際委員会による捕虜の人権状況の監視や，少年兵の利用への国際的な反対キャンペーンなどが行われている．
　特に内戦や民族紛争では，②市民の虐殺や女性への暴行が深刻である．先述の1994年のルワンダ紛争のように，そもそも敵対する民族を大量虐殺しようとすることがある．また，女性に対して組織的な性的暴行や人身売買が行われることも多い．これらに対しては，紛争中には国際機構やNGOによる国際社会への告発が行われ，場合によっては，虐殺をやめさせるために外国の軍隊による「人道的介入」が行われることもある[6)]．1999年には，今の

セルビア領内にあるコソボで起きた民族紛争において，セルビア人武装勢力によるアルバニア系住民の虐殺をやめさせるために，国連安保理決議がないまま，アメリカ軍が中心である北大西洋条約機構（NATO）軍による空爆が行われた．今世紀になってからは，自国民の保護という国家の基本的な義務を果たす能力のない，あるいは果たす意思のない国家に対して，国際社会は一定のルールに則って適切な手段で介入すべきであるという「保護する責任」の議論も起きている．

戦争・紛争では，③市民生活が破壊される．住居やライフライン（上下水道，ガス，電力）が破壊され，医療不足や食糧難が起きる．紛争が激化して，政府が機能しない無政府状態になる国もある．紛争中には，国連など国際機構や NGO による「緊急人道援助」が実施される．食糧や医薬品を敵味方に関係なく中立の立場で援助する．しかし，紛争中は援助関係者が武装勢力によって襲撃されることも多く，どのように保護するかが課題となっている．

また，戦争・紛争中には④難民や避難民が発生する．難民とは外国へ逃げる人々であり，避難民は国内の違うところに逃げる人々である．現在，世界に合計約 8000 万人（2019 年）の難民・避難民がいるといわれ，2010 年から4 倍に増えている[7]．激しい戦闘が続くシリア内戦では，国民約 2000 万人のうち，難民（国外）400 万人，国内避難民 760 万人が発生した．難民や避難民に対しては，国連難民高等弁務官事務所（UNHCR）による難民キャンプの設置などの援助が行われる．

当然ながら，⑤戦争・紛争をどのように終わらせるかが重要である．しかし，特に内戦や民族紛争，宗教紛争の場合，憎悪の連鎖と相手への不信で和平合意は困難となる．そこで，国連や外国政府による仲介・調停が行われている[8]．場合によっては，国連安保理決議に基づく経済制裁や，まれではあるが，先述の人道的介入あるいは保護する責任の遂行として，武力介入が行われることもある．先述の『平和への課題』報告書でいう「平和創造（peace-making）」の活動である．国連憲章では，第 6 章（平和的解決）および第 7 章（強制措置）で規定されている．

(2)　戦争・紛争終結後

　どうにか戦争・紛争を終結に持ち込んだとしてもその傷跡は深く，さまざまな問題が残される．それに合わせて国際協力が幅広く行われている．

　まず，①停戦の監視と再発防止が行われる．多くの事例で，国連の安保理決議に基づいて，国連自体か，その承認を得た地域的な国際機構などによって，「平和維持活動」（PKO）が実施される．PKO は，国連のもと各国が軍隊などを派遣し，紛争再発を防止し復興を手助けする活動である．「平和維持（peace-keeping）」は，先の『平和への課題』で大きく取り上げられて，冷戦後活発になっていった活動である．元来，憲章の規定になく実践の積み重ねから発達した．1948 年の第一次中東戦争への国連休戦監視機構から1987 年までに 13 の PKO が行われた．そこでは，少数の軍人による停戦の監視活動が中心であり，その中で PKO の原則が確立していった．まず，「同意」の原則があり，PKO が行われる国の紛争当事者の合意が必要とされる．次に，「公平な立場」での活動が求められる．最後に，PKO 部隊は武器を携帯するが，それはあくまでも「自衛」のためにのみ使用される．平和維持軍（PKF）ともいわれる PKO 部隊は，世界の広い地域の多数の国々より集められる．日本も 1992 年以降，自衛隊を派遣してきた．1989 年の冷戦終結後の PKO は，停戦監視だけではなく復興などを行う「質的拡大」と．派遣される数が増える「量的拡大」を遂げ，1949 年以来 71 件．1988 年以降，50件近い PKO が行われた．2020 年 8 月末段階で，13 の PKO が展開中で，これらのミッションには，120 カ国から 9 万 4479 人の軍事・警察要員と文民が派遣されている．予算は 8000 億円ほどである[9]．

　さらに戦後は，②兵士の武装解除と日常生活への復帰として，「DDR」が行われる．DDR とは，「武装解除（Disarmament）」，「動員解除（Demobilization）」，「社会復帰（Reintegration）」の頭文字の略で，国連の平和維持活動の一環で行われることが多い．内戦の場合は政府軍と反政府軍双方を統合して新しい政府軍を作る．少年兵の一般生活への復帰への支援も行われる．

　③犠牲者の家族への援助や虐殺の責任追及も必要である．NGO による未

亡人家庭への生活援助，生活自立への支援や，戦争孤児のための孤児院の運営が行われている．また，戦後には，犠牲者に対するケアの支援が行われるともに，虐殺や性的暴行を行った者に対する国際裁判が開かれる．ルワンダのケースでは，戦後，ルワンダ国際刑事裁判所が国連安保理決議に基づいて設置され，ジュネーブ諸条約違反，集団殺害，人道に対する犯罪について，犯罪の実行者に加え，実行を命じた者，扇動した者が訴追された．しかし，内戦や民族紛争の場合，虐殺や暴行に多数の一般市民が関わっていることも多い．その場合，全員を処罰することは難しく，復興のために，処罰より，むしろ真実の解明と和解が優先されることもある．ルワンダでは，首謀者が国際裁判にかけられる一方で，比較的罪が軽い者に対しては，「ガチャチャ裁判」といわれる伝統な村人参加型の裁判が行われた．そこでは，真実を告白すれば刑罰が軽減された．

　戦後復興として，④破壊された生活の回復が必要である．ライフラインや道路，港の復旧が，PKO や国連開発計画（UNDP），国際 NGO などによる支援の下で行われる．ただし，紛争が終わって間もない国では，援助側にも危険が大きい．日本の NGO のペシャワール会は，アフガニスタンで用水路や病院を作る活動を行ってきたが，代表だった中村哲医師は 2019 年 12 月に地元武装勢力に銃撃され亡くなった[10]．

　政府機関（警察や役所など）も立て直す必要がある．国連平和維持活動のもとで役人の募集や警察の育成が行われる．埋められた地雷の撤去も課題である．紛争後も埋まったままで危険であり，国連平和維持軍や NGO による除去作業が実施される．カンボジアでは，かつて自衛隊が PKO のもとで実施し，現在は，日本政府の国際協力機構（JICA）などが支援している[11]．

　戦後には，⑤難民や避難民の帰還が求められる．UNHCR は，交通手段の提供から，日常品の提供，生活再建プロジェクトまで支援している．日本の NGO の「ピースウィンズジャパン」も，2001 年のアフガニスタン戦争以後，アフガニスタンの村へ再び難民にならないように農業を支援した[12]．

　最後に，⑥紛争が再発しないように，選挙を行って，国民から広く支持さ

れる民主的な政府を作ることが必要である．しかし，お互いに不信感が残る
中で，選挙を平和裏に行うことは難しい．そこで，国際選挙監視団による監
視のもとで選挙が実施され，各国政府や国際機構，NGO が選挙運動から票
のカウントまで見張る活動が行われている．

　②から⑥までは特に「平和構築（peace-building）」といわれる．やはり，
『平和への課題』で取り上げられた活動であり，長期的な平和の継続を目指
す．軍事以外の分野にも重点を置いて支援する．今世紀になって，紛争の再
発が実際に起きているなかで，特に注目されるようになった[13]．

　その他『平和への課題』では，「予防外交」が提案されている．情報を収
集して，紛争が起きそうな地域を事前に国際社会に警告（＝早期警戒）する
活動である．何よりも紛争が発生しないようにすることが重要である．しか
し，予防外交は，内政干渉の恐れから，活発とはいえない．

4. 国際関係論と戦争・紛争

　先述のように，戦争・紛争と平和の問題は国際関係論の中心的な研究対象
であり，豊富な研究成果が存在する．ただし，国際関係論のどの理論に拠っ
て立つかによって，戦争の原因，過程，解決策は異なる．現実主義の理論で
は，無政府状態（＝アナーキー）で弱肉強食の国際社会では戦争につながる
国家間の対立は不可避であり，各国は軍事力を高めたり他国と同盟したりし
て，自らの身を守るしかない．対して，自由主義理論では，経済的な相互依
存などによって国家間の対立は緩和され，国際機構を中心とした平和の維持
は可能であるとする．また国内政治にも注目して，民主主義国家同士では戦
争が起きにくいこと（「民主的平和論」）を前提に，民主化を軸とする「自由
主義的な平和構築」を提唱し，国連などの実務に取り入れられている[14]．マ
ルクス主義的な見方では，戦争・紛争自体が資本家階級が自らの経済的利益
を守るための手段であり，財産をもたない労働者は兵士として利用される．
この見方は現在の途上国での内戦にも当てはまろう．構成主義の視点では，

戦争や平和，安全保障の概念の変化に注目する．この章でも触れた「人間の安全保障」のように，国家中心の安全保障の概念が変化しつつある．他方で，以前は安全保障と無関係であったテーマが安全保障と結びつけられる，いわゆる「安全保障化（セキュリタイゼーション）」が起きると，自由の制約の問題も起きかねない．このように，今でもさまざまな観点から研究が続けられている．

注

1) ガルトゥング（2019）参照．
2) 長（2021）参照．
3) 近年，冷戦史研究が盛んである．例えば，Westad（2018＝邦訳 2020）参照．
4) ルワンダ紛争の経緯について，ゴーレイヴィッチ（2011）参照．
5) Kaldor（2001＝邦訳 2003）．
6) 人道的介入について，小松（2014）参照．
7) UNHCR Japan「【プレスリリース】グローバル・トレンズ 2019：全人類の 1％が強制移動に直面」（https://www.unhcr.org/jp/26829-pr-200618.html）（2021 年 1月 1 日アクセス）．
8) 東（2020）参照．
9) PKO の現状について次のサイトを参照，外務省「国連平和維持活動」（https://www.mofa.go.jp/mofaj/gaiko/peace_b/genba/pko.html）．United Nations（https://peacekeeping.un.org/en/data）．いずれも 2021 年 1 月 1 日にアクセス．
10) 中村（2013）参照．ペシャワール会のウェブサイト（http://www.peshawar-pms.com/）も参照．
11) JICA「カンボジア向け技術協力プロジェクト討議議事録の署名：地雷対策のための能力強化を支援」（https://www.jica.go.jp/press/2019/20191224_41.html）．JICA の動画「平和構築に向けた絆 ～カンボジア地雷対策センターの改革・成長と南南協力の軌跡～」（https://www.youtube.com/watch?v=EgrEIsYe47s）も参照．いずれも 2021 年 1 月 1 日アクセス．
12) ピースウィンズジャパンのアフガニスタンへの支援についてのウェブサイト（https://peace-winds.org/activity/area/afghan）（2021 年 1 月 1 日アクセス）参照．
13) 藤原・大芝・山田編（2011）参照．
14) Paris（2004）参照．

第8章
人権と民主化

1. 人権の広がりと人権侵害

(1) 国際社会における人権の問題

　人権の実現もまた，世界の主たる課題である．人権は，日本国憲法にもあるように，どこの国民かに関係なく与えられる人間としての当然の権利とされる．しかし，現在の世界では人権はいろいろな形で侵害されている．人権には，自由権，生活権，教育権などがあるが，政府を批判することが許されない，子どもが学校に通うことができないといった形で侵害されている．貧困状態も，広い意味では人権侵害である．

　人権侵害が起きる原因はいろいろである．政府が，自らの権力を守るため，国民の人権を制約する場合がある．途上国では，人権を実現する能力的な余裕が政府や社会になかったりする．また，グローバル化のなかで経済の規制緩和・自由化が要求されて，環境や健康など他の人権を守るための政府の介入が難しくなっている．さらに，人権侵害は，第5章でも取り上げたように，社会的弱者（子ども，女性，高齢者，障害者，少数民族など）に起きやすい．これまでみてきたような紛争や貧困が人権侵害を悪化させる．

(2) 人権を守るための国際協力

　国際社会では，人権を促進し守るための条約や国際規範が発達してきた．1945 年に採択され，国連の組織や活動を規定する国連憲章は，第二次世界

大戦の原因の１つがドイツや日本の全体主義国家による人権侵害であったことを反省し，「人権および基本的自由の尊重」をその原則にした．1948 年に採択された「世界人権宣言」も人権の促進と擁護を謳っている．国連憲章と世界人権宣言は，今もなお人権の国際協力の重要な根拠となっている．世界人権宣言採択の後，法的な拘束力をもつ人権条約の締結が国連で目指されたが，冷戦が進む中で，アメリカなど西側の資本主義・自由主義諸国とソビエト連邦など東側の社会主義諸国の間で人権の内容をめぐる見解の相違が表面化し，人権に関する条約づくりは停滞した

　ようやく 1966 年になり，「経済的，社会的および文化的権利に関する国際規約」（社会権規約）と「市民的および政治的権利に関する国際規約」（自由権規約）という２つの人権条約が締結された．本来は１つの条約が目指されていたが，各国間での合意の難しさから，２つの条約に分けて制定された．社会権規約は，労働の権利，社会保障の権利，教育を受ける権利など国家の積極的な役割を定める．自由権規約は，言論，集会，結社，移動，人身の自由など国家からの個人の自由と，参政権など個人による国家権力の統制を定める．その後は，特定のテーマに焦点を合わせた人権条約が発達した．1966 年には人種差別撤廃条約，1979 年には女子差別撤廃条約，1984 年には拷問等禁止条約，1989 年には子どもの権利条約，1990 年には移住労働者権利条約，2006 年には国連障害者権利条約と強制失踪条約が締結され，先の２つの人権規約と合わせて「中核的人権条約」とされている．

　これらの人権条約を踏まえて，現在も人権の実現に向けた努力が展開されている[1]．まず，各国政府は，人権に関する国際条約の内容を自国内で実現するよう努力が求められる．上述の人権条約では，それぞれ「委員会」（条約機関）が設立されていて，数年に１回，条約締約国に人権状況や国内法の制定状況など報告を求める「国家報告制度」が設けられている．報告書の審査を通じて，委員会は国家と「建設的対話」を行う．例えば，日本は 1980 年代に自由権規約委員会からアイヌ民族について勧告を受けて，それまでの国内には少数民族はいないという見解を変更した．ほかにも，「個人通報制

度」が設けられ，個人が人権侵害を直接，委員会に訴えることができる．委員会は調査して，国家に救済の勧告を行う．ただし，該当する国家が条約に付随する「選択議定書」を締結・批准し，個人通報制度を事前に受け入れている必要がある．日本を含め，なかなか受け入れたがらない．条約参加国が別の参加国の人権侵害について委員会に通報する「国家通報制度」もあるが，二国間関係の悪化の恐れから，どの国もこれまで利用したことがない．

それでも，各国は，外交的な手段で他国が人権を守るよう働きかけることがある．人権問題を相手国政府に指摘し改善を求める外交対話を行ったり，ときには圧力をかけたり，人権の遵守を政府開発援助（ODA）提供の条件（「コンディショナリティ」ともいう）にしたり，人権侵害がひどい場合は，経済制裁を実施したりする．アメリカは，2020 年 6 月香港の市民の自由を制限する「香港国家安全維持法」を中国政府が採択・施行した後，外交上の懸念表明だけでなく，アメリカ議会で「香港自治法」が採択されたことを受けて，中国政府要人に対する制裁を実施した．また，日本など先進国政府は相手政府の要請に応じて，人権関連の法律の作り方，弁護士の育成，人権教育など技術・資金協力を行う．

国連など国際機構も，人権に関する基準を設定したり，加盟国政府が人権を実現・尊重しているか監視したり，被害者を救済したり，技術・資金協力を行ったりしている[2]．また，開発援助などすべての活動で必ず人権に配慮するようになっている（＝「人権の主流化」）．国連では，そのさまざまな組織が人権を扱っている．総会およびその下部委員会である第三委員会では，人権問題を広く扱い，世界人権宣言など人権の国際基準・条約の発達のきっかけをつくる．経済社会理事会では，社会権規約委員会の活動を支援し報告を受ける．その下にある「女性の地位委員会」などの機能委員会は個々の分野の人権問題を扱う．また，経済社会理事会では，協議資格をもつ人権NGO に発言する機会が与えられている．安全保障理事会は，国際平和を脅かすほどひどいときに人権問題を取り扱う．1985 年には，南アフリカ共和国のアパルトヘイト（人種隔離政策）に対し，国連憲章第 7 章に基づく経済

制裁を実施して，同政策の廃止の大きな圧力となった．

　2006 年には，国連の活動での「人権の主流化」を受けて，経済社会理事会のもとにあった人権委員会を発展的に解消し，総会のもとに「国連人権理事会」を設置した．同理事会では，47 の理事国が総会より選ばれる．前身の人権委員会と同様に，特別手続きとして，北朝鮮など「国別」や，強制的もしくは不本意な失踪など「テーマ別」に作業部会や特別報告者を設けて，人権問題の調査と助言を行う．また，「不服申立手続き」として，個人が人権侵害を人権理事会に訴えることができる[3)]．ただし，「国内的救済原則」などの受理基準を満たさないといけない．「通報に関する作業部会」が受理を決定し，「事態についての作業部会」が調査し，対象国に勧告が行われる．各作業部会は選ばれた理事国代表から構成される．ただし，関係国との協力関係を維持するために，基本的にすべて非公開で行われる．それでも，選択議定書の採択が条件である各人権条約の手続きとは異なり，人権理事会のこの手続きはどこの国民でも申請できる点で意義がある．

　人権理事会で新たに設けられた制度が，「普遍的定期審査」（UPR）である．UPR では，全加盟国の人権義務および約束の履行状況が数年おきに審査される．対象国自身からの情報と人権高等弁務官事務所など国連機関の情報を元に，1 つの加盟国で 3 時間程度の対話方式で審査が行われる．人権状況の評価と改善点を含む勧告が示され，次回までに改善が求められる．日本も，「日本軍性奴隷制（従軍慰安婦）」問題や，女性に対する差別，先住民族（アイヌ民族）の権利の保障などに関して勧告が行われた．UPR で先進国を含むすべての国が人権状況を審査されるなど，その積極的な活動が評価される一方で，人権侵害が頻繁に指摘される中国やキューバなどの加盟国が理事国に選ばれたり，その審査が「政治的」であったりなど，人権理事会は批判も受けている．実際，アメリカのトランプ政権は，2018 年 6 月に，理事国に非民主的な国が含まれていることと，反イスラエル的偏見が根強いことを理由に，人権理事会から離脱している．

　ほかに，国連では，「国連人権高等弁務官事務所」（UNOHHR）が 1993 年

に設立され，上記にある国連の人権活動の事務を統括している．各地の事務所を通じて，情報の収集や人権に関する技術支援を行っている．また，国連児童基金（UNICEF）など国連機関や世界銀行など専門機関も，自らの分野に関連のある範囲で人権に関する活動を行っている．

　NGO もまた人権問題の解決に取り組んでいる．人権分野に特化した NGO は人権 NGO ともいわれ，「アムネスティ・インターナショナル」などが有名である[4]．その活動方法は，人権条約を署名・批准するよう政府に働きかけたり，合意した人権条約の規定をその国がきちんと守っているか監視したり，人権侵害を国際社会に告発したりする．インターネットを通じて情報を発信したり，マスコミへ侵害の情報をリークしたり，国連人権理事会へ通報したりと積極的な活動を行っている．また，人権 NGO は，人権侵害の被害者を救済する活動を実施している．例えば，家庭内で虐待を受けた女性の一時避難先として「シェルター」を提供したり，教育の機会を失った子どもや大人に再教育の場を提供したりといった活動に従事している．他にも，人権教育に力を入れている．人権が自分にあることを知らないまま生活している途上国の人々も多いからである．しかし，人権が制約されている国だと，NGO による人権促進・擁護の活動自体が政府の嫌がらせなどで困難に直面したり，人権活動家が逮捕されたりすることもある．

　企業も人権の遵守が求められている．国連人権理事会において，「ビジネスと人権に関する指導原則」が 2011 年 6 月に採択された．同原則は，国連グローバル・コンパクト（第 4 章参照）を考案した構成主義の国際政治学者であるジョン・ラギーが，国連事務総長特別代表として作成した報告書に基づいたもので，人権理事会は同原則を加盟国や企業に推奨している[5]．同原則では，国家が人権を保護する義務に加えて，人権を尊重する企業の責任，被害を受けた人の救済へのアクセスが記されている．各国政府が企業に対して人権を尊重するよう指導するとともに，企業自身も努力することが求められる．企業は，自身が関与する人権への負の影響について，特定，分析，評価し，負の影響を緩和するための対応をするとともに，その対応を外部に知

らせる．法的拘束力はないものの，企業にとってのガイドラインとして注目されている．また，第4章でも取り上げたように，一部の企業はCSRの活動などで人権に関わる支援活動を実施している．

　このように多様なアクターによる国際協力が行われているが，人権の実現を阻む国際的な問題も多い．第1に，多様な人権概念の存在である．上で触れた人権条約を通じて人権とは何かについて広く共有されるようになっているものの，文化や社会の伝統，宗教によって優先順位や解釈が異なってくる．例えば，もともと人権概念自体がヨーロッパ発祥であり，個人よりも家や国家といった集団の発展を重んじる伝統がアジアにはあり，人権概念もそのような伝統に基づくべきだという「アジア的人権論」が，とくに1990年代には主張された．また，発展途上国は，国家としての「発展の権利」を主張して，先進国からの経済援助を要求してきた．

　最近でも，一部の宗教上の教えや伝統を実践することが女性などへの差別を助長するとして問題視される一方で，それらは信仰の自由であり認められるべきだという主張がある．第5章でも取り上げたように，イスラム教徒（ムスリム）の女性が公共の場で顔を覆うヒジャブ（スカーフ）の着用を強制されることの是非や中絶の権利をめぐる論争など，さまざまな論争が生じている．2012年には，女性教育の権利を訴えるパキスタンのマララ・ユスフザイ（当時17歳）がイスラム過激派によって襲撃されるなど，暴力事件も頻発している．

　欧米や日本のようないわゆる人権先進国でも人権の捉え方は多様である．アメリカは考え方の違いを理由に，社会権規約などの人権条約に未加盟である．また，死刑は人権の観点から廃止すべきとする「死刑廃止を目指す自由権規約第二選択議定書」（通称，死刑廃止条約）（1989年採択）に90近い国が加入し，約140の国が死刑を停止する一方で，日本やアメリカなどは条約に加入せず，死刑執行を続けている．

　第2に，国家主権の壁である．国際法上の自決権や内政不干渉の原則を盾に，外国政府，国際機構，NGOなどが自国の人権問題に干渉するのを好ま

ない国は依然として多い．かつて，人権概念を含め「文明を広げる」ことを
理由に欧米諸国が植民地支配を正当化した過去から，途上国の間では特に警
戒心が強い．しかし，政権を守るために行われる政治的権利の侵害への批判
に対し，内政不干渉の原則で反論する事例も多々みられる．2010 年度のノー
ベル平和賞は反政府活動家で作家の劉暁波に与えられたが，中国政府は欧米
諸国による内政干渉と強く抗議した．他方で，国際規範である人権への侵害
が起きている場合は干渉してもかまわない，あるいは介入すべきであるとい
う，「人道的介入」や「保護する責任」の考え方も議論されている．

　ただし，先述のように香港市民の人権を守るために中国に制裁を課するな
ど，国際的な人権の推進と擁護に熱心とされるアメリカ自身が，国内で人種
差別問題を抱えていたり，サウジアラビアなど人権侵害が指摘される一部の
国に対し戦略的な観点から批判を控えるなど，国際的に人権を推進するアク
ター自体の矛盾や「二重基準（ダブルスタンダード）」も指摘される．

2.　世界の民主化と民主化支援

(1)　世界の民主主義の状況

　人権と関連する国際社会の課題が，「民主主義（デモクラシー）」あるいは
民主主義を目指す「民主化」である．民主主義の本質は，アメリカのリン
カーン大統領が 19 世紀半ばに述べた「人民の人民による人民のための政治」
という有名な言葉で端的に言い表されている．しかし，先述のように，条約
などで明文化が進み，中身が比較的明確となっている人権に対し，民主主義
の概念は多義的で，論争的な概念である[6]．民主主義とは，理念でもあり，
政治の体制ないし制度でもある．

　民主主義の起源は紀元前の古代ギリシャの都市国家にまでさかのぼる．そ
こではいわゆる「直接民主主義」が実践され，市民権をもつ成人男性全員が
集まって政策を決定していた．そこから，「デモス（人民）」の「クラティア
（統治）」として「デモクラシー（民主主義）」という政治の仕組みが生まれ

たのである．その後，17 世紀辺りから，ヨーロッパにおいて「間接民主主義」として再び歴史に登場するようになる．イギリスの名誉革命やフランス革命，アメリカの独立を経て，制度が発達していった．間接民主主義は「代表制民主主義」とも呼ばれ，国民が選挙を通じて議会の議員（＝代議士）や大統領を選び，政治の運営を基本的に任せる仕組みである．当初は一定の資産をもつ男性のみが選挙権を有していたが，20 世紀に入ると，すべての成人へと選挙権が拡大していった．

　代表制民主主義としての近代民主主義の発達は，近代国家という，古代ギリシャのポリスよりも規模の大きな政体への適応であると同時に，人民の支配が「衆愚政治」や「多数者の専制」に陥る危険性に対する支配層の警戒の反映でもある．有権者が当初限定されていたのもそのためである．しかし，19 世紀以降，中産階級が増加して政治参加への要求が強まり，また大規模化する近代戦争に動員される国民への対価として，次第に有権者の範囲が拡大していった．ただし，民主主義の危険性への警戒は残り続け，「立憲主義」や「三権分立」といった，個人の自由を守るために恣意的な権力の行使を統制しようとする自由主義の伝統も近代の民主主義制度に取り込まれていった．先に取り上げた人権，特に自由権もまた，権力の濫用から個人の自由を守るために発達した．そのため，現在の主流の民主主義のあり方は，「自由民主主義（リベラル・デモクラシー）」といわれる．

　このような歴史のなかで，実際の制度としては，「自由で公正な選挙」を通じた有権者による政権の選択が重視される．選挙が自由で公正であるためには，誰でも候補者になることができ，自由に選挙運動を行い，有権者が投票に行っても脅迫されないことが求められる．また，自由なメディアや結社の自由など人権の尊重も必要である．権力が濫用されないために，法の支配や三権分立も重要である．逆に，民主主義でない国家には，軍事国家（軍部が支配，ミャンマーなど），独裁国家（独裁者が支配，北朝鮮など），権威主義国家（自由が制約されている，中国など），専制国家（君主が支配，サウジアラビアなど）などがある．

　著名な政治学者であるロバート・ダールは，「公的異議申し立て」（言論や集会，結社の自由の程度）と「包摂性」（選挙権の広さ）の 2 つの次元から政治体制を比較し，両次元が最大化した状態を「ポリアーキー」と呼んだ[7]．日本を含めた大半の先進国はこのポリアーキーの状態に分類される．制度としてのポリアーキーと理念としての民主主義は同一ではないが，ポリアーキーに近づくことは「民主化」（逆は「権威主義化」あるいは「専制化」）ということになる．アメリカの NGO である「フリーダムハウス」は，ポリアーキーの概念を取り入れつつ，「市民的自由」と「政治的権利」の両次元から各国の「自由度指数」を算出し公表している[8]．

　民主化の程度を測る際には，選挙の実施が重視される傾向が今でも強い．比較政治学の民主化研究では，権威主義的な国家で自由で公正な選挙が初めて実施されることを，民主主義（体制，国家）への「移行（transition）」とし，さらにそれが「街のゲーム」として当たり前の状態になることを民主主義の「定着（consolidation）」とする[9]．

　どうすれば民主化が進むのかについては，まず，経済水準に関係なく，フィリピンの 1986 年の「ピープル・パワー革命」のように，政府のエリートと反政府勢力間の駆け引きや革命によって民主化は起きうるとする，①国内アクターの選択や行動を重視する考え方がある．この場合，民主化を促進するには，国際社会は，政府への圧力や反政府勢力への支援を行えばよいということになる．対して，韓国や台湾のように，経済発展が一定の水準まで進めば，教育水準が上がって中産階級が増えて自由と民主主義を求めるようになり，その圧力でおのずから民主化が進むという，②「近代化」重視の考え方がある．この場合，非民主的な国家に対してでも，経済援助を行って経済発展を支えることは，ある意味で民主化を支援することになる．日本は，自らの経験を踏まえて，経済発展が民主化につながることを期待して，人権や民主主義に問題がある国に対しても経済援助を実施してきた[10]．

　1980 年代にはブラジルやアルゼンチンなど中南米諸国，フィリピンや韓国などアジア諸国が民主化された．韓国は 1987 年に民主化されたが，それ

までは軍事政権（軍隊が政治を行う）が続いていた（第 11 章参照）．80 年代終わりから 90 年代初めには，冷戦終結の過程でハンガリーやポーランドなど東欧諸国で政治と経済の自由化が進み，民主化されていった．90 年代半ばには，経済の発展が遅れているアフリカ諸国でも民主化の動きが見られるようになった．この世界的な民主化の動きは，19 世紀と第二次世界大戦後に次ぐ，民主化の「第三の波」といわれる[11]．

　2010 年代になると，最も民主化が遅れているとされた中東地域でも，いわゆる「アラブの春」が起きて，2011 年 1 月にチュニジア，2 月にエジプト，8 月にリビアと，独裁政権が崩壊し民主化への期待が高まった．2015 年には，ながらく軍部が支配していたミャンマーで総選挙が行われて，民主化運動家でノーベル平和賞受賞者であるアウンサンスーチーが率いる政党「国民民主連盟」（NLD）が勝利し，政権の座についた．2018 年には権威主義国家であるマレーシアで，初めて選挙による政権交代が実現した．先述のフリーダムハウスの 2020 年度の報告書によると，2019 年の世界では，195 カ国のうち 115 カ国（約 60%）が，完全に自由ではないが，少なくとも選挙で政権を選んでいる「選挙民主主義国家」とされる[12]．

（2）　民主主義の後退

　しかし，現在の世界では，民主主義はいろいろな課題に直面している．上の選挙民主主義国家の数も，2015 年の 125 カ国から 2019 年の 115 カ国に減っている．しかも，選挙だけにとどまらず，人権などさまざまな側面が悪化しつつあり，世界的に「民主主義の後退」が指摘されている．実際，上記のフリーダムハウスの自由度指数では，ここ 10 年にわたりスコアの世界平均は悪化し続けている．特に言論の自由や集会・結社の自由が制約される傾向にあり，政府に対して批判的なメディアや NGO の活動が妨害されるなど，いわゆる「市民（社会）スペース」が各国で狭められつつあるのが国際的な問題となっている[13]．

　まず，日本を含む先進民主主義国では，政治への無関心と無力感から投票

率の低下と無党派層の拡大が見られる．同時に，事実に基づいて冷静に判断するのではなく，Twitter など SNS を通じた政治家の感情的な言葉に煽られて人々が政権を選ぶ，いわゆる「ポピュリズム」が欧米先進国で広がっている[14]．そこでは，移民や外国人労働者，女性やマイノリティなど社会的弱者の排除が対象となっており，そのような過激な発言を繰り返す政党や政治家への支持が増えつつある．また，従来のメディアに対する信頼が低下している．2016 年のトランプ大統領の当選も，そのようなポピュリズムの表れとされた．EU 加盟国であるハンガリーでは，2010 年に首相に就任したオルバーンが，EU の批判にもかかわらず，移民に対する差別を煽る一方で，「非自由主義的民主主義」を唱えて，批判的なメディアや NGO の活動の自由を制約するようになっている．このようなポピュリズムの広がりは，これまで自由と民主主義が調和していた先進国において，次第に民主主義が「過剰」となり，自由を制約し始めていると考えることもできる[15]．

　また，ロシアやジンバブエ，カンボジアなど制度だけ民主主義に見せかけて中身が損なわれている国も多い．選挙は行われるものの，政権が有力な野党候補者をでっち上げの理由で逮捕したり，国が統制する新聞やテレビが現政権ばかり宣伝したり，与党以外の政党の結成を制約したり，選挙での票のカウントで不正を行ったりといったことが起きている．

　さらに，一度は実現した民主主義が次第に「後退」する国家も多い．例えば，カンボジアでは，紛争後の 1992 年に国連の平和維持活動（PKO）のもとで民主的な選挙が実施されたが，97 年に政変が起きて以降，選挙は行われているもののフン・セン首相の独裁化が懸念されている．1986 年の「ピープル・パワー革命」で独裁政権が倒れ，民主化の「第三の波」に弾みをつけたフィリピンでも，2016 年に就任したドゥテルテ大統領が超法規的な殺人指令を出して麻薬密売人を私兵が殺害することを認めるなど，人権侵害が著しくなっている．2021 年 2 月には，ミャンマーで軍事クーデターが発生し，アウンサンスーチーらが逮捕され，選挙で選ばれた政権が崩壊した．

　また，元から非民主的な国家の政権も生き残り続けている．北朝鮮の金正

日・金正恩，キューバや中国，ベトナムの共産党，サウジアラビアの専制君主などは，人権と同様，内政不干渉の原則を持ち出したり，天然資源の利権を取引材料にしたり，経済成長という実績を上げたりなどして，国際社会による民主化圧力に抵抗している．

　第10章でも取り上げる中国は，共産党による一党独裁制であり，複数政党制にもとづく自由な選挙が行われないなど政治に自由はなく，（欧米的な意味での）自由民主主義ではない．インターネット上の情報も検閲されている．しかし，30年にわたり経済発展に成功することで，近代化重視の民主化理論の予想を裏切り，共産党政権は国民から一定の支持を得ている．経済発展と国内の支持を踏まえて，民主化を求める一方で中国との経済関係も望む欧米諸国に対して強気の姿勢を示してきた．従来好ましいとされてきた自由民主主義体制（「欧米モデル」）ではなく，中国の政治経済体制を「中国モデル」として見倣い，経済は自由化しても政治は自由化しない，カンボジアやルワンダのような国も増えつつある[16]．中国も「一帯一路」政策など，欧米諸国のような人権などの条件を付けることなく，途上国への援助や投資を加速させている[17]．たしかに，先述のカンボジアでも，フン・セン首相の独裁化が進み政治の自由が制約されているが，中国からの援助や投資を呼び込み，長らく経済発展が続き，大型ショッピングモールなどの建設も盛んである．このように民主主義の後退には国際的な要因も大きい[18]．

　しかも，最近では先進国においても，政策の決定まで時間のかかる民主主義ではなく，自由や人権は制約されてでも，一部の強力かつ有能なリーダーに導いてもらう方がよいという価値観が静かに広がりつつある．確かに，現在の中国では政府の素早い政策決定によって，AI（人工知能）や5Gの高速通信技術など先端技術の開発に人材と資金を大量投入して，日本などを圧倒する成果を生みつつあり，キャッシュレス決済も浸透している．日本ではプライバシーの保護や多数を占める高齢の有権者への配慮から，最新技術の導入まで時間がかかる．

　民主主義と権威主義の優劣をめぐる論争は，2020年の新型コロナウイル

ス感染症の問題でも表れた．中国はスマートフォンによる追跡を含めた最新
のテクノロジーを駆使して，人権の見地からは問題があっても人々の行動の
自由を規制し，感染を押さえ込んでいる．他方，日本や欧米諸国では，個人
の自由への配慮からそのような行動の規制に時間がかかり，感染拡大を許し
てしまった．結果的に，中国では公式の死者が 5 千人を切るのに対して，ア
メリカでは 2020 年末までに死者数は 30 万人を超えた．ただし，そもそも最
初に中国から世界へ感染が広がったのは，中国共産党が自分たちに不都合な
情報を当初公開しなかったからだという批判がある．また，日本や韓国，台
湾といった民主的な制度を採用しているところでも感染抑制に成功している
例があり，民主主義の問題ではないという指摘もある[19]．政治体制というよ
りも，国家の能力や社会的信頼，リーダーシップの問題，あるいは文化的習
慣の問題かもしれない．

(3)　民主化へ向けた国際社会の支援（民主化支援）

　民主主義が後退する一方で，それでも自由と民主主義を求める人々は多い．
チュニジアやエジプトの「アラブの春」以後も中東諸国では民主化運動が続
いている．また，中国でも，街頭デモや訴訟などを通じた人々による政府へ
の異議申し立てが，報じられないだけで起きているとされる．1990 年代よ
り内戦が続いたアフリカのリベリアでは，女性が中心となった反戦運動で
2003 年に紛争が終結へと向かい，紛争後の選挙で女性大統領が誕生した．
そのリベリアのエレン・サーリーフ大統領と同国の平和活動家リーマ・ボウ
イーが，中東のイエメンの民主化・人権活動家タワックル・カルマンととも
に 2011 年のノーベル平和賞を受賞している．2015 年には，「アラブの春」
で誕生したチュニジアの民主政治を維持するために尽力した，労働組合や人
権組織，弁護士組織など 4 つの組織の連合体である「国民対話カルテット」
に対し，ノーベル平和賞が授与された．

　他方で，2014 年 2 月のタイやウクライナのように，政府への抗議デモが
流血の事態にまでエスカレートする例もみられる．香港でも，第 10 章で取

左：デモを行う香港の人々，右：デモ隊を待ち受ける警察（2019 年 11 月筆者撮影）

り上げるように，激しい抗議デモが 2019 年から 2020 年にかけて続いた．

　そのような民主化を求める世界各国の人々をどう支え，民主化を促進・擁護する活動が「民主化支援」である．民主化支援は 1990 年代以降活発に行われるようになった[20]．冷戦終結を受けて，民主化は，民主主義国家同士は戦争をしないという，いわゆる「民主的平和」を通じて国際平和をもたらし，なおかつ経済発展をもたらすと考えられるようになり，先進国や国際機構による外交政策や援助プログラムに民主化への支援が取り入れられていった．

　まずは，①軍事力による占領や介入で民主化を「強制」する方法がある．実際，戦後のドイツや日本，2001 年アフガニスタン，2003 年イラクは，アメリカの軍事介入と占領によって民主化されたといえる．しかし，対テロ戦争後のアフガニスタンやイラクのように，占領後の負担が大きく，国内外で支持を得るのは難しく，実例は少ない．

　②民主化を進めない場合に経済援助を停止したり，貿易を中断したり（あるいはそうすると脅す）といった「半強制」的な方法で，民主化へと促すや

り方がある．実際，1989年
の天安門事件後の中国や，90
年代以降軍事政権が支配した
ミャンマー，今世紀以降のジ
ンバブエに対して，欧米諸国
は経済制裁を実施してきた．
先述のように，アメリカ政府
は，「香港自治法」を通じて，
中国政府要人に対する制裁を
実施した．しかし，制裁へ向

カンボジアでの投票の様子（2013年7月筆者撮影）

け国際社会が足並みをそろえるのは難しく，結局効果が低くなってしまいが
ちである．天安門事件後の中国への経済制裁を日本が真っ先に解除したよう
に，制裁する側が自らへの経済や安全保障上の悪影響を懸念して，制裁をた
めらったり，民主化を達成する前に解除したりすることも多い．香港の問題
に対する諸国の姿勢も同様である．中国は，今では，民主化や人権侵害を考
慮することなく非民主国家に対する経済援助を拡大しており，欧米による制
裁の効果を打ち消している．

　③外交圧力や「対話」も一般的に行われており，非民主的な政権と話し
合って民主化を進める方向へ促すことが試みられている．しかし，無視され
たり，形式的に受け入れるだけということも多い．また，やはり国際社会で
足並みがなかなかそろわない．しかも，アメリカのように国益への配慮によ
る「ダブルスタンダード（二重基準）」への疑惑が生じると，相手国への説
得力が低下してしまう．香港の問題でも，中国との貿易の関係から，関与を
ためらう国も多い．

　他にも，④「選挙監視」が多くの国際機構や先進国政府，NGOによって
行われている．そこでは，選挙の実施の際に第三者として自由さと公正さを
監視し，選挙技術の支援が行われる．例えば，2013年7月28日，カンボジ
アでは1991年の紛争終結後5回目となる総選挙が実施されたが，筆者は，

日本の NGO を通じてこの選挙の監視活動に参加した．選挙監視員は，選挙キャンペーンで暴力や脅迫などが起きていないか各地の選挙委員会や各政党事務所を訪問し，投票日には，早朝から投票所で不正がないか投票・開票作業を見守った．筆者が回った限りでは，選挙運動と投票はおおむね平穏に行われた．選挙結果は，野党の救国党（CNRP）が大善戦したものの，政府の発表では与党人民党（CPP）が 68 議席，CNRP が 55 議席で，CPP が政権を維持した．しかし，CNRP 側は自らの調査では僅差で勝利しているとして，その後，しばらく結果を争った．それでも，国際的な選挙監視は，この選挙の時には，カンボジアの総選挙の自由と公正さの改善につながったといえる．

　他にも国際社会は，⑤民主化運動を行う市民や NGO を財政面などで支援したり，⑥民主化に関わる「技術・財政支援」として，選挙支援，市民社会支援，メディア支援，議会支援，政党支援，政府能力構築支援，法整備支援等が実施されている．

　民主化を促進したい国際アクターにとって，選択肢としては，基本的には政治問題には触れずに経済発展を支援して，そのうち国内から民主化運動が高まるのを待つという方法がある．ただし，いつ民主化されるかはわからない．中国のように，経済発展が進んでも民主化の兆しが見えない場合もある．別の選択肢は，対象国国内の市民社会の民主化勢力（＝反政府勢力）を資金援助するというやり方がある．ただし，両国政府から反発を受けて外交関係が悪化する可能性が高い．結局，安全保障や経済関係への配慮から，その国の政府が民主化勢力を抑圧するのを見ているだけになりかねない．あるいは，より「非政治的」と思われる技術支援を実施する方法もある．しかし，完全な中立はあり得ない．

　カンボジアの例を挙げると，筆者が選挙監視を行った 2013 年の総選挙後，フン・セン政権は独裁化を進め，2017 年末には支持を増やしつつあった CNRP を強引に解党してしまった．2018 年 7 月に行われた総選挙では，CNRP が存在しないために，CPP が全議席を獲得したが，もはや自由な選挙にはなりえないということで，事前に欧米諸国は支援を取りやめ，国内外

の多くの NGO は選挙監視を行わなかった．そのなかで日本は，カンボジア
との関係を重視して，中国と並んで，選挙行政の改善や投票箱の提供などの
支援を続けた．まだ CNRP が参加していた 2017 年の地方選挙では，日本の
支援は選挙の技術的な信頼性を改善することで民主化に貢献したといえるが，
2018 年の総選挙での支援は国際的な批判を受けた．このように，民主化支
援活動は，民主化に重要な役割を担いうるものの，国際アクターにとってど
こまでその国の政治に立ち入るべきか，判断の難しさを伴う．

3.　国際関係論と人権・民主化

　国際関係論の現実主義理論では，人権や民主化は「国内問題」として研究
対象から外れてきた．むしろ，非民主的な国でも，国益や安全保障に貢献す
るのならば，関係を結んで利用するべきとする．対して，自由主義論者は国
内政治の国際政治への影響に注目し，民主的平和論を発達させてきた．平和
と経済発展のためにも，積極的な民主化支援を主張する．マルクス主義論者
は，アメリカなど欧米諸国による人権の促進は，経済活動の自由や財産権の
保護に重点が置かれたものであり，民主化支援も民主化と同時に市場の自由
化も促そうとしており，自らの市場を開拓したい資本家や企業の企みに過ぎ
ないと批判する．実際，日本や欧米諸国は，中国のように自国企業が進出し
ていて貿易が盛んである国に対しては，あまり強く人権や民主化を促進した
り，批判したりしようとしない．
　構成主義の視点からは，冷戦終結前後に東欧諸国が相次いで民主化された
際や 2011 年の「アラブの春」のように，民主主義という価値観や他国の民
主化の情報が衛星テレビやインターネットを通じて国境を越えて拡散し，そ
れが民主化を促すことに注目してきた．他方で，多数の条約で規範としての
内容が明確化され合意されている人権と比べると，民主主義の概念はあいま
いさが残るために人権と比べて国際規範としての力が不安定である．国際的
な民主化支援は，「内政不干渉の原則」といった別の規範の壁に阻まれるこ

とも多い．また，技術の発展で，インターネットにおける政権を批判するような情報の統制も一部の国で強まっている．しかも，SNS での誹謗中傷や「フェイクニュース」の問題のように，かえって民主的な価値を損なう現象も起きている．また，ロシアなどによる SNS を利用した工作活動，いわゆる「シャープ・パワー」も指摘されている．

注

1) 国際的な人権の保障のメカニズムについて，国際法の分野の１つである国際人権法を参照．申（2020）；芹田・薬師寺・坂元（2017）；芹田（2018）参照．
2) 国際機構の人権分野の活動について，秋月（2020）も参照．
3) 国連広報センターのウェブサイトにある「人権理事会の不服申立手続とは」（https://www.unic.or.jp/files/hrc_complaint_procedure.pdf）を参照．
4) アムネスティ・インターナショナル日本事務所のウェブサイトを参照（https://www.amnesty.or.jp）．
5) ラギーの報告書「ビジネスと人権に関する指導原則：国際連合「保護，尊重及び救済」枠組実施のために」（A/HRC/17/31）の日本語訳は，国連広報センターのウェブサイト（https://www.unic.or.jp/texts_audiovisual/resolutions_reports/hr_council/ga_regular_session/3404/）（2021 年 1 月 11 日アクセス）に掲載されている．背景について説明したラギー自身の著書，Ruggie（2013＝邦訳 2014）も参照．
6) 民主主義の概念や制度の歴史，論争について，宇野（2020）を参照．
7) Dahl（1972＝邦訳 2014）．
8) フリーダムハウスのウェブサイトを参照（https://freedomhouse.org/）．そのほか民主主義を測る指標として，エコノミスト・インテリジェンス・ユニット（EIU）は，選挙過程と多元主義，市民的自由，政府の機能，政治参加，政治文化のカテゴリーについて，世論調査を含むより広いデータを元に「民主主義指数」を算出している．EIU（2021）参照．デモクラシーの多様性（V-Dem）研究所も，長期的かつ包括的な政治体制に関するデータを分析し，「自由民主主義指数」をウェブサイト（https://www.v-dem.net/en/）で公表している．
9) Linz and Stepan（1996＝邦訳 2005）参照．
10) 杉浦（2010），第 7 章を参照．
11) Huntington（1991＝邦訳 1995）．
12) Freedom House（2020）．
13) 杉浦（2020a）参照．
14) ポピュリズムについては，例えば Müller（2017＝邦訳 2017）参照．

15)　Mounk（2019＝邦訳 2019）参照.

16)　Halper（2010＝邦訳 2011）参照.

17)　例えば，川島ほか（2020）；川島真・21 世紀政策研究所（2020）参照.

18)　杉浦（2020b）参照.

19)　Fukuyama（2020）.

20)　民主化支援については，杉浦（2010）；（2020a）参照. 木村ほか（2018）所収の
　　杉浦功一「民主化支援」（269-281 頁）も参照.

第9章
地球環境問題

1. 深刻化する地球環境問題

　グローバル化により人間の活動が活発化するにつれて，自然環境も破壊されていった．とくに1980年代以降，地球環境の悪化が広く指摘される．それぞれの分野での環境破壊に対して国際条約が整備されているものの，十分とはいえない状況が続いている．

(1) 海洋に関わる問題
　地球環境の問題には，海洋に関わる問題がある．まず，①陸上からの海洋汚染が起きている．産業廃棄物の海への垂れ流しによって，魚を通じて人間が有害物質を摂取することで，健康被害が起きる問題である．かつて日本では1960年代に，工場から海に排出される水銀による水俣病や鉱山からの排水によるイタイイタイ病といった「公害」が発生した．日本を含む先進国では現在は規制が進んでいるが，経済発展が急速に進んでいる発展途上国では対策が遅れている．中国などで水俣病やイタイイタイ病と類似の事態が起きている．日本も，2011年3月の福島原発事故以降で，放射能に汚染された水を海に放流したことが国際的に批判された．2013年，国際的に水銀を管理する「水銀に関する水俣条約」が採択されている（2017年発効）．
　②船舶による汚染も，タンカーからのオイル漏れの事故などによって時折生じている．1997年1月にはロシアのタンカー，ナホトカ号が座礁して大

量の重油が流出し，福井県沿岸地域に大きな被害をもたらした．2020 年 7
月には，日本の企業が運航していた貨物船わかしお号がインド洋の島国モー
リシャス近海のサンゴ礁で座礁した．貨物船の燃料の重油が大量に流出し，
周囲の自然環境に大きなダメージを与え，モーリシャスの首相が環境非常事
態宣言を発する事態に至った．今の国際海事機関（IMO）の前身である
IMCO で 1973 年に「船舶による汚染の防止のための国際条約」（マルポール
条約）が採択され，タンカーなどの座礁による海洋汚染を防ぐための基準や
加盟国の監督義務が定められている（議定書での修正のうえ 1983 年発効）．

　③廃棄物の海洋投棄による汚染は，陸上の工場などで生じた汚染物質を国
の規制の届かない洋上まで運んで捨てることである．1972 年には「廃棄物
その他の物の投棄による海洋汚染の防止に関する条約」（通称ロンドン条約）
がロンドンで採択された（1975 年発効）．当初は，水銀，カドミウム，放射
性廃棄物などの海洋投棄のみを禁止していたが，1996 年のロンドン議定書
の採択で廃棄物の海洋投棄が原則禁止となり，列挙される廃棄物の品目も拡
大した[1]．しかし，企業が環境規制を避けて処分のコストを削減するために，
今なお起きている．

　④油田や天然ガスなど海底開発による汚染も，深刻化しつつある．2010
年 5 月には，メキシコ湾の海底油田の事故で原油が流出し，メキシコ及びア
メリカ沿岸の自然環境や住民の生活に大きな被害を与えた．被害総額は数兆
円に及び，油田を保有していたイギリスの大手石油の BP 社は数兆円規模の
多額の補償金を支払うこととなった．1983 年採択の「国連海洋法条約」
（1994 年発効）や 1994 年設立の国際海底機構が海底開発に関して定めている．

(2)　大気に関わる問題

　次に，大気にかかわる問題がある．①酸性雨は，工場などからの排煙に
よって雨が酸性になり，森林を枯らす雨が降る問題である．第二次大戦後に
急速に工業化が進んだヨーロッパで 1960 年代に問題となり，1972 年の「国
連人間環境会議」で地球環境問題について国際的に話し合うきっかけとなっ

た．近年は工業化が進むアジア諸国で問題となっている．2014 年には，中国から大気中を日本へ流れてくる微粒子である「PM2.5」の問題が話題となったが，酸性雨と同じように，工場などからの排煙に含まれる硫黄酸化物（SOₓ）や窒素酸化物（NOₓ）の微粒子が気流に乗って地上に降り注ぎ，人体に健康被害を与える現象が続いている[2]．この分野に関しては，1979 年に国連欧州経済委員会（ECE）で，「長距離越境大気汚染条約」が採択されており，越境大気汚染物質に関する情報交換や，共同研究，モニタリング，対策が行われている．1985 年のヘルシンキ議定書（二酸化硫黄）や 1988 年のソフィア議定書（窒素酸化物）で大気汚染物質の排出抑制が定められた．

②オゾン層の破壊は，冷蔵庫に含まれるフロンガスによってオゾン層が破壊され，南極・北極にオゾンホールができる問題である．オゾンホールができると，太陽からの紫外線が吸収されなくなり皮膚がんが増える．1980 年代に指摘されて，「オゾン層保護に関するウィーン条約」（1985 年採択，1988 年発効）に基づいてモントリオール議定書（1987 年採択，1989 年発効）で具体的な物質の規制を定めるなど国際協力が進んだ．途上国には先進国が資金援助をするなど安全なガスに置き換えることで，現在ではおおむね解決済みである．しかし，一度空いたオゾンホールは数百年は回復しないといわれ，現在も，紫外線量は，北極に近い北欧諸国や南極に近いオーストラリアなどで高いとされる．また，フロンガスを置き換えた代替フロンが今度は地球温暖化につながる温室効果があることなどが問題となり，2016 年の議定書の「キガリ改正」で規制対象となることとなった（2019 年発効）．

最近話題の大気に関する環境問題といえば，③地球温暖化（気候変動）の問題である．人為的要因による地球の温度の数度程度の上昇によって多くの被害が出る．北極・南極の氷が溶けて，海岸や島が海に沈んでしまったり，冷夏やカラ梅雨，ハリケーン，サイクロンの強大化など異常気象が起きたりする．動物の絶滅や水不足，食糧難，感染症の蔓延も起きやすくなる．地球温暖化は，車や工場，火力発電所などから出る排気ガスや二酸化炭素（CO_2）といった「温室効果ガス」によって生じる．これまでの累積でいえば，自動

車や工場を長らく大量に用いてきた先進国が，圧倒的に多くのCO_2を出してきた．最近では，中国やインドといった新興国も多くのCO_2を出すようになっている．さらに，光合成でCO_2を吸収する森林の伐採が進むことで，さらに悪化している．森林破壊は，ブラジルやインドネシアといった森林地帯を抱える国で，木材や牛の飼育，そのための飼料の大豆生産，パーム油のために開発が進み，森林伐採が深刻となっている．木材や牛肉，大豆，パーム油などは，先進国に輸出されていたりする．地球温暖化の現象と人間の活動との因果関係をめぐって議論が続いているが，専門家の大勢は地球温暖化の人為的要因説を確証している．1992年に「国連気候変動枠組条約」が採択されて，締約国会議が毎年のように開催され，1997年の京都議定書や2015年のパリ協定などを通じて規制の具体化が進められている．

(3)　生態系に関わる問題

　最後に，生態系の維持の問題がある．現在，環境の破壊によって動植物の生物多様性が脅かされている．「生物多様性」とは「あらゆる生物種の多さと，それらによって成り立っている生態系の豊かさやバランスが保たれている状態」である[3]．

　まず，①動植物の種の保存，とくに希少動植物の絶滅にかかわる問題がある．国際自然保護連合（IUCN）が公表する「レッドリスト」には，絶滅のおそれの高い動物や植物がリストアップされている．2020年12月段階で12万8918種の生物が評価され，パンダやゴリラなど，その3割近い3万5765種が絶滅危惧種に分類されている[4]．1973年に採択された「ワシントン野生動植物取引規制条約」（ワシントン条約）は，動物の輸出入を制限しているが，途上国では大きな収入源になるため，希少な動物の密輸や密猟が後を絶たない．また，1971年には水鳥の生息地として重要な湿地の保全を定めた「ラムサール条約」が締結された（1973年発効）．1992年には「生物多様性条約」が採択されている（1993年発効）．

　地球温暖化問題とも関連が深い森林については，1983年に国際熱帯木材

協定（1985 年発効）に基づいて，1986 年に横浜を本部にする「国際熱帯木材機関」（ITTO）が設立された．ITTO は，熱帯木材に関してブラジルなど生産国と日本など消費国が参加するフォーラムの設定や，持続可能な熱帯林経営のための基準や指標，ガイドライン策定を行ってきた．最近では，違法伐採防止や森林認証，生物多様性条約との共同プロジェクトといった課題にも取り組んでいる[5]．

また，②砂漠化の問題など自然環境の保全の問題がある．砂漠化はアフリカ，アメリカ，アジアと世界中で深刻である．人口増の中，燃料や食糧を得るために木や草を人間が利用することで，さらに深刻となっている．背景に貧困とのつながりがある．1994 年に国連総会で「国連砂漠化対処条約」が締結された（1996 年発効）．

新しい問題として，③遺伝子組み換え作物などバイオテクノロジーにかかわる問題が起きている．バイオ技術の進歩で，遺伝子編集の技術が発達し，遺伝子組み換え作物など自然界に存在しない遺伝子をもった生物が開発され，病気や気候の変化に強い農産物が増える一方で，従来の生態系を破壊する可能性が懸念されている．人体への悪影響も懸念されており，アメリカで広がる遺伝子組み換えのトウモロコシは，日本では生産・輸入が禁止されている．2000 年には生物多様性条約のバイオセーフティに関する「カルタヘナ議定書」が締結され，遺伝子組み換え生物の国境を越える移動の手続きや情報交換などが定められた（2003 年発効）．

2．地球環境問題への国際協力

(1)　地球環境問題の国際協力の歴史

もちろんこれらの地球環境問題に対しては，政府，国際機構，NGO，企業といったアクターによって，解決へ向けた国際協力が進められ．個別分野ごとに環境に関する国際レジーム（国際環境レジーム）が形成され，全体として「地球環境ガバナンス」ともいわれる国際協力のメカニズムが発達する

に至っている[6]．グローバル・ガバナンスの重要な柱ともなっている．

　先述のように，酸性雨の問題をきっかけに，1972 年「国連人間環境会議」がストックホルムで開催され，それまで国内問題とされていた環境問題が国際的に次第に認識されるようになった．同年国連総会決議に基づき「国連環境計画」（UNEP）が設立された．UNEP は，世界各国の環境情報の総合的な調査・収集・提供と，先述の「ワシントン野生動植物取引規制条約」（1973 年）や「オゾン層保護のためのウィーン条約」（1985 年）など，環境問題に関する国際条約を作るための準備作業，そして多くの国際条約の事務局としてその履行を支援している．

　1980 年代には地球環境問題の深刻さが広く共有されるようになり，さらなる国際協力が模索されたが，同時に，環境保護を求める先進国と開発優先を主張する発展途上国の間の溝も顕在化するようになった．そこで，1987 年に国連が依頼した「環境と開発に関する世界委員会」（通称ブルントラント委員会）は，報告書『地球の未来を守るために』を公表し，環境保護と開発の両立を求める「持続可能な開発」の概念が広く知られるようになった．同概念は，その後の国際協力全般の重要概念になった．

　1992 年には「国連環境開発会議」（UNCED）が，ブラジルのリオデジャネイロで開催され，全加盟国の 183 カ国の首脳と 1400 以上の NGO が集まり，地球サミットといわれた．「リオ宣言」と「アジェンダ 21」が採択され，地球温暖化対策の国連気候変動枠組条約などの条約が締結された．同会議では，「共通だが差異ある責任」という概念が提示され，先進国と途上国の間で論争があった地球環境問題の責任の所在について，共に責任があるものの，先進国がより多くの負担を負うという方向性が定められた．同会議を受けて，国連経済社会理事会には機能委員会として，「持続可能な開発委員会」(CSD) が設けられ，政府代表たちによってアジェンダ 21 の進捗状況や条約の履行状況のレビュー，NGO との対話などが行われた．

　環境問題に対処する資金を集めるために，1991 年には，世界銀行，UNEP，国連開発計画（UNDP）が共同で，「地球環境ファシリティ」（GEF）

を設立した．GEF は．途上国で行う地球環境保全プロジェクトに対して，主に無償資金を供与する国際的資金メカニズムで，政府，国連機関，NGO，企業などと共同で資金提供を行う．GEF は，気候変動枠組条約，生物多様性条約，砂漠化対処条約など国際環境条約の履行を支援するための資金供与制度である．このように 1990 年代には，分野ごとに条約や実施のための制度などからなる国際環境レジームが形成され，地球環境問題への国際協力は活発となったが，他方，グローバル化で環境破壊は進行していった．

　2002 年には，「持続可能な開発に関する世界首脳会議」が南アフリカ共和国のヨハネスブルクで開催され，「ヨハネスブルク・サミット」と呼ばれた．10 年を経てアジェンダ 21 がどれだけ実現されているかの検討と，さらなる取り組みの強化が話し合われた．2012 年 6 月には，「国連持続可能な開発会議」がリオデジャネイロで開催され，地球サミットから 20 年ということで「リオ＋20」とも呼ばれた．成果文書として「我々の求める未来」が合意され，アメリカのオバマ大統領が強調する「グリーン経済」の重視や，持続可能な開発に関する国際目標について政府間交渉を開始することなどが決められた．当時は，2001 年に設定された国連ミレニアム開発目標（MDGs）が 2015 年に期限を迎えることから，その後継となる目標の議論が並行して行われていたが，このリオ＋20 を契機に，「持続可能な開発目標」（SDGs）が後継となっていった．また，国連では，CSD に代わって，「持続可能な開発に関するハイレベル政治フォーラム」（HLPF）が毎年開催され，後述のSDGs をフォローアップすることとなった．

　2015 年 9 月には，国連によって「持続可能な開発サミット」が開催され，国連加盟国は「持続可能な開発のための 2030 アジェンダ」を採択した．そこには，貧困の問題と環境問題の対策が織り込まれた SDGs，通称グローバル・ゴールズが提示され，国際協力の目標となった．これまでも触れたように，政府，国際機構，NGO，企業などすべてのアクターが 2030 年までに取り組むべき目標となっている．第 6 章の表 6-2 にあるように，直接的に地球問題を扱う目標（目標 13，14，15）に加えて，他の目標でも「持続可能な」

といった言葉がたびたび現れるなど，環境への配慮が求められている．

　現在，SDGs を達成するために，政府が集まった国際会議や国連の場で協議が進められ，これまでの国際協力のさらなる促進が行われている．地球環境に関わる目標についても，すでに政府，国際機構，NGO，企業も参加して，国際的な目標や行動計画が採択され，国際環境条約が締結されてきた．国際機構の監視下のもとで政府と企業，NGO による取り組みも活発である．そもそも地球環境分野の特徴として，国際機構，NGO，企業などの非国家アクターの役割が挙げられる．第 4 章などで取り上げたように，1990 年代に国際協力が活発化した時期から，多くの非国家アクターが参加してきた．UNEP 以外の国際機構も，環境分野に関する活動に取り組んでいる．最近では，「フレンド・オブ・アース JAPAN」（FoE Japan）のような環境 NGO の活動も盛んである．地球環境分野の支援プロジェクトの実施だけではなく，政策の形成レベルでのアドボカシー活動も活発である[7]．企業も第 4 章で見たように，CSR や ESG 投資の観点から，積極的に地球環境問題に参加するようになっている．ただし，特にアメリカと中国という大国の取り組む意思によって，環境問題の国際協力の進展が左右される面も依然として強い．そこで，地球環境をめぐる国際関係の事例として，地球温暖化（気候変動）問題をみていきたい．

（2）　地球温暖化（気候変動）問題

　1990 年「気候変動に関する政府間パネル」（IPCC）が，科学的根拠にもとづいて地球温暖化の可能性を指摘した．IPCC は，UNEP などが専門家を集めて設置したもので，2007 年にはノーベル平和賞を受賞している．1992 年地球サミットで国連気候変動枠組条約が締結され，1997 年には京都での条約締約国会議（COP3）でその内容を具体的に定めた「京都議定書」が締結された．そこでは，アメリカ（7%），EU 諸国（8%），日本（6%），それぞれが温室効果ガスを 2012 年までに，決められた 1990 年比の割合を削減することが決定された．ただし，中国やインドを含む発展途上国には削減義務

はなかった．しかも，アメリカは，自動車産業などの献金やロビー活動の影響を強く受けた議会の反対で批准できず，2001 年 1 月に誕生したブッシュ Jr. 政権は参加拒否を明言し，京都議定書から離脱した．

　結局，京都議定書自体は，2005 年 2 月 16 日にアメリカ抜きで発効したが，合計で世界の CO_2 排出量の 4 割を占めるアメリカや中国が参加しないのでは，地球温暖化を止めるのに不十分と考えられた．2009 年 1 月にアメリカ大統領に就任したオバマは，地球環境問題への取り組みに積極的であり，「グリーンニューディール」政策を表明した．同政策は，1930 年代の大恐慌に対処したニューディール政策を意識したもので，気候変動と経済格差の両方に対処することを目的とした経済刺激策である．これまで消極的だったアメリカの方針転換で，地球温暖化問題への国際協力の機運が高まっていく．2009 年 9 月には，国連で気候変動首脳会合が開催され，当時の日本の鳩山由紀夫首相が，1990 年比で 2020 年までに CO_2 25% 削減を明言して注目を集めた．ただし，2010 年 5 月に沖縄米軍基地移設問題で辞任したため，特に進展はなかった．

　それからも毎年国連気候変動枠組条約の締約国会議（COP）が開催されたが，2008 年の京都議定書の約束期限を迎えても目標は達成されず，2009 年 11-12 月のコペンハーゲンでの COP15 では，京都議定書の後継についての決定ができなかった．2011 年 11-12 月の南アフリカのダーバンの COP17 では京都議定書の期限の延長が決定された．その後も，話し合いが続けられたものの，大きな進展は見られない状態が続いた．

　2014 年 11 月には，北京でのアジア太平洋経済協力会議（APEC）の際に，オバマ大統領と中国の習近平国家主席が首脳会談を行い，地球温暖化対策をめぐり CO_2 など温室効果ガスを削減する新目標に合意した．すなわち，地球の平均気温上昇を産業革命以前と比べて 2℃ 以内に抑えることを国際社会の長期目標とし，アメリカは 2025 年までに 2005 年の実績比で温室効果ガスを 26〜28% 削減，中国は 2030 年頃をピークに以降は削減する．

　この合意に勢いを得て，2015 年 11 月 30 日〜12 月 13 日にパリで開催され

た国連気候変動枠組条約の COP21 では，新たな法的枠組みである「パリ協
定」がようやく成立した．パリ協定では，世界の平均気温上昇を，産業革命
以前に比べて 2℃ 未満に抑え，さらには 1.5℃ 未満に抑えるよう努力するこ
とを目標としている．そのために，主要排出国を含むすべての国が削減目標
を 5 年ごとに提出・更新すること，共通かつ柔軟な方法でその実施状況を報
告しレビューを受けることなどが合意され，問題解決に大きく前進した．し
かし，2017 年 6 月 1 日，アメリカのトランプ大統領は，協定が米国に不利
益をもたらす一方，他国にとって極めて有利となることを理由に，パリ協定
からの離脱を宣言してしまった．2019 年 9 月国連気候行動サミットでは，
スウェーデンの 16 歳少女グレタ・トゥンベリによる各国代表の「裏切り」
を追及する演説が話題になった．日本についても，国内で CO_2 の排出が大
きい石炭火力発電所の新設を進め，ベトナムなど海外への輸出も促進し，
2020 年 3 月に温室効果ガスの削減目標を提出した時も，2015 年に示した
「2030 年度に 2013 年度比 26% 減（1990 年比で 18% 減）」を据え置いたこと
で，国内外で批判を受けた[8]．

　他方で EU では，国際的な交渉が行き詰まるなかで，2007 年に独自に気
候変動エネルギーパッケージを策定し，2020 年までに温室効果ガスを 20%
削減し，再生可能エネルギーの割合を 20% まで高め，エネルギー効率を
20% まで高める目標を設定した（「20−20−20」目標）．EU レベルでの規制
や再生可能エネルギーで発電した電力の固定価格買い取り制度（FIT）の導
入などを通じて推進し，2018 年段階で 1990 年比 19% 削減と，目標を達成
できる見込みが高い．背景には，2018 年に 92% が気候変動問題を深刻とと
らえる EU 市民の世論がある[9]．2019 年末には，フォン・デア・ライエン欧
州委員長の就任時に，2050 年に脱炭素経済を目指す「欧州グリーンディー
ル」が発表され，EU として推進していくことになっている．

　中国も，「共通だが差異のある責任」の原則を主張して，あくまでも「途
上国」の立場から気候変動対策に消極的であったが，先述のように 2014 年
の米中首脳会談で，2030 年をピークに CO_2 の排出量を減少させることを約

束した．中国はいまだ電力の 7 割を石炭火力発電に頼り批判されてきたが，再生可能エネルギーの導入を急速に進めるようになった．以前より中国は，太陽光電池の生産シェアが世界一で，世界中に輸出してきたが，それを国内でも活用し始めた．結果，経済成長とともに中国全体の CO_2 排出量は増え続けているものの，同じ GDP の金額（GDP 原単位）でいうと，1992 年と比較して 2018 年には 65.3% も減少している．生活水準が上昇している中国国民 1 人当たりの CO_2 排出量も，ここ 10 年横ばいになっている[10]．

　トランプ政権時代にパリ協定から脱退するなど，連邦レベルでは気候変動対策が後退したアメリカでも，州や地方自治体レベルでは取り組みが進んでいる．カリフォルニア州など 24 州が「米国気候同盟」を結成し，気候変動問題に取り組んでいる[11]．政府も 2021 年 1 月のバイデン大統領の就任で，パリ協定に復帰することになった．

(3)　地球環境問題解決へ向けた国際協力の難しさ

　そもそも，地球温暖化問題のように，地球環境問題は，因果関係の科学的な実証が難しい．極力科学的なデータに基づくべきであるものの，どう対処するかの最終的な判断は，各国の国内政治や国際政治に委ねられる．国際レベルでは，国内の産業界のロビー活動を受けた各国代表の国益追求のぶつかり合いや，先進国と中国を含む発展途上国の対立，それに対抗する国際環境 NGO のネットワークのアドボカシー活動といった図式が見られる．

　また，地球環境問題は，エネルギー問題と結びつくことで，解決がより難しくなっている．中国やインドなど経済発展が進む中で，経済活動にますます必要となるエネルギー（電力など）をどうまかなうのかは，世界全体の問題である．石炭や石油の利用が地球温暖化を進行させている．そこで，風力や太陽光など再生可能エネルギー（自然エネルギー）への注目が高まっている．消費者も環境を重視して買い物をするようになっており，環境問題への取り組みは新たなビジネスチャンスも生んでいる．実際，中国やヨーロッパではガソリン車やディーゼル車の廃止が目指されており，未来の自動車産業

をめぐっての競争が始まっている．アメリカでは，新興企業の「テスラ」で
自動運転と組み合わせた電気自動車の開発が進み，中国のメーカーも価格を
武器に追いかけている．他方で，従来型の自動車産業に頼ってきた日本は出
遅れている．これは単なる環境問題やエネルギー問題への取り組みというだ
けではなく，将来の国際秩序形成をめぐる国際政治も反映している[12]．

3.　国際関係論と地球環境問題

　国際関係論の理論とイメージから改めて地球環境問題について考えてみる
と，条約を中心とした国際レジームが発達し，国家以外の多様なアクターが
参加する地球環境ガバナンスが形成されている状況を見ると，環境をめぐる
国際政治では，たしかに自由主義的な見方が最も妥当であるように思われる．
また，自由主義理論は国内政治にも注目するが，先に見たように気候変動問
題の国際交渉で国内政治が影響を与えており，やはり説得的である．しかし，
現実主義理論が指摘するように，中国やアメリカといった大国の動向が地球
環境問題への国際的な取り組みを左右しているのも事実である．

　また，マルクス主義理論で強調される先進国や大企業，資本家の国際関係
での影響力も，「エコ」ビジネスが本当に環境破壊の緩和につながっている
かを考えるとき，見逃すことができない論点を提示している．実際，温室効
果ガスの削減や次世代の電気自動車の開発や普及では，EU やアメリカ，中
国，日本といった国々，大企業が大きな役割を果たしており，多くの途上国
や一般労働者は置いていかれている．例えば，自動車工場の労働者は，電気
自動車への産業転換で仕事を失い貧困に陥る可能性がある．

　構成主義理論の見方では，価値や規範，知識，文化が重視されるが，環境
を重視する消費者の価値観の変化，専門家による環境問題の指摘，条約など
の国際規範の広がりによる国家の行動の変化といったものが，現在の地球環
境ガバナンスの形成に大きな役割を果たしている．ただし，そのような価値
観の変化にすべての人々が追随できているかは注意する必要がある．

注

1)　外務省「ロンドン条約及びロンドン議定書」（https://www.mofa.go.jp/mofaj/ic/ge/page23_002532.html），2021 年 1 月 3 日アクセス．

2)　NHK ウェブサイト「そなえる防災　コラム『PM2.5・黄砂』」（https://www.nhk.or.jp/sonae/column/taiki.html）（2021 年 1 月 3 日アクセス）を参照．

3)　2010 年に名古屋で開催された生物多様性条約の第 10 回締約国会議の HP の文章より（http://kankyojoho.pref.aichi.jp/cop10/biodiversity_index.pdf）（2021 年 2 月 23 日アクセス）．

4)　WWF のウェブサイト（https://www.wwf.or.jp/activities/basicinfo/3559.html）（2021 年 2 月 23 日アクセス）を参照．

5)　外務省ウェブサイト「ITTO（国際熱帯木材機関）の概要」（https://www.mofa.go.jp/mofaj/gaiko/itto/gaiyo.html）を参照（2021 年 1 月 5 日アクセス）．

6)　坂口（2015）参照．

7)　毛利（1998）参照．

8)　松下（2020）参照．

9)　髙橋（2020）参照．

10)　堀井（2020）参照．

11)　太田（2020）参照．

12)　堀井（2020）参照．

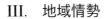

III. 地域情勢

第10章
アジア全体と中国

1. 世界の中のアジア

(1) アジアとはどこか

　まず,「アジア」とはどこを指すのであろうか. 狭義の「アジア」は, 北東アジア (中国, 北朝鮮, 韓国, 日本など), 東南アジア (インドネシアや

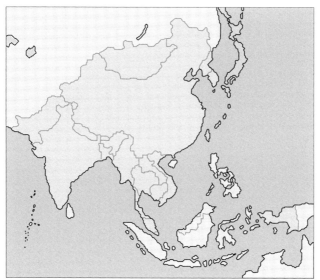

出典：外務省ウェブサイト https://www.mofa.go.jp/mofaj/area/asia.html

図 10-1　アジア（狭義）の地図

フィリピンなど），南アジア（インド，スリランカなど）を合わせた地域である．対して，アジアをより広い意味で使う用法もある．すなわち広義の「アジア」は，北東アジア，東南アジア，南アジア，中央アジア（カザフスタン，キルギスタンなど），西アジア（イランやイラクなど）を合わせた広大な地域である．サッカーの「アジアカップ」やワールドカップ「アジア予選」の時などでこの広いアジアの概念は使われている．しかし，より一般的なアジアの用法は，図 10-1 にあるような狭義の用法である．ここでも狭い意味でのアジアを用いる．

(2) 世界から注目されるアジア

1990 年代以降，「アジアの世紀」といってもいいくらいにアジアは注目されてきた．その理由として，まず①アジア諸国の経済成長がある．外務省の主要経済指標などよりみると，2019 年の段階で，世界に占める名目 GDP 比は，アジア 31.7%（うち日本 5.8%，中国 16.4%，韓国 1.9%，インド 3.3%，台湾，北朝鮮，ブータンを除く），アメリカ 24.4%，EU 17.8%（うちドイツ 4.4%，フランス 3.1%，イタリア 2.3%，イギリスを除く）である[1]．特に中国の経済成長は著しく，図 10-2 にもあるように，2010 年には日本を追い抜いて，アメリカに次ぐ世界で第 2 位の GDP になっている．

アメリカでの金融危機（2008 年）や EU での債務危機（2010 年前後）を受けて，新興国の成長も減速したが，日米欧に比べて比較的高い成長を維持してきた．個別の実質 GDP の成長率（2019 年度）を見ると，アメリカ 2.2%，EU ユーロ圏 1.3% に対し，中国 6.1%，インド 4.2%，日本 0.7%，韓国 2.0%，フィリピン 6.0%，ベトナム 7.0%，インドネシア 5.0% であり，アジア諸国（日本以外）の経済成長率の高さがわかる．この持続的な経済成長がアジアの魅力となっている．2020 年のコロナ禍で世界経済が大きく落ち込む中で，2020 年の成長率予測（2020 年 10 月段階）で，アメリカが前年比でマイナス 4.3%，日本マイナス 5.3%，EU ユーロ圏マイナス 8.3% に落ち込んでいるのに対して，中国はプラス 1.9% と回復傾向を示している[2]．

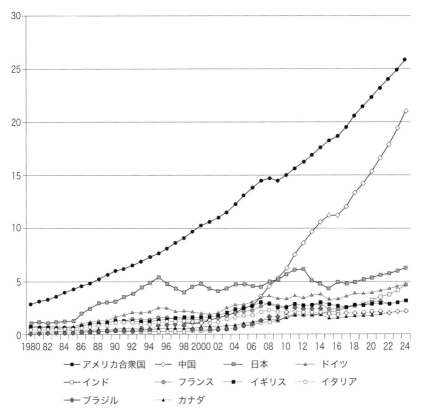

注：米ドルベースで 2020 年時点の上位 10 カ国，IMF 予測含む，兆米ドル．
出典：http://www.garbagenews.net/archives/1335765.html（2021 年 1 月 5 日アクセス）．

図 10-2　主要国名目 GDP

　もう 1 つのアジアの特徴は，その経済成長の原動力でもあるが，②人口の
多さである．世界の人口のうち，狭義のアジアは約 45 億人を占め，うち中
国約 14 億，インド約 13 億，日本約 1.26 億人，東南アジア（ASEAN 諸国）
合計 6.6 億人で，世界の人口約 77 億人（2019 年）の約 6 割を占める．人口
が多いことは，安くて若い労働力を提供でき，かつ多くの消費者を抱えるこ
とを意味する．中国は，それによって世界の工場を招致して経済成長を果た
した．現在，ベトナムやカンボジア，ミャンマーへと安い労働力を求めて，

生産工場は移っていき，それらの国の経済成長を押し上げている．

(3) アジアの抱える問題

　他方で，アジアはいろいろな問題を抱えている．まず，①アジア全体の少子高齢化問題がある．上記のように，人口の増加率と若い労働力の多さがアジアの経済成長を支えてきたが，経済成長が進むと，日本や韓国と同じように，子どもの教育費が上がり，ライフスタイルが変化することで，少子高齢化が進んでいく．中国でもすでに少子高齢化が進んでおり，仕事に従事する生産人口は減りつつある．しかも一人っ子政策によって，高齢の両親を1人の子どもが支えないといけない．一人っ子政策はすでに廃止されたが，多くの夫婦は子どもの教育費を心配して子どもを多く育てず，独身生活や仕事（特に女性）を好んで晩婚化が進んでいる．同じ傾向は，他のアジア諸国でも見られつつある．この「老いるアジア」といわれる現象が速い速度で起きていて，将来，日本ほどの経済水準に至らないまま，日本のような少子高齢社会になることが懸念されている[3]．

　次に，②アジアの主要国である日本，中国，韓国の間の微妙な関係が，アジアの問題の1つである．EUでフランスやドイツといった主要国が基本的に協力し合っているのに対して，アジアの主要国はたびたび対立して地域協力が発展しない．歴史認識問題（日中，中韓，日韓）と領土問題（日中の尖閣諸島，日韓の竹島）が主要国間の協力を阻んでいる．

　また，③アジアには北朝鮮という，いわゆる「ならず者国家」が存在する．そもそも1950年代の朝鮮戦争以来，朝鮮半島は南北に分断され，いつ戦争が起きてもおかしくない一触即発の状態が続いている．さらに北朝鮮は，金正恩による独裁政治，不透明な政治，人権侵害，国民の貧困，国民の「脱北」，麻薬や偽造紙幣など国家犯罪，日本人拉致問題，核兵器開発とミサイル発射実験といった数多くの問題をアジアに起こしてきた．しかも，その北朝鮮を中国が支援するなど，日中韓が協調できないことが北朝鮮を生き延びさせている．

　しかも，④中国の超大国化は経済的なメリットがある一方で，軍事的な脅威をアジアに起こしている．中国の軍事力の増強は続いていて，領土問題や安全保障の脅威が強まっている．アメリカのトランプ大統領が 2017 年に就任して，中国の工場生産がアメリカの労働者の失業を生んでいるとして批判し，それによって貿易摩擦など米中対立が高まった．最近は，中国が科学技術の情報をアメリカから盗んでいるとして，米中対立はさらに深まっている．アメリカの同盟国である一方で，中国とは領土問題を抱え，しかし中国との貿易で収益を上げている日本は，難しい立場に追い込まれている．しかも，香港では，2020 年 6 月になり中央政府主導で「香港国家安全法」が成立し，「一国二制度」が事実上崩壊し，人権・民主主義に対する危惧が強まっている．香港情勢を受けて，独立志向の強い民進党の蔡英文が政権を取って中国との対立が深まる台湾も，その将来が懸念されている．

（4）　日本とアジア

　そのようなアジアと日本の関係を考えてみると，実は微妙な関係である．「日本とアジア」という言い方は今でもよく使われるが，日本はアジアの一部なのかが明確ではなく，アジアに対する日本人の矛盾した感情がそこには含まれている．もともと明治維新以降，日本は欧米志向が強かった．福沢諭吉の「脱亜入欧」という言葉があるが，それは遅れた地域であるアジアから脱して，当時の先進地域である欧米諸国のような強国を目指すべきという意味であった．古い日本や広くアジアの文化を捨て欧米文化をまねて，欧米諸国と同じように振る舞うことが明治時代の日本には重要とされた．しかし，極端な欧米化には当時も反対の声があり，アジア志向も残っていた．アジアから抜けて欧米を見倣いたい日本と，それでもアジアの一部である日本という，アンビバレントな感情が日本人にはあった．どのように折り合いをつけるのかを考えた結果，「和魂洋才」という発想も生まれている．すなわち，西洋の優れた技術（洋才）を模倣しつつも，アジア的な日本の精神的伝統（和魂）を守っていこうという発想である．この和魂洋才は，アメリカと同

盟関係にありつつも，アジアの一員としての文化的伝統を受け継ぐ今の日本にとって，依然残る発想かもしれない．

　実際，今の日本と他のアジア諸国との関係は複雑である．日中関係や日韓関係は，アジアの主要国同士であり，経済などでお互いに依存しあいながらも，領土問題や歴史認識問題などで対立もある．アジアの抱える問題に日本はどう向き合うのかは，日本外交にとって大きな課題である．北朝鮮の核開発問題，中国の工場排気問題やインドネシアの森林伐採などによる地球環境問題，タイの政情不安，フィリピンの貧困問題，最近の中国から広がった新型コロナウイルス問題など多くの課題がある．

　そのうえで，アメリカとアジアのどちらを重視するかは，日本の外交にとって悩ましい問題である．少なくとも安全保障においては，第2章で見たように，中国や北朝鮮の軍事的脅威を考えると，アメリカとの日米安保体制は欠かせないという考えが日本国内では強い．しかし，肝心のアメリカは，「アジア・リバランス」を志向したオバマ政権時代の日本を含むアジア重視から，トランプ政権になって変化が生じた．「アメリカ・ファースト」が唱えられて，果たして安保条約の約束通り日本を守ってもらえるか，確証がもてなくなった．近年は米中対立が強まってはいるものの，大きな流れとしてはアメリカは中国との関係を重視しており，日本が「捨てられる」ことが懸念されている．2020年11月のアメリカ大統領選挙で，オバマ政権時代に副大統領であったバイデンが勝利したことで，また対アジア外交が変化することが予測される．これらの意味でも，日本とアジアの関係を考えることは，私たちの生活にも関わる課題である．本書では，本章と次章で，中国，韓国，北朝鮮，東南アジア諸国を取り上げる．いずれも日本との関係が深く，安全保障や経済，文化などさまざまな側面で影響を与えあっている．

2. 中　　国

　「アジアの世紀」の多くの部分は，中国の経済発展によるところが大きい．

しかし他方で，現実主義論者の指摘を待つまでもなく，中国の軍事力の拡大はアジア地域のみならず，世界全体に脅威を与えている．国際関係における中国を理解し，日本が何らかの対応をするためには，自由主義論者が指摘するように，中国の特殊な内政の仕組みを理解しなければならない．

(1)　中国の内政

そもそも中国の政治体制は，日本や欧米の「自由民主主義体制」とは大きく異なる[4]．「中国共産党」以外の政党は活動が許されない（「民主党派」といわれる衛星政党を除く）．議会にあたる全国人民代表大会の議員は，自由な立候補による選挙で選ばれるのではなく，共産党の指名によりほぼ決められる．いわゆる「一党支配（独裁）制」である．そもそも憲法で中国共産党が国家を「指導」することが定められている．中国共産党のトップである党総書記の方が，政府のトップで，他国でいえば大統領にあたる国家主席よりも上位に位置づけられる．

初代の国家主席であり，共産党を率いて中華人民共和国の「建国の父」となった毛沢東は，1960 年代終わりから 70 年代にかけて，社会主義文化の徹底を名目に自らの権力を回復させようとして「文化大革命」を押し進め，国内経済が混乱した．その 1976 年の死去後，国内経済を立て直すために，党の実力者の鄧小平によって「改革開放」政策が行われた．厳格な社会主義政策から自由な市場経済を導入する変更が試みられ，外国資本を呼び込もうとした．この改革開放政策で中国の経済発展が始まった．

ただし，鄧小平は，経済の自由化を認めたものの，政治の自由化である民主化は許さず，学生による民主化運動を 1989 年 6 月 4 日に軍隊で弾圧し，数千人が死亡したといわれる（「天安門事件」）．西側先進国の経済制裁で一時的に停滞したものの，改革開放政策は続けられ，経済発展は加速していった．鄧小平によって選ばれた江沢民（在職 1993-2003 年），続いて胡錦濤（こきんとう）（在職 2003-13 年）と，国家主席と党総書記の地位が受け継がれ，それぞれ 10 年ずつ政権を担当した．2012 年 11 月，習近平へと党総書記が

交代した（翌年3月国家主席就任）.

　習近平は次第に自らの権力を強化し，強権化が進んだ．汚職対策の強化の一方で，習近平への権力の集中が進んだ．それまで2期10年という国家主席の任期があったが，習近平は憲法を改正して任期を廃止し，10年以上最高権力の座にいることができるようにした．10年の任期制限は，毛沢東が長い間権力を握ったことで中国が混乱した反省から，鄧小平が設けたものであった．それが廃止されたことで，習近平の独裁が長期にわたって続くことが国内外で懸念されている．しかし，中国国内では，政府や共産党，習近平に対する批判は厳しく統制され，言論の自由が侵害されている．インターネット上でもいわゆるインターネット警察や防火長城（グレート・ファイアーウォール）が言論を統制し，批判的な言葉を削除し書き込めないようにしている．政権や共産党を批判した者は逮捕されたりする．ウイグルなど少数民族への弾圧も指摘されている．

　このような中国政府による統制強化と人権侵害に対しては，国内外で批判も強い．しかし，第9章でも触れたように，2020年に起きた新型コロナウイルスの感染への対応では，そのような強権がむしろ好ましい結果につながったともいわれる．最初に感染拡大の危険を指摘した医師が政府への批判として逮捕されるなど，2020年1月初めの段階では，コロナウイルスの感染拡大への対応が遅れてしまった．しかしその後，徹底した移動の統制と都市封鎖（ロックダウン），そして医療体制の整備によって，被害を抑え込むことに「成功」した．他方，アメリカでは，12月段階で死者が30万人を超え，感染が依然拡大しているのに対して，中国では死者は4千人にとどまり，感染拡大も止まったとされる．

　このことから，自由と人権を尊重するために，思い切った統制ができず感染拡大を止めることができなかった欧米の自由民主主義より，統制ができる中国の権威主義の仕組み，あるいは「中国モデル」の方が「優れている」という見解が，中国政府やそれを支持する学者によって主張されている．中国国民も，経済発展や感染防止といった政府の実績から，ある程度共産党の支

配を支持しているといわれる．ただし，民主主義国家でも，ニュージーラン
ドや台湾，韓国，日本では，感染がある程度抑えられている．かつて 1992
年に『歴史の終わり』で自由民主主義体制の優位を指摘したフクヤマは，パ
ンデミックへの対応の成功を握る要因は，体制のタイプの問題ではなく，国
家の能力，社会的信頼，リーダーシップであると主張している．フクヤマは，
近年の著書で，政治秩序をつくりあげる 3 つの基本的な制度として「国家」
「法の支配」「政府の説明責任（≒民主主義）」を挙げており，国家機構につ
いては，中国に近代以前からの伝統の強みがあることを指摘している[5]．

　中国に関係する別の国際的な問題は，香港問題である[6]．香港は，1842 年
のアヘン戦争での清王朝の敗北以来，イギリスの植民地であった．それが
1997 年にイギリスから返還される際に，「一国二制度」を 50 年間続けるこ
とを中国は約束した．当時の中国の 30% に相当する経済力をもつ香港を維
持するため，イギリス統治時代の政治・経済の自由を約束したのである．同
制度の下では，香港は香港特別行政区基本法に基づく「高度な自治権」を有
し，香港市民には欧米諸国と同じ自由と人権が認められることとなった．し
かし，香港政府のトップである行政長官は，「選挙委員会」による間接選挙
によって選ばれ，中国本土の中央政府が任命する．本書の執筆時点では，立
法会（＝議会）の議員のうち半数は自由選挙で選ばれる．選挙では民主派が
優勢となるが，選挙ではない業界団体からの任命による議員は親中派が多い．
それでも，返還の際，欧米諸国は，香港という民主主義社会の存在が，次第
に中国本土の民主化を促していくことを期待した．

　しかし，中国共産党政府は，次第に香港に対する統制を強め，香港政治を
コントロールし，言論や結社の自由などを次第に制約するようになった．返
還当初に約束されていた行政長官の直接選挙も実現せず，民主派は長官への
立候補が認められない．この状態に不満をもった学生たちは，2014 年に「雨
傘運動」を行って大規模デモを行い，周庭（アクネス・チョウ）ら学生リー
ダーが注目を集め，一部は選挙で立法会の議員に選ばれるなどした．

　2019 年には，犯罪者を中国政府に引き渡すことができるようになる逃亡

犯条例改正案を行政長官が提案したことを機に，再び大規模な反対デモが起きた．香港市民の激しいデモに対し，香港政府は警察で抑え込もうとしたが，反対は強く，10 月になり行政長官は提案を撤回した（第 8 章参照）．しかし，2020 年 6 月，中国本土の共産党政府は，今度は人民代表大会で「国家安全法」の導入を決定し，香港の反政府デモを中国政府が直接抑え込むことができるようにする方針を示した．実際，制定後，上記の周庭をはじめとした民主化運動家や民主派議員が逮捕されるといった動きが起きている．これは，事実上の一国二制度の破壊であるとして，欧米諸国などは強く批判し，特にアメリカは中国への制裁が可能な「香港自治法」を制定して，米中対立が強まった．ただし，中国の一般の人々は，治安重視や情報の規制もあり，香港の問題には冷静な視線を送っているともいわれる．

(2) 中国の経済

中国経済について，中国自身は「中国の特色ある社会主義」と自称しているが，市場経済と政府・党の統制をミックスした「国家資本主義」ともいわれる[7]．自由のない政治とは異なり，経済活動は中国でも比較的自由であるが，中国政府が所有する国有企業の存在が強く，社員に含まれる共産党員がにらみを利かせるなど，一般企業も中国政府の意向に沿って活動することを要求される．代わりに，中国政府から支援を受けて，より有利な条件で外国に進出したりできる．また，政府の強い指導で，その時々の世界的に競争力をもつ産業の育成に重点を置ける点で，他の国より有利な面がある．

中国は，先に述べた安い労働力と外国からの投資で工業化を進め，1990年代から 20 年以上にわたり高い経済成長率を達成できた．2010 年には，日本を追い抜き GDP で世界第 2 位になった（1 位はアメリカ）．賃金が上がると，安い労働力を求めた外国企業は工場を中国外に移すようになったが，今度は，国内で製品やサービスが売れるようになり，国内需要が拡大した．欧米への留学を促して最先端の技術を学ばせ国内に引き戻すなど，積極的な政府の産業戦略もあって，電気自動車や AI など IT イノベーションが発展し

ていった．高速通信 5G や宇宙産業でも，世界的に優位に立ちつつある．

　他方で，経済成長の減速と経済格差の広がりが問題となっている．2020年 6 月に温家宝首相は，6 億人の国民が月収 1 万 5 千円程度で生活していることを記者会見で明らかにして波紋を呼んだ．2020 年 1 月からの新型コロナウイルス感染拡大の影響も心配される．中国国内では経済活動が再開され，2020 年 7 月から 9 月には前年比で中国の GDP は 4.9% 増加して，他国に先立って経済回復を示した．しかし，世界の需要が伸びないと，貿易が縮小して経済成長が鈍化する恐れがある．経済成長を共産党の一党支配の正当化理由としてきた以上，経済成長の停滞は共産党にとって好ましいことではない．

(3)　中国の外交

　中国の外交について，基本的な目的は，国家の統一と領土の保全，安全保障の確保，経済発展，社会主義のイデオロギーと共産党政権の存続である[8]．尖閣諸島の日本からの「奪回」も含まれる．発展途上国に対しても，積極的な投資と援助の提供を行っている．中国は，欧米のように人権などの条件を援助に付けない，「内政不干渉」の方針を取っており，途上国の強権的政権からは，中国の援助は好まれる．習近平政権になり，現代版シルクロードと銘打った巨大経済圏構想である「一帯一路」政策の実施（図 10-3）や「アジアインフラ投資銀行」（AIIB）の設立など，積極的に発展途上国に投資と援助を行い，アジアで日本の存在を脅かしている．ただし，中国の投資や援助は，自国の成長に必要な天然資源の確保や自国の市場拡大を目的としている．また，中国の援助によって多額の債務を抱えてしまい，返せないと重要インフラが差し押さえられるという「債務の罠」に対象国を陥らせることに対し，批判が起きている．例えば，スリランカのハンバントタ港は中国の援助で整備されたが，債務をスリランカ政府が返済できず，2017 年 7 月より99 年間中国企業にリースされることとなり，中国の軍艦が利用する基地となる可能性が指摘されている．また，南シナ海への進出が，アメリカを巻き込んで，ベトナムなど東南アジア諸国との領土問題をもたらしている．

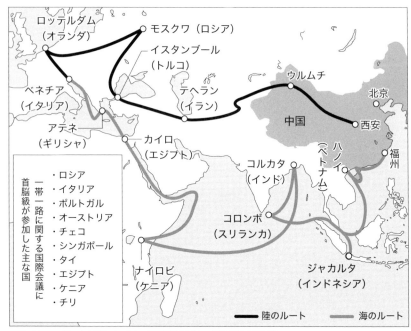

出典：https://mainichi.jp/articles/20190427/ddm/002/030/043000c

図 10-3 「一帯一路」の主要ルート

(4) 中国と日本との関係

　中国と日本の関係は極めて複雑で長い歴史がある[9]．第二次世界大戦後，冷戦の文脈の中で，日本はアメリカとともに，社会主義陣営の中華人民共和国ではなく，内戦で台湾に逃れた「中華民国」を正統な中国として支持していた．しかし，1972 年に日本の田中角栄首相が訪中して日中共同声明を発表し，中華人民共和国と国交を結んだ（「日中国交正常化」）．同時に，台湾とは国交を断絶し，あくまで中国は 1 つ（つまり台湾の独立は認めない）であり，中国とは中華人民共和国を指すという原則を支持するようになった．1978 年には，日中平和友好条約が結ばれた．

　その後，日本による経済開発協力が活発になり日本の政府開発援助（ODA）は中国に重点的に提供されるようになった．多額の資金を低金利で貸す円借

款が中心であり，道路や発電所などのインフラ整備に用いられ，2005 年度までに総額 3 兆円を超えた．1989 年の天安門事件後，欧米先進国はいずれも制裁として ODA を中断したが，日本は先進国の中で最初に経済制裁を解除し，ODA を再開した．中国の経済成長により，2007 年末を最後に ODA の新規案件は終了している．

　日本と中国の相互依存関係も深まっている．中国は日本の貿易総額のおよそ 20% の 33 兆円を占める第 1 位の貿易相手である（2 位アメリカ 24 兆円）（2019 年）．輸出先として中国は 19.1% で 2 位（1 位アメリカとは僅差）で，輸入先としても 23.5% で 1 位（2 位アメリカは 11%）である．中国にとっても，日本は主要な貿易相手である．輸出先として日本は 5.9% で 3 位（1 位アメリカで 19.2%），輸入先として 8.5% で 2 位（1 位韓国で 9.6%）（2018 年）である[10]．新型コロナウイルスの問題が起きると，中国との貿易は停滞し，マスクなど日本国内のいろいろな商品が品薄となり，中国人観光客の減少が国内の観光地に打撃を与えるなど，日中両国の相互依存の深さを実証した．

　他方で，日中間には多くの懸案事項がある．まず，①領土問題がある．特に，後述の「尖閣諸島」をめぐる争いがある．現在は日本が実効支配をしているが，中国は自国領土として返還を求めている．2010 年 9 月には海上保安庁の巡視船と中国漁船の衝突事件も起きた．また，日中の間にある②東シナ海のガス田をめぐる問題がある．それぞれの排他的経済水域（領海ではないが陸地から 200 カイリまでの経済利用が独占できる水域）にまたがる海底に天然ガスが埋まっていることがわかると，お互いに開発を進めようとして国際問題になった．共同開発による解決が模索されている．

　③靖国神社参拝問題もある．靖国神社は戦前は国有の神社であり，戦没者が英霊として祀られてきた．戦後は民間の神社となったが，太平洋戦争の戦犯も祀られていることから，同神社を現役の政治家が参拝することは戦争の容認と受け取られかねない．2001 年に発足した小泉純一郎政権では，靖国神社を現役の首相が参拝したことで，日中関係は悪化した．ただし，小泉首相自身はあくまで私人としての参拝であると主張した．経済関係は強いまま，

政治的な対立が起きている「政冷経熱」といわれる状態となった．この状態は，2006 年 9 月からの第 1 次安倍晋三政権で改善したが，2013 年 12 月には，安倍首相（第 2 次政権）が靖国神社を参拝し，再び争点化した（第 2 章参照）．

　④日本国内では次第に反中感情が高まっている．2020 年の世論調査によると，現在の日中関係について，「悪い」「どちらかといえば悪い」と答えた人の割合は，日本は 54.1%（中国では 22.6%）で，前年度に比べて日本では 9.3% 増え，中国では逆に 13% 減っている．相手国にどのような印象をもっているかについては，「良くない」「どちらかといえば良くない」と回答した人は，日本で 89.7% で前年度より 5% 増えている（中国では 52.9%）[11]．背景には，中国人観光客の増加による「オーバーツーリズム」，尖閣諸島問題，日本国内でのナショナリズムの高揚，さらに 2020 年はコロナ禍がある．コロナ禍のために，2020 年 5 月の習近平国家主席の国賓としての訪日は延期された．

　今後の日中関係を考えるうえで，尖閣諸島（中国名，釣魚台列島）問題はとくに重要である．そこで，最後に簡単に時系列をまとめておきたい[12]．尖閣諸島は，東シナ海に浮かぶ無人の小島群で，魚釣島などいくつかの島からなる（図 10-4 参照）．日本政府が実効支配し，周辺を海上保安庁の巡視船が警備している．

　1895 年 1 月 14 日に，日本政府は尖閣諸島を国際法上の「無主地」として日本領土に編入する閣議決定をした．国際法のルールでは，どこの国にも所属していない土地（＝無主地）は，灯台を置くなど実効支配することで，自国領土に編入することができる．当時の尖閣諸島は，日本政府によると無主地とされていた．一番大きな魚釣島には，19 世紀から 1940 年にかけて日本人の鰹節工場などがあったが，以後無人になった．その後尖閣諸島が注目されたきっかけは，1969 年に国連による国際調査で，尖閣諸島周辺で石油や天然ガス資源の埋蔵が判明したことである．その頃から，中国が歴史的見地から尖閣諸島の領有を主張するようになった．中国によると，尖閣諸島は 1895 年以前から中国の領土であり，無主地ではなかったという．1895 年に

出典：http://www.asahi.com/special/t_right/senkaku/

図 10-4　尖閣諸島

そう主張しなかったのは，当時日清戦争中であり，しかも戦争は日本が勝利したため，言いたくとも言えなかったためであるとする.

　1972 年の日中共同声明の際には，この尖閣諸島問題は，すぐには触れずに将来話し合う問題として「棚上げ」するという秘密の合意がなされたといわれる. しかし，1992 年に中国は領海法を制定し，尖閣諸島を自国領土と明記した. 対して，日本政府は，領有権問題はそもそも存在しないと主張した. 1990 年代以降，中国，台湾，香港の民族主義活動家が上陸を試みて，海上保安庁の巡視船に何度も取り締まられるようになった.

　そして 2010 年 9 月 25 日，中国の漁船が尖閣諸島に接近し，日本の海上保安庁の巡視船と衝突した. 日本の法律に基づき，公務執行妨害容疑で中国人

船長らが逮捕された．従来は，日本政府は起訴はせずに国外退去で穏便に済ませてきたが，今回は起訴して正式に裁判にかけることになった．対して，経済発展で自信をもつようになった中国側もそれまでと違って厳しい反応を示し，日本政府の逮捕を中国領土での日本の不法行為として，船長の釈放と謝罪・補償を日本に要求した．結局，10月になり，日本は処分保留のまま船長らを国外退去処分したが，その後，日本では衝突の時の映像が，海上保安庁の職員によってYouTubeで流出した．中国漁船側に非があるように見える映像で，日本国内では日本政府の対応への批判が噴出し，反中感情が高まって日中関係も悪化した．

2012年8月にも，香港の活動家が尖閣諸島に上陸し日本の警察に逮捕され，強制送還された．同月，当時の東京都の石原知事が，民間人が所有していた尖閣諸島の一部の購入を表明すると，日本政府がそれを防ぐために「国有化」を表明し，9月には政府は購入を完了した．すると今度は，中国側が反発し，中国国内で反日暴動が激化し，中国の日系企業が襲撃されるなどした．2013年11月には，中国は尖閣諸島を含む空域を「防空識別圏」に含めて，日米韓が反発した．防空識別圏とは，領空に隣接し，飛行機が通過する時，事前の届け出がない場合，防空のために戦闘機を発進させる空域で，国際法上の明確な定義はない．その後，国内の権力固めに集中するため，習近平政権では尖閣諸島問題は小康状態になった．しかし，2020年に新型コロナ問題が広がると，尖閣諸島付近を中国の民間及び政府の船舶がたびたび侵入するようになり，対立が再び顕在化しつつある．

中国にとって，尖閣諸島の問題は，ナショナリズムと強く結びつき共産党政権の存続にも関わる問題であり，容易には譲歩できない．日本にとっても同様であるが，軍事力では中国にますます差をつけられつつある．日米同盟の重要性が高まる要因ともなっている．尖閣諸島問題は，アメリカを巻き込みながら，日中関係にとって大きな対立要因であり続けるであろう．

注

1) 外務省経済局国際経済課「主要経済指標」（https://www.mofa.go.jp/mofaj/files/100053858.pdf），2020 年 11 月より．

2) 以上，外務省経済局国際経済課の同資料を，「世界経済のネタ帳」ウェブサイト（http://ecodb.net/ranking/imf_ngdp_rpch.html）（2021 年 1 月 5 日アクセス）で補足．ともに IMF のデータをベースにしている．

3) 大泉（2007）参照．

4) 中国の内政の概要について，例えば川島・小嶋（2020）参照．

5) Fukuyama（2020）；（2012＝邦訳 2013）；（2015＝邦訳 2019）参照．

6) 香港問題について，倉田・張（2015）；倉田編（2019）；野嶋（2020）参照．

7) Bremmer（2010＝邦訳 2011）．

8) 益尾ほか（2017）；益尾（2019）参照．

9) 国分ほか（2013）；Vogel（2019＝邦訳 2019）参照．

10) 以上，税関ウェブサイト（https://www.customs.go.jp/toukei/suii/html/data/y3.pdf），および一般社団法人日本貿易会のサイトを参照（https://www.jftc.or.jp/kids/kids_news/japan/country.html）；（https://www.jftc.or.jp/kids/kids_news/japan/country/China.html）．いずれも 2020 年 1 月 2 日アクセス．

11) 言論 NPO「第 16 回日中共同世論調査」https://www.genron-npo.net/world/archives/9354.html

12) 豊下（2012）；松井（2016）参照．

第11章
朝鮮半島と東南アジア

1.　韓　　国

(1)　韓国の歴史と現況

　韓国は古く朝鮮王朝時代から長い歴史をもつ国である．日本との関係も古い．ここでは20世紀以降を取り上げると，まず，1910年に「韓国併合条約」によって当時の大韓帝国が日本に併合され，日本の植民地として1945年まで支配された．この併合が，強制ではなく両国政府の合意に基づく合法的なものであったかは，いまだに論争がある．第二次世界大戦で日本が敗れると，朝鮮半島は，北緯38度線を境に，「朝鮮民主主義人民共和国」（北朝鮮）と「大韓民国」（韓国）で南北に分断された．戦争終結時，朝鮮半島の38度線より北のソビエト連邦（通称，ソ連）によって占領されていた地域が東側＝社会主義の国家として独立し，アメリカなどによって占領されていた南部は，西側＝資本主義の国として独立したのである．当初，国連では統一した形での独立が企図されていたが，当時ドイツの東西分裂で始まった冷戦がアジアにまで及び，1948年に分断された形での「独立」となった．

　冷戦は，本来は実際の戦闘（＝熱戦）にはならない緊張状態のことであるが（第6章参照），朝鮮半島では，1950年から53年まで「朝鮮戦争」という実際の戦争になった．当初，ソ連と中華人民共和国が支援する北朝鮮が統一を目指して韓国に攻め込んだが，アメリカを中心とした「国連軍」が韓国を支援して反撃した．ただし，ここでの「国連軍」は，国連憲章に基づく正

式な軍事組織ではない．当時の国連安保理で，別の問題でソ連が出席をボイコットしていた際に採択された安保理決議に基づいて結成されたもので，極めてアメリカ＝西側主導のものであった．両陣営が攻防を繰り返した結果，元の北緯38度線で休戦となった（図11-1参照）．北朝鮮と韓国の間で和平合意を結んでの「停戦」ではないため，いまだに戦争は続いていることになる．その後も緊張状態が続き，韓国で現在も徴兵制があるのはそのためである．

内政面では，韓国は，1948年の建国の際の李承晩以来，強権的な政治が続いた[1]．なかでも植民地時代に日本軍の軍人であった朴

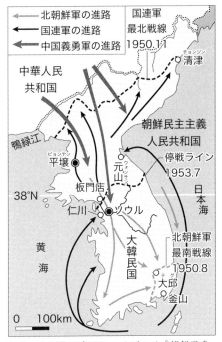

出典：山川＆二宮 ICT ライブラリ「朝鮮戦争」
https://ywl.jp/content/gn63f

図 11-1　朝鮮戦争

正熙（パク・チョンヒ）は，1961年に軍事クーデターで政権を奪取し，1963年に大統領に就任した（79年に暗殺）．彼は，国民の自由を抑圧する一方，1965年に「日韓基本条約」を結んで日本との国交正常化を果たして日本から経済援助と投資を引き出し，「漢江（ハンガン）の奇跡」といわれる急速な経済発展を導いた．ただし，国民の間では植民地支配をしていた日本への反日感情は依然強く，それを抑え込んでの日韓国交正常化であった．植民地時代の賠償も，被害者の意向を抑えて日韓請求権協定を結び，日本から韓国政府に経済協力金が支払われることで「解決」したことにしたため，後に禍根を残した．その後，経済の発展が続くにつれて，韓国国内で学生を中心に民主化運動が盛んとなっていく．圧力に屈した軍事政権は民主化を決定し，

1987 年には大統領が初めて民主的な選挙で選ばれるようになった．

　なお，韓国の現在の政治体制は「大統領制」であり，大統領に強い権限を与えるアメリカ型である．大統領が変わるたびに内政も外交も大きく変化する（日本のような議院内閣制では，首相が代わっても政治は大きくは変化しづらい）．アメリカと異なるのは，5 年おきに大統領選挙が行われるが，再選禁止という点である．大統領の権力が強くなりすぎて，独裁化するのを防ぐためであるが，大統領の任期が終わりに近づくにつれて，大統領への注目が下がり求心力を失う，いわゆる「レームダック（死に体)」になるという欠点がある．なお，議会は一院制である．国際関係論の自由主義論者が強調するように，このような日本と異なる政治制度の特徴を認識することが，韓国の政治と日韓関係を理解するカギになる．

　1987 年に民主化されてすぐ，1988 年には「ソウルオリンピック」が開催されて，韓国の経済発展を印象づけた．その後も順調に経済発展が進み，発展途上国から先進国の仲間入りを果たしたが，1997 年のアジア通貨危機が韓国経済に大きな打撃を与えた．アジア通貨危機は，経済発展によって外資がアジア諸国に流入し投資が実体経済以上に過熱した結果，バブル経済となって，それがはじけて外資が一斉に流出したことで起きた．この経済危機を受けて，韓国では経済の自由化が進められるとともに，国際競争を意識した経済改革が行われ，サムスンや LG など一部の企業がグローバルな企業へと発展していった．文化面でも，K-POP や韓流ドラマ・映画など，当初からグローバルな市場を意識したコンテンツ作りが行われ，国外で人気を得るようになった．反面，映画の「パラサイト 半地下の家族」（2019 年）で描かれるような貧富の格差が広がった．大都市ソウルと農村の地域格差も広がり，若者の学歴競争の激化と失業率の高さ，出生率 1 を割るような少子化，さらには自殺率の上昇が社会問題となっていった[2]．

　2012 年 12 月には，上記の朴正熙の娘の朴槿恵（パク・クネ）が女性として初めて大統領に就任した．父の時代のような経済発展の再現を期待されて当選したが，2016 年 11 月末に親友の崔順実（チェ・スンシル）による国政

介入が発覚して，国民の間で抗議運動が広がり，議会による弾劾を受けて任期途中で辞任した．2017 年 5 月，パクの辞任を受けた大統領選挙で文在寅（ムン・ジェイン）が勝利した．文大統領は，1980 年代の民主化運動に弁護士として参加していた．北朝鮮に対しては融和政策（「太陽政策」）を打ち出して，北朝鮮の金正恩委員長と対話を進める一方，日本に対しては強硬な政策を打ち出した．南北融和政策で人気を獲得したが，次第に人気に陰りがみられるようになった．2020 年のコロナ禍への対応で評価され再び支持率が上昇したが，その後再び支持率が下がりつつある．

（2）　韓国と日本の関係

　対立することも多いが，日本と韓国の間には深いつながりがある．最近は韓国から日本への観光客は急増していた．2018 年には，日本から韓国へ 290 万人，韓国から日本へ 750 万人（全体の 27.6%）に及んだ[3]．経済面でも相互依存関係にある．日本にとって，韓国は中国，アメリカに次ぐ貿易総額で第 3 位の貿易相手国であり，韓国にとっても，日本は中国に次ぐ第 2 位の輸入相手国である．また，日本と韓国は直接的な同盟関係にはないものの，アメリカを間に挟んだ軍事同盟関係にあって，特に対北朝鮮で協力してきた．

　また，日本と韓国の関係を語る上では，「在日コリアン」の存在は欠かせない．日本国内には，帰化した人を除いて約 60 万人といわれる在日コリアンの人々がいる．在日コリアンには，国籍上は北朝鮮籍と韓国籍両方がいて，在日二世三世も多く，日本国籍を得て帰化した人も多い．在日コリアンには，戦前や戦中に日本に移住したり，一部は労働力として戦時中に（半）強制的に連れてこられて工場で働かされたり（いわゆる「徴用工」），戦後，朝鮮戦争などの混乱の中でそのまま日本に残った人達（とその子孫）が含まれる．日本各地にコリアンタウンがあり，東京の新大久保や大阪の生野（3 万人）（次ページ写真）が有名である．日本社会で活躍する人もいる一方で，偏見や差別の問題が残る．特に北朝鮮に関わる事態の影響で，差別が強まることがある．長く日本に住み税金を納める在日コリアンに，欧州諸国などで採用

大阪・生野のコリアンタウン（筆者撮影）

されているように「地方参政権」が与えられるべきかどうかで賛否両論がある．

　文化面の日韓関係としては，植民地時代から続く反日感情がある．実際，戦後ながらく日本語の歌，映画，ドラマは全面禁止であった．1998 年以降，次第に規制が緩和されていった．今世紀になり，日本では韓流ブームが起き，韓国では若者の間で日本文化が人気となっていく．

　しかし，小泉政権（2001-06 年）での靖国神社参拝問題をきっかけに，日中関係と同様に，日韓関係も悪化した（第 2 章参照）．さらに最近は，「従軍慰安婦」問題の扱いを含む歴史教科書の記載をめぐる論争など，歴史認識問題が改めて日韓関係の悪化の一因となっている．従軍慰安婦問題への抗議のために韓国の市民団体によって 2011 年ソウルの日本大使館前に従軍慰安婦の銅像が立てられ，日本政府が抗議するという事態が続いている．

　また，日韓関係の問題として竹島（独島）問題がある．島根県沖の無人島の領有をめぐる日韓間の争いである（図 11-2 参照）．現在は韓国が実効支配しているが，日本も領有権を主張していて，双方の主張の応酬が続いている．2005 年島根県が竹島の日を条例で制定すると，韓国政府が抗議して日韓交流行事がストップした．2008 年に経済を重視する李明博（イ・ミョンバク）大統領が就任すると，日韓関係は一時改善したが，2012 年 8 月大統領が竹島（独島）を訪問し，再び竹島問題が注目を集めた．当時，任期末期で求心力を失った大統領の人気稼ぎともいわれたが，その際，日本政府は抗議するとともに，竹島問題を国際司法裁判所に付託して国際裁判で解決することを韓国に提案したものの，韓国側は拒否している．

　2013年より大統領に就任した前述の朴槿恵は，父親の経歴から韓国の文脈では否定的な意味をもつ「親日派」のレッテルを貼られないよう，当初は日本に対し強硬姿勢を示した．しかし，2015年11月には3年半ぶりに日韓首脳会議が実現し，12月には慰安婦問題について日韓合意が成立した．合意では，日本が拠出する財団を通じて元従軍慰安婦を支援し，韓国側は銅像の撤去などを約束することで，この問題の最終的な解決を図られた．

出典：https://www.kantei.go.jp/jp/headline/takeshima.html

図 11-2　竹島の位置

　しかし，2017年5月に就任した文在寅大統領は，日韓合意の見直しを宣言し，2018年11月「和解・癒やし財団」の廃止が発表された．さらに同年10月には，韓国の最高裁は，徴用工訴訟について，日本企業に賠償を命じた．対する日本政府は，1965年の日韓請求権協定で解決済みとして反発した．日本政府は，2019年8月，韓国を輸出管理に関して手続きを特別に省略する，いわゆる「ホワイト国」から外したが，今度は，それを「報復」と受け取った韓国側が，「日韓秘密軍事情報保護協定」（GSOMIA）の破棄を通告した．ただし，これは両国と軍事同盟にあるアメリカにとって都合の悪いことであった．結局，アメリカの圧力を受けて，11月には破棄の通告は停止されている．しかし，日韓関係は急速に悪化し，2018年の750万人から2019年の560万人へ，韓国からの訪日客は大幅に減少した．2020年には，コロナ禍によって日韓間の往来はほとんど停止したが，当初日本政府が韓国からの入国を取りやめたとき，韓国は不当として強く反発していた．このように，日韓両国は，同じ自由民主主義体制をとり，経済や人的な面での交流が盛ん

であるにもかかわらず，政治的な対立が続いている．

2. 北朝鮮情勢

　いわゆる北朝鮮，正式名称「朝鮮民主主義人民共和国」は，人口約2600万人で，経済規模は韓国のわずか3%の260億ドル程度といわれている．政治は，中国共産党と同じように，社会主義の政党である朝鮮労働党による一党独裁制である．しかし，中国とは異なり，朝鮮労働党を金日成，金正日，金正恩と続く親子三代が支配し，個人による独裁政治が続いている．経済は社会主義経済であり，すべて国家＝朝鮮労働党がコントロールしている．長らく鎖国状態にあり，外部との交流はほぼ中国との国境貿易に限られる．中国とは比べ物にならないくらい，国内の情報には秘密が多く，北朝鮮という国家の実態はよくわかっていない（いわゆる「ブラックボックス」，第2章参照）[4]．

　北朝鮮は，日本の敗戦後ソ連が占領していた朝鮮半島北部に，ソ連と中国の支援の下で1948年に成立した．朝鮮労働党の金日成（キム・イルソン）が初代の国家主席となり，独裁政治を開始した．先述のように，北朝鮮は朝鮮半島を統一すべく韓国に侵攻して，1950年朝鮮戦争が勃発した．アメリカを中心とした国連軍の反攻を，中国人民解放軍の実質的な支援を得て防いだものの戦争は膠着し，北緯38度線で休戦となった．戦闘は終わったものの，韓国との間ではあくまでも一時休戦状態であり，一触即発の状態は続いている．

　その後，冷戦の東西対立の中で，北朝鮮も韓国も強硬路線の外交を展開し，対話は不在であった．1970年代には日本人拉致事件が多発した．日本海沿岸を中心に，上陸した北朝鮮の工作員が日本人を拉致したといわれる．連れ去られた日本人は，工作員に対する日本語の教育係などをさせられたという．当時，物証が乏しく，日本も北朝鮮を承認しておらず交渉の窓口がほとんどなく，日本社会でも注目されることがなかった．そもそも，1960年代までは，

日本国内では韓国よりも北朝鮮の方が発展していると宣伝され，多くの在日コリアンが一部日本人の配偶者とともに北朝鮮に帰っていった．北朝鮮は，同じ社会主義国家であるソ連と中国から，両国が 60 年代に対立した後も，多大な援助を受け取った．

　しかし，東西冷戦の緊張が次第に緩和し 1989 年に冷戦が終結すると，北朝鮮はソ連からの援助を受けられなくなり，世界から孤立していたため国内経済も発展せず，経済的な苦境に陥っていく．そのなかで 1989 年に北朝鮮の核兵器開発疑惑が発覚し，朝鮮半島で緊張が高まった．核兵器開発で脅して独裁体制の保証と経済支援を外国から得るため，むしろ疑惑を利用しているともいわれ，戦争一歩手前の危機を煽ることで利益を得ようとする「瀬戸際外交」と称された．1990 年 9 月には，第 1 回南北首相の会談（注：南北＝韓国と北朝鮮のこと）が行われ，初めて対話が行われた．しかし，核兵器の平和利用を証明するための国際原子力機関（IAEA）による査察は，北朝鮮政府の妨害で進まず，再び緊張が高まった．1993 年 3 月には，北朝鮮は「核不拡散条約」（NPT）からの脱退を表明した．NPT は，原子力の軍事利用をやめ平和利用を約束する条約であり，NPT から脱退するということは，核兵器の開発の継続を宣言するのと同じである．さらに，同年 5 月には，北朝鮮は弾道ミサイル発射実験を行った．原爆のような核兵器は，長距離弾道ミサイルと組み合わされることで，遠くまで短時間で届くようになり，かつ防ぐのが難しくなるので，その軍事的脅威は格段に高まることになる．

　このように脅威が高まる中で，同年 6 月アメリカと北朝鮮の政府代表が話し合う米朝会談が行われた．対話の結果，北朝鮮は NPT からの脱退を保留した．しかし，1994 年 6 月，北朝鮮は NPT 脱退を再び表明した．緊張が高まり，アメリカ軍も出動体制をとるなど，朝鮮戦争再発の危機が強まった．同月，急遽カーター元米大統領が北朝鮮を訪問し，金日成国家主席と会談して，衝突は回避された．北朝鮮は，核兵器の開発をやめてしまうと，瀬戸際外交ができなくなり，体制の保証と経済援助を外国から得られなくなるので，結局，開発をやめられないというジレンマを抱えているのである．

　直後の 1994 年 7 月，北朝鮮の金日成主席が死去し，以前から後継者と目されていた息子の金正日（キム・ジョンイル）が後を継いだ．対話は続けられ，同年 10 月，「米朝枠組み合意」（ジュネーブ合意）が成立した．合意では，経済援助も含めた日米韓による支援のもと，原子炉を軽水炉（核兵器は作れず平和利用しかできない原子炉）に転換することで合意された．合意の実施はなかなか進まなかったが，2000 年 6 月には初の南北首脳会談が開催され，北朝鮮の金正日と韓国の金大中（キム・デジュン）大統領が会談して，平和共存を目指す南北共同宣言が採択された．この韓国による，北朝鮮との対話路線は，イソップ童話の「北風と太陽」にちなんで，「太陽政策」といわれるようになった．

　しかし，2002 年 1 月，前年の 9・11 同時多発テロで対テロ戦争に乗り出したアメリカのブッシュ Jr. 政権は，イラクやイランとともに北朝鮮を「悪の枢軸」あるいは「ならず者国家」と呼んで，テロ支援国家として激しく批判した．その後，2003 年のイラク戦争でイラクはアメリカに敗れ，フセイン大統領の独裁体制は崩壊した．この様子に北朝鮮は危機感を強め，それまで以上に体制存続の保証をアメリカから引き出すことを目指すようになる．

　2002 年 9 月 17 日，官邸主導の秘密交渉を経て当時の日本の小泉純一郎首相が北朝鮮を電撃的に訪朝し，金正日と直接対談（日朝首脳会談）を行い，ピョンヤン宣言を採択した．この会談で，金正日はそれまで認めてこなかった北朝鮮による日本人拉致を認め，5 名生存 8 名死亡の情報を明らかにした（10 月生存者は帰国）．さらに，両者は，日朝国交正常化交渉の再開と日本の経済援助を約束した．北朝鮮側の狙いには，経済援助とともに，小泉首相が親しくしているブッシュ Jr. 大統領へ橋渡しがあったと思われる．しかし交渉は進まず，2003 年 1 月 10 日，北朝鮮は再び NPT 脱退を宣言し緊張が高まった．同年 8 月 27-29 日には，日本，アメリカ，ロシア，中国，韓国，北朝鮮の六者会合が開始された．これにより，1994 年の米朝間のジュネーブ合意は完全に破綻した．

　2004 年 5 月 22 日には，2 度目の日朝首脳会談が行われ，拉致被害者の家

族の帰国が合意された．2005 年 9 月には，アメリカはマカオの銀行にある
北朝鮮の金融資産を凍結した．金正日の個人資金を絶つことで，追い詰める
狙いがあったとされる．同年 11 月には，六者会合が 1 年半ぶりに再開され
た．しかし，2006 年 7 月，北朝鮮は，日本海に向けて弾道ミサイルを発射，
同年 10 月には核実験を実施するなど，強硬姿勢を示すようになる．この事
態に対して，国連安保理では，朝鮮戦争以来の北朝鮮の友好国であった中国
も賛成して，決議が採択され，北朝鮮に経済制裁が実施されることとなった．
中国も経済制裁に参加する形になるが，実際には中国からの援助や貿易はそ
の後も続き，経済制裁の効果は弱まった．2007 年 2 月，六者会合が再開さ
れ共同文書が採択され，北朝鮮が核兵器開発を放棄する代わりに，他の 5 カ
国は経済制裁の解除を約束した．しかし，2009 年になると，北朝鮮はミサ
イル発射実験や核実験を再び繰り返した．

　このように，国際社会との対立と対話を繰り返す中で，2011 年 12 月に金
正日が死去し，三男の金正恩（キム・ジョンウン）が 27 歳で後継者となった．
金正恩はほとんど素性が知られておらず謎の人物とされたが，兄の金正男を
含む対抗勢力の粛清を繰り返すことで権力を強化していった．金正日が対話
のためにたびたび開発を中断したのとは異なり，金正恩は，核実験とミサイ
ルの発射実験を繰り返して，一気に核兵器を完成させていった．すでに日本
などが射程に入る核弾道ミサイルを完成させ，いくつか保有しているといわ
れる．開発を急いだ背景には，2011 年のリビアへのアメリカの軍事介入に
よって独裁者カダフィの政権が崩壊し殺害された事態があるといわれる．

　その後，一転して対話が行われるようになった．2018 年 4 月には，文在
寅と金正恩による南北首脳会談が板門店で開催された．板門店は北緯 38 度
線上にある地名で，北朝鮮軍と韓国軍が直接向き合う場所があり，南北分断
の象徴となっている．両者は，朝鮮半島の非核化と朝鮮戦争の終結を協議す
る板門店宣言を採択した．

　さらに文在寅大統領の橋渡しで，ついに 2018 年 6 月アメリカのトランプ
大統領と金正恩がシンガポールで米朝首脳会談を行った．両者は，板門店宣

板門店におけるトランプ大統領と金正恩（2019年6月）
（出典：https://www.nikkei.com/article/DGXMZO484681
60Q9A810C1EA3000）

言を確認し「朝鮮半島の完全な非核化に向け取り組む」ことなどで合意した．制裁解除の条件として「完全で検証可能かつ不可逆的な核放棄（CVID）」の先行は要求されず，どのように検証するかも不明確なままであった．アメリカ（および日本）が望む北朝鮮の核兵器の破棄と，北朝鮮が望んでいるアメリカの制裁解除と，どちらを先に行うかがあいまいであった．2019年2月には，ハノイで第2回米朝首脳会議が行われたが，合意文書は結ばれず，同年6月には板門店で3回目の首脳会談が行われたものの，進展はなかった（写真）．2020年になっても核兵器開発問題の進展はなく，韓国やアメリカと北朝鮮の関係は次第に悪化しつつある．

　結局，北朝鮮は，核兵器の開発をやめてしまうと瀬戸際外交ができなくなり，体制の保証と経済援助を外国から得られなくなることを恐れる．他方，日本やアメリカ，韓国は，経済制裁を続けても中国の支援がある北朝鮮を完全に追い詰めることができず，対話をしてもかわされてしまう．そうこうするうちに，核ミサイルの完成を許したことで，報復への懸念から強硬措置が難しくなり，むしろ選択肢が狭まっている．日本政府は，ミサイル防衛のためにミサイルでミサイルを打ち落とす「陸上配備型イージスシステム（イージス・アショア）」を進めていたが，その性能やコスト面で断念した．さらに，ミサイル発射前に敵基地を攻撃する「敵基地攻撃」も検討されているが，憲法上の制約で反対も多い．このように，国際関係論の現実主義的な見方からは，北朝鮮問題は日本にとって最大の脅威であるが，行き詰まっている状態にあり，かといって，自由主義理論にあるような北朝鮮の「民主化」を期待するのも，北朝鮮と中国の友好関係を考えると難しい状況にある．

3. 東南アジア諸国

(1) 全体の特徴

アジアで最後に挙げるのが東南アジアである．大半の東南アジア諸国が国際機構の東南アジア諸国連合，略称 ASEAN（アセアン）に加盟していることから，ASEAN 諸国・地域ともいわれる（図 11-3）．1980 年代以降，多くの国で経済発展が進んだことで，中国と並んで注目を集めた．しかし，先述の韓国と同様に，1997 年のアジア通貨危機で経済成長が一時期止まった．その後，増え続ける人口と，中国より安い人件費を生かして，復調した．シンガポールはすでに先進国並みの経済水準に達し，1 人当たりの GDP では日本を上回っている．しかし，フィリピン，カンボジア，ラオス，東ティモール，ミャンマーなどでは貧富の差も依然大きい．

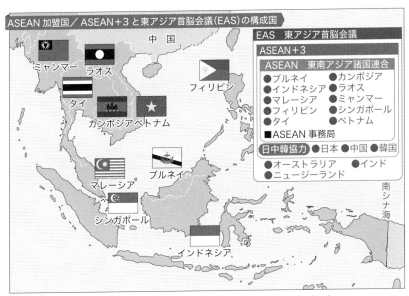

出典：https://www.mofa.go.jp/mofaj/press/pr/wakaru/topics/vol64/index.html

図 11-3　ASEAN 加盟国

　また，東南アジアは，社会主義で一党支配のベトナムやラオス，強権化が進むカンボジアなど民主的でない国も存在し，政治のあり方について欧米と考え方が異なる部分がある．1990年代には，欧米のような個人の権利の主張よりも，集団の権利を重んじる「アジア的価値」が，シンガポールのリー・クワンユーやマレーシアのマハティール，インドネシアのスハルトなど，強権的な政治を行いながらも経済発展に成功した国（いわゆる「開発（独裁）体制」）の有力政治家からたびたび主張されてきた．最近も，2016年の民主的選挙で選ばれながらも，麻薬密売人に対する超法規的殺人を認めるなど人権侵害が批判されているフィリピンのドゥテルテ大統領や，野党を解党して独裁化を強めるカンボジアのフン・セン首相など，いわゆる「ストロングマン」といわれる強権的な政治家が支持される政治文化が東南アジアには残っている[5]．

　そもそもASEAN諸国は，中国，インド，欧米，日本といった大国に介入される中で，多様な歴史を歩んできた．ベトナムは，1960年代のベトナム戦争を経て，75年に社会主義国家として南北が統一された．その後，中国と同様に，資本主義経済を導入する「ドイモイ」といわれる経済改革を90年代以降実施し，日本などから投資を呼び込んで経済発展が続いている[6]．

　シンガポールは，1965年の独立後，先述の初代首相リー・クアンユーが，野党を抑圧しつつも，徹底したエリート教育（英語での授業と国費での海外留学）と優秀な官僚の育成・採用（民間企業より高給に設定してリクルート），戦略的な産業育成（最初は軽工業，流通，次は金融業や観光業）を行って経済発展に成功した[7]．その際には，優秀な官僚が工業化を推し進めた日本の戦後復興を参考にしたという．現在では，リー・クアンユーの息子であり，徹底したエリート教育を施されたリー・シェンロンが2004年以来第3代首相として国の舵取りを行っていて，エリート官僚たちとともにカジノなど観光業やIT産業を振興して経済成長を続けている．

　タイは，日本同様，欧米の植民地化を免れながらも，政情不安であり，たびたび軍部が政権を奪う「軍事クーデター」が起きてきた[8]．国民から崇敬

されるプミポン国王（ラーマ9世）（在位 1946-2016 年）の仲介などで，1990年代には民主化が進み経済発展を遂げたが，バンコクとそれ以外の地方の経済格差から今世紀には政情は再び不安定になり，地方や農村を支持基盤にしたタクシン元首相派と，バンコクを中心する王党派や軍部，産業界との間で対立が続いた．結局，2014 年の軍事クーデターで再び軍事政権が誕生する事態となった．2019 年3月に総選挙が行われ，元陸軍司令官であるプラユットが軍事政権から引き続き首相となっている．

　カンボジアは，1975 年から4年弱共産主義を唱えるポルポト派政権によって国民が大量虐殺された．1979 年にベトナムが軍事侵攻してポルポト政権を崩壊させ親ベトナムの政権（ヘン・サムリン政権）を打ち立てたが，欧米や中国が支援する反政府勢力との内戦が続いた．1991 年にパリ和平協定が成立し，国連 PKO として「国連カンボジア暫定統治機構」（UNTAC）が派遣され，日本の自衛隊も参加して，国連が丸ごと行政を担うことで国全体の復興が行われ，1993 年には民主的選挙が行われた．選挙後 UNTAC が終結すると，親ベトナム政権時代から首相の地位にあるフン・センが次第に強権化するようになった．2018 年には，若者が支持する野党救国党（CNRP）を解党させたまま強引に総選挙が行われ，与党人民党（CPP）がすべての議席を獲得した．他方で，日本や中国からの投資で，安い賃金を生かした縫製産業（服作り）が発展して，近年は経済成長は進んでいる．

　インドネシアでは，独裁体制であったスハルト政権がアジア通貨危機で1998 年に崩壊したのち，民主的選挙で 2014 年には貧困家庭出身であるジョコ・ウィドドが大統領に選ばれるなど民主化が進み，人口は2億 6000 万人を超え経済発展も続いている[9]．フィリピンも，先述のドゥテルテ大統領の人権侵害には批判が多いものの，1986 年の「ピープルパワー革命」で独裁者であるマルコス大統領が追放されて民主化された国である．アメリカの影響もあり貧富の格差が大きいが，最近では経済成長が進んでいる．

　ミャンマーは，旧国名である「ビルマ」時代から長らく軍事政権が支配し，1990 年に総選挙が行われ，国父であるアウンサン将軍の娘であるアウンサ

ンスーチー率いる政党「国民民主連盟」（NLD）が勝利した[10]．しかし，軍部は政権を譲らず，むしろ NLD を解散させ，アウンサンスーチーを軟禁した．1991 年にアウンサンスーチーにノーベル平和賞が与えられて以降は，国際社会から軍政に強い圧力が加えられ続け，2010 年代になり民政移管が進められた．2015 年には総選挙で NLD が勝利し，NLD 主導の政権が誕生した．ただし，憲法の規定で，外国人と結婚していたアウンサンスーチーは大統領になれず，外相兼国家顧問となり，議会は 4 分の 1 が軍部が任命する議員で占められて憲法改正ができないようになっているなど，軍部が強い権限を保持する仕組みになっている．しかも，近年はイスラム系の住民が抑圧される「ロヒンギャ問題」が起きており，軍部への配慮もあり問題に十分に取り組まないアウンサンスーチーへ国際的な批判も強まった．他方で，豊富な天然資源と安い労働力から，日本やインド，中国によるミャンマーへの投資は拡大し，経済成長が続いている．しかし，2021 年 2 月 1 日，前年の総選挙での「不正」を理由に，軍部がクーデターを起こし，アウンサンスーチーを含めた NLD 幹部を逮捕して，自らが政権を握る事態が発生した．

このように東南アジアの特徴は，多様な政治の仕組みと経済成長である．その他に，東南アジアは，2002 年のジャワ島沖地震や 2013 年 11 月のフィリピンへの巨大台風など大規模な自然災害がたびたび発生し，イスラム主義過激派によるテロの問題も抱えている．さらに，南シナ海の南沙諸島などをめぐり，フィリピンやベトナムと中国の間で領土争いがある．近年は，中国は人工島を作って軍事基地を置くなど積極的に進出するようになり，対立が深まっていった（図 11-4）．南沙諸島をめぐりフィリピンが中国を訴えた国際裁判（国連海洋法条約に基づく仲裁裁判）では，中国が参加しないまま，2016 年 7 月フィリピン側が勝訴した．しかし，中国は判決を無効として無視し，その後，フィリピンで裁判の直後にドゥテルテが大統領に就任すると，経済関係を重視して，中国との関係を強化している．全体として，経済面のみならず，軍事面でも中国の東南アジアへの影響力は強まっている[11]．

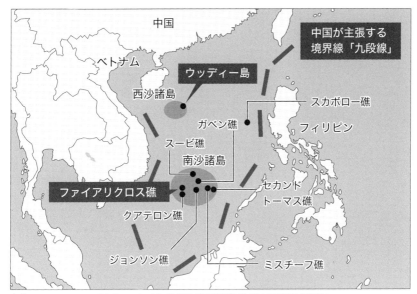

出典：https://www.nikkei.com/article/DGXMZO58248150Q0A420C2EAF000/

図 11-4　中国による南シナ海での軍事拠点化

(2)　日本と東南アジアの関係

　日本は東南アジアとの関係が深い．第二次世界大戦で日本は，欧米諸国の植民地であった東南アジアを占領した．戦後になり，1954 年以降，戦後賠償の意図を込めて，政府開発援助（ODA）を重点的に提供するようになった．動機としては，謝罪の意味だけではなく，日本企業の東南アジアへの再進出の狙いもあった．その後，日本と東南アジアとの経済的なつながりは深まっていった．地域全体でみれば，日本にとって ASEAN 諸国は，中国やアメリカに次ぐ，主要な貿易相手である[12]．近年は，人件費が高騰する中国から，多くの日系の工場が東南アジア諸国に移されてきている．また，看護師や介護士，農業，漁業など日本での労働力不足を埋めるために，多くの東南アジアの人々が日本で「外国人技能実習生」などとして働くようになっている．同時に，経済成長から中間層が増えて，日本への観光客も増加してきた．東南アジア諸国からみると，アジアの国でありながら戦後復興に成功し

経済大国となった日本は，経済発展のお手本とされてきた．しかし，現在は，先述の南シナ海の問題を含めて，東南アジアをめぐり中国やインドとの影響力争いも起きていて，日本の存在感の低下を懸念する声もある．

(3)　東南アジア諸国連合

　東南アジアには，先述のように「東南アジア諸国連合」（ASEAN，アセアン）という地域的な国際機構があって，地域協力を進めている．ASEAN加盟国の人口は 6 億 6 千万人（2019 年）を数えて，EU の 4 億 5 千万人弱よりも多い．全体の GDP は 3 兆ドルで日本の 6 割，面積は日本の 12 倍である．1 人当たりの GDP は 4800 ドルで日本の 12% 程度に過ぎないが，経済成長が進んでおり，地域全体での経済成長率は 5% ほどである[13]．

　ASEAN は，1967 年に「東南アジア諸国連合設立宣言」で設立された．最初の加盟国は，インドネシア，フィリピン，マレーシア，シンガポール，タイであった．設立当時，ベトナムは南北に分断されていて，南ベトナム国内では北ベトナムに支援された社会主義ゲリラが活発に活動して内戦となっており，アメリカが軍事介入するなどベトナム戦争が激化していた．ASEAN は，そのような国際環境のなかで，従来の国境問題を解決して反社会主義で団結するために設立された．その後加盟国が増えて，統一されたベトナムも含めて，現在 10 カ国である（図 11-5 参照）．すなわち，インドネシア，フィリピン，マレーシア，タイ，シンガポール，ブルネイ（1984 年加盟），ベトナム（95 年），ラオス（97 年），ミャンマー（97 年），カンボジア（99 年）であり，将来は東ティモールも加盟予定である．

　ASEAN の活動内容は，当初は，国境紛争など安全保障問題中心であったが，現在では，域内の安全保障問題から，経済協力，自由貿易の促進，感染症（SARS や鳥インフルエンザなど），テロ問題，自然災害（津波や地震）まで広く扱う．ただし，人権などの国内問題には触れないという「内政不干渉」を基本原則としてきた．たしかに，2007 年に採択された「ASEAN 憲章」で民主主義や人権の尊重を組織の目的と明記したものの，加盟国に多様

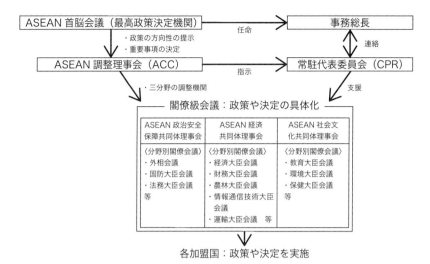

出典：外務省サイト https://www.mofa.go.jp/mofaj/area/asean/page25_001325.html

図 11-5　ASEAN

な政治体制を抱える ASEAN は，積極的には内政問題に関わろうとしない．

　現在，ASEAN は，経済，安全保障，文化・社会を柱とする「ASEAN 共同体」の構築を進めている．ただし，「緩やかな地域統合」にとどまっている．そもそも事務局は職員数 340 人ほどと規模が小さい[14]．ASEAN は，年 2 回の首脳会議と閣僚級会議での加盟国代表による「対話」を重視しており，決定はすべての加盟国が合意するコンセンサスを基本としている．強力な官僚機構を有し，理事会で多数決を取り入れて決定の効率性を高め，統合も通貨統一まで進めている欧州連合（EU）とは対照的である．

　それでも，ASEAN は東アジア全体で唯一の国際機構であり，東南アジアのみならず，東アジア全体の国際協力で重要な役割を果たしている．アジア諸国（インドや北朝鮮含む）やアメリカ，ロシアなど 26 カ国と EU が参加して安全保障問題を話し合う「ASEAN 地域フォーラム」（ARF）や「ASEAN＋3」（ASEAN 諸国と日中韓の首脳が参加），東アジア共同体構想などが，ASEAN を中心に推進されている．とくに ASEAN＋3 は，関係が悪い時で

も日本，韓国，中国の首脳が顔を合わせる場として注目を集めてきた．アジアの大国間の仲介役となることで，ASEAN は存在感を示そうとしているのである．そもそも，東南アジア諸国は，かつて古くはインドや中国の帝国に侵略されたり，欧米の植民地となったり，第二次世界大戦で日本に侵略されたりした歴史から，大国による支配を避けるべく，ASEAN の団結を重視してきた．しかし近年は，中国の影響力の拡大に対して，加盟国間で中国に近づく国と反発する国とで分かれて，一致団結できない傾向も見られる．

注

1) 韓国の現代史について，木村（2008）；文（2015）参照．
2) 韓国の現状について，春木（2020）；新城ほか（2019）参照．
3) トラベルボイス「【図解】訪日外国人旅行者数，中国・韓国・台湾・香港の 10 年間推移をグラフで比較してみた―2018 年版」（https://www.travelvoice.jp/20190204-124941）（2021 年 1 月 3 日アクセス）．
4) 最近の情報について，礒崎（2019）の序章を参照．
5) 外山ほか（2018）参照．
6) 坪井（2008）参照．
7) 岩崎（2013）；Calder（2016＝邦訳 2016）参照．
8) 高橋（2015）；外山（2020）参照．
9) 佐藤（2011）参照．
10) 根本（2014）；永井・田辺・根本（2017）参照．
11) 金子・山田・吉野（2020）参照．
12) 国際機関日本アセアンセンターのウェブサイト「日本と ASEAN との関係」（https://www.asean.or.jp/ja/asean/relation/）を参照．
13) 外務省『目で見る ASEAN－ASEAN 経済統計基礎資料』2019 年 8 月（https://www.mofa.go.jp/mofaj/files/000127169.pdf）．
14) 国際機構としての ASEAN について，外務省「ASEAN（東南アジア諸国連合）概況」（https://www.mofa.go.jp/mofaj/area/asean/page25_001325.html）（2021 年 1 月 3 日アクセス）を参照．

第12章
EU とロシア

1. 欧州連合（EU）の発展と課題

　この章では，ヨーロッパの地域情勢として，欧州連合（EU）およびロシアを取り上げる．EU ではここ数年イギリスの EU 脱退が話題になり，ロシアではプーチンによる長期政権が続き，日本とは北方領土問題を抱えている．最近では，ヨーロッパ全体で新型コロナウイルスの感染が広がっていて，大きな問題となっている．2020 年 3 月，イタリアを皮切りに，スペイン，フランス，イギリス，ドイツ，ロシアと，欧州全体に新型コロナウイルスの感染が拡大していった．2021 年 1 月 3 日段階で，死者数は，イギリス 7 万 7000 人，イタリア 7 万 7000 人，フランス 6 万 6000 人，スペインでは 5 万 1000 人，ドイツ 3 万 6000 人に達した．一時は抑えていたロシアでも感染が拡大し，死者は 6 万人を超えた．近代以降長らく世界の中心であった地域を苦しめている．

(1)　EU 地域の特徴
　現在の EU には，イギリスとロシアなどを除く大半のヨーロッパ諸国が加盟している．EU 加盟国の合計の人口は，約 4 億 4750 万人（イギリス離脱前は約 5 億 1246 万人）（2019 年）である．人口だけでいえば前章でみた東南アジアの ASEAN 諸国の合計よりも少ないが，EU 加盟国はいずれも先進国であり，GDP は，約 15 兆 6000 億ドル（約 1600 兆円）で，日本の 3 倍以上

に達する（2019年）．生活水準を意味する1人あたりのGDPは約3万5000ドル（約360万円）（2019年）と高く，国によっては日本よりもずっと水準が高い．面積は約424万km^{2}で日本の約11倍である．このようにEU全体としては，中国を上回り，アメリカに次ぐ経済力を有している．

(2)　欧州統合の歴史

EUの原型は，1951年に当時の西ドイツ，フランス，オランダ，ルクセンブルク，ベルギー，イタリア6カ国により設立された「欧州石炭鉄鋼共同体」までさかのぼる．この国際機構は，長年ドイツとフランスの紛争の種となっていた両国の国境周辺の石炭が出る炭鉱と，それを原材料として作られる鉄鋼の生産を共同管理するために設立された．当時はドイツの東西分裂など冷戦がヨーロッパで強まりつつあり，西側諸国が団結する必要から，アメリカのバックアップもあった．しかし，冷戦のために必要というだけではなく，ヨーロッパにおいて国々が密接に協力する国際共同体を作ろうという構想自体は古くよりあり，石炭と鉄鋼の管理はその一歩とされた[1]．

1957年にはローマ条約が同じ諸国で結ばれ，「欧州経済共同体」と「欧州原子力共同体」が設立された．前者はヨーロッパの統一市場を目指して，関税の廃止を開始した．後者は，名前にもあるように原子力の平和利用のための国際協力を目的としたものであった．ここで「共同体」というのは，国連のような国際機構と同じ意味であるが，より密接な協力関係を目指すという意味合いが含まれている．1967年には，上記の3つの共同体の機構が統一され，「欧州共同体」（EC）が誕生した．

1973年にはイギリスなどが加盟し，加盟国は9カ国に拡大した．イギリスは，ヨーロッパの一部というより，多くの植民地をもつ「大英帝国」としてグローバル志向が強く，アメリカとの同盟を重視して，ヨーロッパの国際共同体への参加には消極的であった．しかし，植民地が独立していくなかで，経済的に次第にヨーロッパ市場を重視するようになり，1960年代には加盟を希望するようになった．対して，ECを引っ張ってきたフランス（特にド

ゴール大統領）は，当初，アメリカとの関係が強すぎるイギリスの加盟に反
対し，63 年のイギリスの加盟申請は却下されたが，73 年になりようやく実
現した．このように，島国であるイギリスと大陸側の欧州諸国（ドイツやフ
ランスなど）には，元から微妙な距離感があった．

　1986 年には，「単一欧州議定書」が加盟 12 カ国の政府により調印され，
ヨーロッパで国境を気にせずビジネスができるような「単一市場」作りがさ
らに推進された．背景には，ヨーロッパ規模の巨大市場を作ることで，アメ
リカや当時バブル経済で好調であった日本に対して，経済的に対抗する狙い
もあった．1992 年には，「欧州連合条約」（締結された場所から「マースト
リヒト条約」ともいう）が調印されて，翌年発効した．これによって，EC
は欧州連合（EU）へと発展していった．

　1995 年には，北欧諸国などが加盟して加盟国は 15 カ国になる．1997 年に
は，マーストリヒト条約を修正したアムステルダム条約が結ばれた．1999
年 1 月には，EU の統一通貨である「ユーロ」が誕生し，加盟国の通貨が廃
止され，どこの国でもユーロという通貨が通用するようになった．ただし，
ユーロの導入はすべての加盟国に許されたのではなく，ユーロの通貨として
の信頼性を高めるために，財政赤字の GDP に対する比率などの基準を満た
した 11 カ国だけがユーロを導入した．市場だけでなく，通貨を単一にする
ことを「通貨統合」という．この時，イギリスは，財政基準ではなく，自国
の伝統のある通貨ポンドを廃止することへの国民の抵抗感が強いために，
ユーロには参加しなかった．

　2004 年には EU の東欧拡大が実現し，ポーランドやハンガリーなど東欧
の 10 カ国が加盟して，加盟国数は 25 カ国になった．しかし，東欧の安い労
働力が西欧諸国に流入することで，仕事を奪われることを懸念したイギリス
やフランスなどで国民の反発も見られた．同じ年には，さらにヨーロッパの
一体性を強めるべく「欧州憲法制定条約」が調印された．条約によって，
EU の歌としてベートーベンの「歓喜の歌」が制定されるはずであった．し
かし，条約の発効には各国代表の調印だけではなく，各国の国民（あるいは

議会）の承認（＝批准）が必要であるが，統合への不信や自国文化への愛着から，国民が反対する加盟国が多く見られ，未発効に終わった．フランスとオランダのように，これまで EU の活動に熱心であった加盟国ですら，2005年実施の国民投票では反対多数であった．そこには，国境を越えて活発に活動し EU の強化に熱心なエリート層と，地元で暮らし続け EU に愛着を感じない多くの一般国民との間の温度差が現れていた．

　それでも，2007 年には東欧でも経済発展が遅れているブルガリアとルーマニアが加盟し，加盟国は 27 カ国まで拡大した．また，2009 年 12 月には，欧州憲法条約の内容を一部修正する形で，新たに「リスボン条約」が結ばれ，今回は無事発効した．権限は強くないものの欧州理事会常任議長（通称 EU 大統領）というポストも誕生した．2013 年 7 月にはクロアチアが加盟し，加盟国数は 28 になった．

　しかし，2011 年以降，内戦が続くシリアや北アフリカから大量の難民が EU に流入するようになったり，EU 内での安い労働力の移動で仕事を奪われたり，豊かな加盟国から貧しい加盟国へ補助金が送られたり，顔の見えない EU に親近感がもてなかったりと，元から EU に不満のあった加盟国の国民の間で，EU に対する懐疑や反発が強まっていった．特にイギリスでは，難民流入への不満が強く EU からの離脱を求める声が高まり，イギリスの EU 離脱，いわゆる「ブレグジット」を問う国民投票が 2016 年 6 月に行われた．EU とのビジネスなどでの結びつきから離脱反対が多いだろうと踏んだ当時のキャメロン首相らエリートたちの予測を裏切って，僅差で離脱派が勝利してしまった．その後，離脱交渉が難航したが，2020 年 1 月末にイギリスは離脱し，加盟国は 27 カ国に減った．

　以上のように，ブレグジットまで基本的には EU は拡大を続けてきた（図12-1 参照）．このようにヨーロッパで国際機構による国家間の国際協力が進み，さらに一体性を強めて国際共同体が発展していく動きを「欧州統合」という．その究極の目標は，「欧州合衆国」のようなヨーロッパ規模の国家づくりであった．しかし，イギリスの離脱と，2020 年のヨーロッパで蔓延す

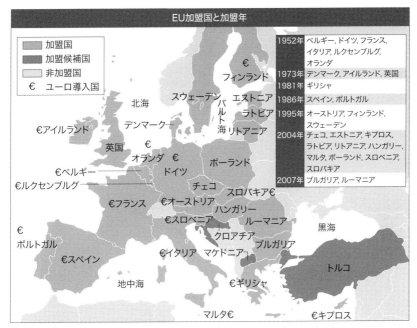

出典：https://www.mofa.go.jp/mofaj/press/pr/wakaru/topics/vol53/index.html
注：その後，2013年クロアチアが加盟し，2020年イギリスが離脱．

図12-1　2010年までのEU拡大の地図

るコロナ禍で停滞を余儀なくされている．

(3)　EUの仕組み

　次にEUの仕組みを簡単にみていく（図12-2参照）[2]．EUの仕組みは極めて複雑であり，それが一般の欧州市民のEUへの不信の1つとなっている．

　まず，「欧州理事会」がある．EUの最高政治的機関で年2回，EUの本部があるベルギーのブリュッセルで開催され，加盟国の首脳（大統領や首相）が集まって協議を行う．EUを政治的に推進し，政策の方向性を設定する．そこでは全加盟国が賛成する，全会一致で意思決定が基本的に行われる．欧州理事会の議長は，加盟国の持ち回りであったが，リスボン条約からは欧州理事会常任議長（通称EU大統領）のポストが設けられることとなった．任

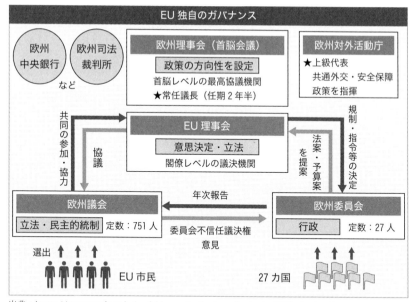

出典：https://www.mofa.go.jp/mofaj/press/pr/wakaru/topics/vol53/index.html

図 12-2　EU の組織図

期 2 年半で再選 1 回可能である．2019 年 12 月より，ベルギーのシャルル・ミシェル前首相（就任時 43 歳）が務めている．EU 大統領は，欧州理事会のとりまとめを行うとともに，「EU の顔」としての役割も期待される．

　次に「EU 理事会」は，閣僚理事会ともいわれ，政策分野ごとに 10 種類の理事会が存在し，それぞれ各国の担当閣僚（級）の代表より構成され，欧州議会とともに EU 立法を行う．実質的な EU の政策が決定される場である．議長は半年ごとに加盟国順に交替する．ただし，外相閣僚理事会の議長については，外務・安全保障政策上級代表（通称 EU 外相）が常に務めることになっており，「EU 外交の顔」として活動する．EU 理事会の特徴は，一部の事項を除いて，多数決による採決が行われることである．以前は，加盟国に異なる票数を与える加重特定多数決が実施されていたが，リスボン条約発効を踏まえて，2014 年 11 月からは，「二重多数決」，すなわち賛成する加盟国の数が全体の 55％ 以上であり，かつ賛成する加盟国の人口の合計が EU 全

体の人口の 65% 以上を代表していることを必要とする仕組みに移行した.
このような仕組みを採用した理由は，EU の法や政策を効率的に決定するに
は，一部反対する国があっても多数決で決定できるようにする必要がある一
方で，単純な多数決では，一部の大国の意向ばかり決定に反映されてしまう
ので，バランスをとる必要があるためである. しかも，EU の決定は，国単
位でなく，欧州市民の多数意思も反映されなければならないため，このよう
な複雑な仕組みとなった. それでも以前より簡略化されている.

　より直接的に欧州市民の意思を反映させる機関として，「欧州議会」が設
けられている. 欧州議会は，直接選挙によって選ばれた 705 名（イギリス離
脱後）の議員で構成される. 欧州市民を代表して EU 理事会とともに立法手
続きを行い，同時に，EU の諸活動に民主的コントロールを行う. このよう
な欧州市民を直接代表する機関の存在は，他の国際機構にはほとんど見られ
ない珍しいものである. たいてい国連のように加盟国代表が組織の活動をコ
ントロールする. 欧州議会の存在には，EU が単なる国家の集合体ではなく，
「欧州市民」から構成される，国家に近似した，あるいは近似しようとする
政治共同体としての性質が反映されている.

　「欧州司法裁判所」は，EU の基本条約が正しく解釈され，適用されてい
るかを確実にする役割を果たす. 自身で行われる裁判や加盟国での「先決裁
定手続き」などを通じて. EU 法の統一的な解釈を行い，EU の法的な一体
性の確保を任務とする. 先決裁定手続きとは，各国の裁判所で EU 法につい
ての争いがあるときに，欧州司法裁判所が付託を受けて先に裁定を下して，
各裁判所はそれに沿った判決を下す手続きである.

　「欧州委員会」は，EU の行政執行機関として，EU 理事会などで決定され
た EU の法や政策を実施する. 同時に，EU 理事会と欧州議会に対する法案
提出権を独占して，EU 立法に関与する. 一般的な国家でいえば，内閣（＝
行政府）にあたる役割を担っていて，EU の政策の多くを実質的に策定して
いる. 2019 年 12 月からドイツの前国防相のウルズラ・フォン・デア・ライ
エンが欧州委員会委員長（欧州委員長）に就任した.

「欧州中央銀行」（ECB）は，ユーロの発行を含めて EU 全体の金融政策を司り，独立性が担保されている．後述の債務危機が 2010-11 年に起きた後は，ユーロの安定へ向けて EU 全加盟国の強固な金融の枠組みの構築を目指す「銀行同盟」の中核となっている．銀行同盟は，「単一監督メカニズム」および「単一破綻処理メカニズム」，「預金保険制度」の 3 つを柱とする．また最近では，各国の債権を買い取るなど量的な金融緩和政策を行って，積極的な景気刺激を実施している．

このように EU は，国連などと同じように，諸国家によって設立された国際機構ではあるものの，「超国家的」国際機構としての特徴をもつ．超国家的とは，加盟国に対して強い力をもっているという意味であり，EU の場合，欧州議会や EU 理事会などを経て作られるいわゆる「EU 法」は，直接加盟国に対し効力をもち，しかも各国の国内法に優越する．違う言い方をすると，EU は，まるで 1 つの国家のような側面があるということである．予算も各国からの分担拠出金だけでなく，EU 独自の財源（EU 域外からの関税・農業課徴金や各国の間接税の一定割合）もあり，その予算は 2019 年で約 1500 億ユーロ（約 20 兆円）に達する（日本の国家予算は国債費を除いて約 80 兆円，国連本体の通常予算は約 3000 億円）．

国際関係においても，EU は，アメリカとともに，国際法による法の支配，国家間の制度的な相互協力，自由貿易，集団安全保障，人権の擁護，民主主義を基本原則とする「自由主義的（リベラルな）な国際秩序」を担う「規範パワー」として活動してきた．その際には，NGO や企業を含むできるだけ多くのアクターを引き込み（マルチアクターシップ），できるだけ域内外で同一のルールを実現し（シンクロナイゼーション），できるだけ法の形をとりつつ（リーガリゼーション），できるだけ多くの分野を同一の基本規範に連関させていく（メインストリーミング）という制度的な特性を示してきた[3]．EU として地球温暖化の交渉にあたったり，域外の途上国に対外援助を行ったりするなど，国連などとともにグローバル・ガバナンスの中心を担う存在である．

(4)　EU の課題

　実際，EU には多くの実績がある．「ヨーロッパの平和と調和，民主主義と人権の向上に 60 年以上にわたって貢献した」という理由で 2012 年にノーベル平和賞が EU に与えられたように，EU は，長年争ってきたドイツとフランスの対立に終止符を打ち，少なくとも両国が絡む戦争のない状態をヨーロッパにもたらした．また，統一市場を形成して，EU 域内の経済発展に貢献してきた．第 9 章でも取り上げたように，EU として地球環境問題に積極的に取り組むことでグローバル・ガバナンスをけん引し，国際的な存在感を示すとともに，域内の新しいグリーン産業の育成につなげようとしている．2020 年のコロナ禍においても，同年 7 月に開催された特別欧州理事会で，7500 億ユーロの復興基金「次世代 EU」と 1 兆 743 億ユーロの次期（2021-27 年）多年次財政枠組み（MFF）を合わせた包括的なパッケージが合意された．フォン・デア・ライエン欧州委員長の就任時に発表され，2050 年に脱炭素経済を目指す「欧州グリーンディール」など，EU の長期的政策の推進にも資金を充てることで，コロナ禍という短期的危機に対応しつつ地球温暖化（気候変動）への対処（とそれによる新産業の育成）という長期的目標の達成も試みようとする意欲的な政策が国際的に注目されている[4]．

　他方で，現在 EU は「欧州複合危機」ともいわれるような多くの争いや課題に直面している[5]．まず，設立当初から存在するものとして，①加盟国政府と EU 機関（欧州議会，欧州委員会）の間で対立がある．欧州委員会など EU 機関はできるだけ EU の権限を強めようとするが，加盟国政府は自国の権限を守りたがる．特に安全保障分野や警察および難民管理に関わる分野では，EU に決定を任せたがらない．この対立の図式は，政府間主義と超国家主義の間の論争として，国際関係論の EU 研究分野でも古くより見られる．設立当初の石炭の管理という限られた領域から経済分野へと，次第に統合が広がっていく状況が注目されて，そのような自動的な統合の深化・拡大を「スピルオーバー」と呼び，地域統合の拡大・深化と超国家化を予測する「新機能主義」が理論化された[6]．しかし，その後，加盟国政府による主権

の主張が強まり 1970 年代以降統合が停滞すると，EU 研究では「政府間主義」の主張が強まった．1990 年代になり EU が誕生すると，現実と EU が目指すべき目標とが織り交ざりながら，政府間主義と（新機能主義の流れをくむ）超国家主義との間の論争が続いている．

　次に，②加盟国間の対立である．目標は共有していても，EU の権限をどの程度強くするかや欧州統合のスピードなど，加盟国はさまざまな面で対立している．特に，欧州統合に消極的なイギリスやデンマークと，より積極的なフランス，ドイツ，ベネルクス三国（オランダ，ルクセンブルグ，ベルギー）との間では，長らく対立が存在していた．結局イギリスは，難民問題を契機に EU から離脱した．2020 年の新型コロナウイルス感染症への対応でも，感染をある程度抑え込めていて経済的に余裕がある加盟国（ドイツ）と，感染が広がり経済的に苦しい加盟国（イタリアやギリシャなど）との間で，前者が後者をどの程度助けるべきかで対立が生じた．

　さらに，③EU としての統一された外交政策形成の難しさがある．そもそも加盟国はアメリカに対する態度が異なっている．国連安保理の決議を経ずにアメリカによって一方的に始められた 2003 年のイラク戦争に際しては，参加するべきかで加盟国の反応が分かれた．アメリカとの「特別な関係」を重視するイギリスは参加を決めたものの，フランスやドイツは反対し，EU としての統一された対応が取れなかった．2014 年のロシアによるウクライナのクリミア併合の際には，東欧諸国はロシアを強く批判し制裁を求めたのに対して，ドイツは天然ガスを輸入しているために強い態度にでることをためらうなど，ロシアへの対応が分かれた．欧州グリーンディールについても，温室効果ガスを 2050 年までにゼロとする目標に対し，ポーランドなど中東欧諸国が慎重な姿勢を見せるなど，EU 内でほころびが見られる[7]．

　EU には，④エリート支配の問題がある．欧州委員会で働いている EU 官僚は法案を作成するなど権限が強い．しかし，ベルギーのブリュッセルにある本部などで働く 3 万人あまりの EU 官僚に対して，市民の目は十分には届かず，不信感が募るようになった．統合の進展につれて，各国の権限は EU

へと吸い上げられ，各国議会による民主的コントロールは及ばなくなる．しかし，代わりに EU レベルで民主的コントロールを行うはずの欧州議会の権限は相対的に弱いままである．このような状態は，「民主主義の赤字」と呼ばれて，長年問題とされてきた．マーストリヒト条約では，欧州議会の権限を強化するとともに，ローカルレベルを含めて適切なレベルで意思決定が行われるようにする「補完性の原理」が強調されて，行き過ぎた超国家化を避け，市民にとって目の届きやすい民主的で多層的な「マルチレベル・ガバナンス」の構築が目指された．

　しかし，EU のエリートは，加盟国政府やビジネス界のエリートと結びついて，実質的な権限は強まる一方である．この EU のエリート支配は，一般的な欧州市民の EU 統合への不信を強めさせた．不信感はイギリスで特に強くなり，その脱退の要因の 1 つとなった．他の加盟国でも反 EU の声が強まっており，欧州でのエリートと一般の人々の間の感覚のずれが表面化している．

　⑤ EU においては，イスラム教に関連した問題が政治的な対立を引き起こしている．これまでの EU 加盟国では，キリスト教徒が圧倒的多数を占めてきた．それを，ムスリム，すなわちイスラム教徒が多いトルコの加盟を認めるかどうかをめぐって激しい議論が起き，どこまでが「ヨーロッパ」か，ヨーロッパの文化的特徴とは何かが改めて問われることとなった．また，EU 各国で移民・難民の流入が進み，イスラム教徒の人口が増加していった．フランスでも人口の 1 割近くにまで増えつつある．それにつれて社会で軋轢が生じ，感情的に移民・難民排斥を訴える「ポピュリズム」の政治勢力が勢いをもつようになり，選挙でも議席を次第に獲得するようになっていった．2011 年以降のシリア内戦で 100 万人を超える大量の難民が流入するようになると，そのような移民・難民排斥の運動はさらに強まっていった．2015 年 11 月にはパリで難民を含めたイスラム過激派による大規模な銃撃テロが起きたが，それもイスラム教徒の移民・難民への世論の反発を強める結果となった．EU では，長らく信仰の自由を含む人権の尊重が謳われながらも，

イスラム教徒が増えるとそれを排除しようとする動きが民主主義の仕組みを通じて強まるという状況が生じており，自由と民主主義という EU を支える価値観を根底から揺るがしている．

⑥加盟諸国の債務危機の問題がある．2009 年末，ギリシャで政府の財政赤字のごまかしが明らかになった（実は 3 倍以上）．ギリシャが国の借金（＝国債）を返せないのではないかという債務不履行の不安から，ギリシャの国債が暴落し，その国債を大量に保有していた欧州中の大手銀行の経営不安が高まり，それが連鎖して欧州全体の経済危機へと発展していった．問題を解決するために，2010 年，EU（特にドイツ）と国際通貨基金（IMF）の支援でギリシャ財政の立て直しが図られることになった．しかし，その支援の条件として，財政赤字を少しでも減らすために，公務員削減や年金削減など厳しい財政再建計画がギリシャに突き付けられた．それに対してギリシャ国民が反発し，大規模なデモが続発，ギリシャのユーロ離脱の危機に陥った．

ギリシャの経済規模自体は小さいので，その離脱は経済的には問題ないものの，さらにスペインやイタリアといったより大きな国々も財政赤字にあえいでいるために，ギリシャの債務危機が一気に連鎖して，ユーロ崩壊と EU 全体の経済危機に陥る可能性があった．結果的に，ギリシャが厳しい条件を受け入れて，財政再建が図られ，危機の段階は脱した．しかし，この債務危機は，EU 加盟国内の経済格差が大きいのを無理に通貨統合した結果であるともいわれる．また，通貨は統合されても，財政政策は統合されていないので，各国が勝手に借金できてしまう点に構造的な欠陥があるとも指摘された．ギリシャに端を発した危機は一応収まったものの，加盟国の財政赤字は依然として深刻である．フランスでは，2018 年 11 月の燃料税の引き上げ発表をきっかけにした「黄色いベスト運動」と呼ばれる抗議運動が起き，2019 年 12 月には，財政再建のために年金改革を試みると，年金生活者や将来に不安を抱える若者による大規模デモとストライキが発生した．2020 年の新型コロナ問題の影響で，さらに財政の悪化が懸念されている．

最後は，⑦イギリスの EU 離脱問題の影響である．これまで述べてきた問

題のうち，特に①〜⑤が合わさり，各国でエリート不信に基づく反 EU 勢力
と移民・難民排斥を主張するポピュリスト勢力が拡大していった．特にイギ
リスではもともと EU に対する不満があったこともあって，先述のように，
2016 年 6 月イギリスでの国民投票で離脱が決定されてしまった．加盟国の
離脱決定は，長い欧州統合の歴史で初めての出来事である．その後，混乱が
続き，2019 年 12 月の総選挙で離脱派のジョンソン首相率いる保守党が大勝
したことで，2020 年 1 月末に正式に離脱することになった．しかし，しば
らくは移行期間としてイギリスと EU の間の人やモノ，金の移動の自由が保
障されているが，その後，イギリスと EU の関係がどうなるかは依然不透明
で，EU 残留を求めてきたスコットランドの独立によるイギリスの分裂や経
済の混乱などが懸念されている．

2.　ロシア情勢

(1)　ロシアの政治

　現在，EU 加盟国およびイギリス以外でヨーロッパの国というと，ロシア
連邦やウクライナ，ベラルーシなど旧ソビエト社会主義共和国連邦（ソ連）
の国々である．ここでは，国連安保理の常任理事国であり，北方領土問題な
どで日本との関係が深いロシアを取り上げたい．ロシアの人口は約 1 億
4670 万人（2019 年）であり，日本同様に少子高齢化に悩んでいる．名目
GDP は，約 1 兆 7000 億ドル（約 180 兆円）（2019 年）であり，先進国ではあ
るものの，日本の約 3 分の 1 に過ぎない．1 人あたりの GDP も，約 1 万
1600 ドル（2019 年）であり，先進国の中では低い水準にある．面積は広大
であり，約 1710 万 km^2（日本の 45 倍，米国の 2 倍近く）で，天然資源では原
油や天然ガスなどに恵まれ，ロシアの東部は中国や日本と国境を接している．
　現在のロシア連邦は，冷戦終結後 1991 年にソ連が解体し 15 カ国に分裂し
た際に誕生した．ただし，ロシア自体は帝政ロシア時代からの長い歴史をも
つ国である．ソ連が保有していた核兵器や国連安保理の常任理事国の地位な

どは，ロシア連邦が継承した．解体直後の 1990 年代は，社会主義国家から資本主義国家への移行で，経済は混乱し，生活水準は大きく低下した．国営企業の払い下げなど，政治家と癒着した新興財閥（オリガーキー）やマフィアが暗躍し，国民の多くはソ連時代より生活が悪化した．

その中で，2000 年にウラジーミル・プーチンが大統領に就任した⁸⁾．プーチンは元 KGB（ソ連版 CIA）のエージェントで，1990 年代になり政界で出世し，大統領選挙の直前に首相に就任し，無名ながらも当時のエリツィン大統領の後継者となった．プーチンは大統領に就任すると，強権的な政治で，オリガーキーの規制と石油企業などの再国有化を断行した．当時ちょうど中国の経済発展が進んだことで世界的に原油や天然ガスの価格が上昇し，ロシアの経済と財政状況は急速に改善していった．治安と経済を立て直したことで，プーチン政権は国民の強い支持を得るようになり，ロシアは軍備を再強化し，再び強気の外交政策を行うようになった．他方で，野党やメディアの自由の規制など，プーチン政権の人権侵害が欧米諸国から批判されるようになる．

2008 年 5 月には，当時の憲法の 3 選禁止を受けて，プーチンはいったん大統領の座を離れ，メドベージェフ首相が大統領に就任した．プーチンは代わって首相に就任し，実権を握り続けた．2012 年 3 月の大統領選挙で，再びプーチンが大統領に当選し，メドベージェフが首相に入れ替わった．2014 年 2 月には，ソチで冬季オリンピックが開催され，大国ロシアの復活を印象づけようとしたものの，その後，原油価格の低迷で財政的に苦しい状態に陥っている．それでも 2018 年 3 月の大統領選挙でプーチンは圧勝した．さらに 2020 年 7 月の憲法改正の国民投票での承認で，2020 年で 67 歳のプーチンは 2036 年まで大統領の座に居続けることが可能になった．20 年以上にわたる長期政権に対し，国内外から批判が強まっているものの，90 年代の混乱を立て直したプーチンに代わる強力な指導者がいない状態である．

(2)　強気のロシア外交

プーチンは強力な国内基盤と石油・天然ガスで得た資金を生かして，ソ連解体で失った，ロシアに隣接する東欧や中央アジアでの影響力回復を図ってきた．そもそもロシアは，19 世紀フランスのナポレオンや第二次世界大戦のドイツのヒトラーなど，たびたび西欧諸国の侵攻を受けてきたこともあり，EU やアメリカを常に警戒し，周辺地域をある種の「安全地帯」としてロシアの影響下に置くことを安全保障の基本戦略としてきた．そのために，旧ソ連諸国が加盟する独立国家共同体（CIS）諸国との関係を重視したり，2008 年 8 月には親欧米で反ロシア的なグルジア（現ジョージア）に軍事介入し，その中にロシア系住民を多く抱える南オセチア共和国という親ロシアの国家を建設したり（国際的には未承認）してきた．

また，旧ソ連諸国でロシアに次ぐ大国であるウクライナでは，2013 年から 14 年にかけて親ロシア派と親欧米派の対立が激化し，2014 年 2 月親ロシア派の政権が崩壊した．すると 3 月 1 日，ロシアは，自国民保護を名目に，ロシア系住民が多いクリミア自治共和国に軍事介入し，住民投票後にロシアに編入してしまった．その後も，ロシアは，ウクライナ東部の親ロシア派の武装勢力を支援し，ウクライナ政府や欧米諸国と対立し，経済制裁を受けている．さらに，2015 年 9 月イスラム過激派の「イスラーム国」(IS) 攻撃を名目にシリア内戦に本格的に介入し，アサド政権を支援し，反政府勢力を支援するアメリカと対立した．

このようにロシアは国際的な影響力を強めるために活発に軍事介入を行う一方で，「上海協力機構」などを通じて中国との協力関係を強め，欧米諸国に対抗している[9]．また，欧米諸国に対し，SNS を使った情報かく乱や社会の分断工作を行い，いわゆる「シャープ・パワー」を行使している[10]．2016 年アメリカ大統領選挙では，親ロシアと目されたトランプ候補を勝たせるために，ロシアの情報機関や関連企業が SNS などで情報工作を行い，対抗馬であるヒラリー・クリントン候補にとって不都合な情報を暴露・拡散するなどの活動を行ったとされる．プーチン自身がもともと KGB で工作活動に従

事していたこともあり，ロシアはこのような活動に力を入れている．以上のような，プーチンの強気の外交は，欧米に対抗するとともに，「強いロシアの復活」を演出して，国内の経済的困難から国民の目をそらして，支持を得る狙いもある．

　最後に，日本とロシアの関係について，両国は「北方領土問題」を抱えている[11]．北方領土（図 12-3）は，第二次世界大戦終了間際に当時のソ連によって占領され，今なお実効支配されている．対して，1951 年のサンフランシスコ平和条約で日本が手放した「千島列島」には含まれない「我が国固有の領土」であるとして，日本は返還を求めてきた．1956 年の日ソ共同宣言で日ソ間の国交が回復した後，日ソ間で平和条約を結ぶ際に歯舞諸島と色丹島を返還する話も浮上したが，四島一括の返還を日本が求めたことで平和

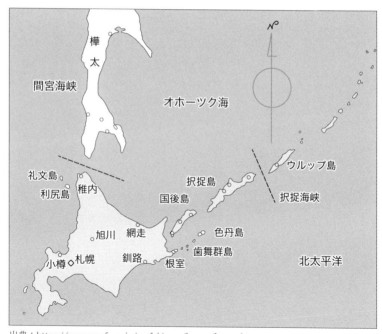

出典：https://www.mofa.go.jp/mofaj/area/hoppo/hoppo.htm

図 12-3　日本の北方領土

条約自体の交渉が中断した．

　1990年代になり，ソ連及び後継のロシアの経済状況の悪化のなかで，日本から投資や経済援助を引き出す目的もあり，北方領土問題の交渉が行われるようになった．しかし，ロシア経済が立ち直り，強気のロシア外交が行われるなかで，解決の糸口が見つからなくなっている．むしろ，北方四島のロシア支配は，投資が進むなど近年強化されている．2010年11月には，当時のロシアのメドベージェフ大統領が北方領土の国後島を訪問し，ロシアの支配を強調した．近年もプーチンと安倍首相の首脳会談などで取り上げられるなど，日ロ平和条約の締結へ向けた交渉と合わせて話し合いが行われているものの，目立った進展は見られない．

　　注
1)　欧州統合の歴史について，遠藤（2014）や益田・山本（2019）を参照．
2)　EUの仕組みなど池本ほか（2020）参照．
3)　臼井（2020）．自由主義的な国際秩序については，Ikenberry（2006＝邦訳 2012）参照．
4)　EU駐日代表部ウェブサイト「EUの新型コロナ禍からの復興を支える大規模な財政支出計画」（https://eumag.jp/behind/d1120/）（2021年1月6日アクセス）．
5)　遠藤（2016）参照．
6)　アーンスト・ハースが代表的な論者である．Haas（1964）を参照．
7)　高橋（2020），39頁．
8)　冷戦後のロシア政治について，下斗米（2020）を参照．
9)　廣瀬（2018）参照．
10)　シャープ・パワーについては，NED（2017）および『中央公論』2018年7月号の特集「シャープパワーの脅威」を参照．
11)　北方領土問題の経緯や日本側の主張について，外務省ウェブサイト「北方領土」（https://www.mofa.go.jp/mofaj/area/hoppo/index.html）（2021年1月7日アクセス）を参照．

第13章
アメリカ大陸とアフリカ

1. アメリカ大陸とアフリカ

16 世紀の大航海時代以降，ヨーロッパ諸国がアメリカ大陸およびアフリカ大陸を植民地として支配していった．しかし，18 世紀末にアメリカ合衆国が独立し，19 世紀には中南米でも独立が進んだ．第二次世界大戦以後には，アフリカでも植民地から一斉に独立していく．国際関係において，アメリカは 20 世紀になり「新興国」として登場し，イギリスから「覇権国」の座を引き継ぎ，第二次世界大戦以降，「超大国」として中心的な存在であり続けている．しかし，現在は中国の台頭でその覇権が脅かされている．他方，アフリカは，独立後も長らく紛争や貧困で苦しんでいるが，近年は経済発展も見られるようになり，「最後のフロンティア」としての注目も集めている．

国際関係論においては，現実主義理論が注目する軍事力でも，自由主義理論が注目する自由貿易でも，アメリカ合衆国は常に中心的な存在である．他方で，中南米やアフリカは，マルクス主義論者から，「支配－従属」の国際構造において，常にアメリカなどによって「従属」の状態に追いやられている存在とみなされてきた．

2. アメリカ大陸

アメリカ大陸において，超大国であるアメリカは，ここ数年はトランプ大

統領，人種差別問題，コロナ禍によって大きく揺れた．また，中南米でも，地域大国であるブラジルで，トランプ大統領の手法をまねたボルソナロ大統領が新型コロナウイルスに感染したことが話題となった．

　アメリカ大陸は北米（アメリカ合衆国とカナダ）と中南米（メキシコから，

出典：http://travel-mapper.com/country/america/america.shtml

図13-1　アメリカ大陸

ペルー，ブラジル，アルゼンチンまで）から構成される（図 13-1 参照）．より細かい地域として，「カリブ諸国」は，メキシコ湾より東のカリブ海に浮かぶ島国で，キューバやジャマイカ，ハイチ，さらに小さな多数の島国がある．「中米」は，メキシコやコスタリカ，グアテマラなどの地域である．「ラテンアメリカ」という言葉があるが，もともとスペイン，ポルトガルというラテン諸国の植民地で，ラテン文化が濃い諸国を指していう．主要な中南米諸国とほぼ重なるが，同一ではない．

　また，東南アジアにおける ASEAN や欧州における EU のように，アメリカ大陸（米州）全体にまたがる国際機構として，「米州機構」（OAS）がある．EU のような強い権限をもたないが，米州で起きる問題を解決するための国際協力の場となっており，民主主義と人権の実現に力を入れている．

3. アメリカ合衆国

(1) アメリカの特色と内政

　アメリカ大陸でもっとも有名な国は，当然アメリカ合衆国である．基本情報として，人は約 3 億 2900 万人で，中国，インドに次ぐ世界第 3 位（2019年）である．重要な点は，先進国で唯一人口が増え続けている国であるということである．ただし，それは移民の流入による部分が大きく，これまで多数を占めていた欧州系の白人の割合が減少し，それに伴い人種間の対立がむしろ目立つようになっている．国民総生産（GDP）は約 21 兆 4300 万ドル，約 2200 兆円に達し，世界第 1 位であり，日本の 4 倍である（2019年）．しかし，遠くない将来，中国に追い抜かれる可能性が言われている．1 人当たりの GDP は約 6 万 5000 ドル（約 700 万円）（2019年）に達しているが，貧富の差が大きくなっている．面積は，約 962 万 km^2 で世界第 3 位，日本の約25 倍，中国と同じくらいである．

　アメリカの特徴としては，先述のように「移民の国」である点を挙げることができる[1]．アメリカの 200 年余りの歴史の中で，最初はイギリス系移民

に始まり，奴隷として連れてこられたアフリカ系，イタリアやアイルランド系，日本人を含むアジア系，ヒスパニック系と，多くの人々が毎年大量に移民として外国よりやってきた．そのため「人種のサラダボウル」といわれる多様性をもつ一方で，「アメリカ人」としての強いアイデンティティと文化（国歌，自由や民主主義などの価値観，英語，キリスト教）を共有することがアメリカ国民の特徴とされてきた．しかし最近，共通するアイデンティティと文化が揺らぎつつある．イスラム教徒やヒスパニック系，アジア系の移民が近年は急増し，しかし彼／彼女らが，自由や民主主義といったアメリカ伝統の価値観を必ずしも受け入れず，英語も学ばないなど従来のアメリカの共通文化を身に付けようとしない姿勢が指摘されるようになった．

　しかし，これまでの「アメリカ文化」自体，多様に見せかけつつも実は白人のキリスト教徒の価値観であり，その歴史は黒人や先住民族を抑圧することで成り立っていた点は否定できない．現在，従来のアメリカ人と最近やってきた移民の間で分断が広がり，イスラム系難民・移民やヒスパニック系不法移民の排斥の動きが広がっている．また，奴隷として連れてこられた黒人への差別も，2020 年 5 月のミネソタ州ミネアポリスでの白人警察官による黒人（ジョージ・フロイド）の殺害事件とその後広がった Black Lives Matter 運動に見られるように，建国以来ずっと続いている問題である．積極的差別是正措置（アファーマティブ・アクション）といわれる黒人をはじめとしたマイノリティに対し大学入学などでの優遇措置を行う政策が 1960 年代の公民権運動以来行われているものの，不平等は継続しており，むしろそのような措置への白人層からの不満も強まりつつある．

　アメリカの政治の特徴は，その大統領制度である．日本の首相とは異なり，大統領は強い権限をもつ．それゆえ，4 年に 1 度の選挙で再選のみが許され，3 選は禁止されている．また，権力をチェックしあう三権分立が日本以上に明確かつ徹底しており，大統領と連邦議会（上院と下院）及び裁判所はしばしば対立する．トランプ大統領のメキシコとの間に国境の壁を作る計画が，議会によって予算を否定されたように，大統領の与党が議会で多数を占めて

いても，大統領の政策が否定されることもある．日本と異なり，大統領には
議会への法案提出権がなく，予算も議会で法律として採択され，大統領には
採択された法律を拒否して差し戻す権限しかない．それでも大統領の権限は
やはり強く，大統領の交替のたびに政府の幹部は大きく入れ替わり（政治任
用），政治に変化がもたらされる．2017 年に，オバマの後を受けたトランプ
が大統領に就任すると，アメリカの政治は大きく変わることとなった．トラ
ンプは，貧困層向けの医療保険制度であるいわゆるオバマケアを修正（当初
は廃止を目指した）するなど，前大統領の政策を否定する政策変更を繰り返
した．

　この点で，2020 年 11 月 3 日に行われたアメリカの大統領選挙で，共和党
の現職トランプ大統領を破って，民主党のバイデン候補（オバマ政権での副
大統領）が当選したことによってアメリカの政治は再び大きく変化し，日本
を含めた世界に影響を与えるであろう．ただし，2 年ごとの議会選挙で，大
統領の与党と議会の多数派がねじれた状態，いわゆる「分割政府」状態にな
ることがあり，三権分立が制度化されているアメリカでは，大統領のリー
ダーシップに制約がかかることになる．

　アメリカの政治の特徴のもう 1 つは，州の自立性の強さである．そもそも
アメリカ合衆国自体が．1776 年に当時の 13 の州の合意に基づいて建国され
る形をとった「連邦」国家である．国全体にまたがる犯罪を取り締まるアメ
リカの FBI の正式名称は，「連邦捜査局」である．今でも，50 州それぞれが
独自の憲法をもち，死刑制度の有無や銃や大麻の保有の合法性が各州で異な
る．しかも各州に州兵が存在する．アメリカ議会の上院もそのような連邦制
を反映し，人口規模に関係なく各州 2 人が選ばれ，人口比で全国から選ばれ
る下院よりも上位にある（正副大統領が不在の時は，議長の副大統領に次ぐ
上院仮議長が大統領代行になる）．自立性の弱い日本の都道府県とは対照的
である．トランプ政権時代のように連邦政府が地球温暖化対策に消極的でも，
カリフォルニア州のように独自の対策強化を行う州もある．また，新型コロ
ナウイルスの問題では，ニューヨーク州のクオモ知事の独自の封鎖政策が賞

賛される一方で，逆に経済優先で経済活動再開を急ぐ州もある．

(2)　国際関係におけるアメリカ

　最近の国際関係におけるアメリカの特徴としては，以下を挙げることができる．まず，①今なお軍事面，経済面，ソフトパワーで圧倒的優位にあることである．世界的に見て，アメリカは今でも超大国である．圧倒的な軍事力を有するとともに，日本の自衛隊とは異なり，積極的に軍事力が使用される．アメリカ軍は約 130 万人を数え（自衛隊約 25 万人），軍事費は約 67 兆円（日本は約 5 兆円）であり，大量の核兵器を有する．第二次世界大戦以後も，朝鮮戦争（1950-53），ベトナム戦争（1960 年代），湾岸戦争（1991），アフガニスタン戦争（2001〜），イラク戦争（2003〜）など，断続的に戦争を行ってきた．また，ソフトパワーとは，第 1 章でも触れたように，国家の文化的な魅力である．いまだにアメリカは多くの外国人を引き付けて，たくさんの留学生が学んでいる．ハリウッド映画も人気がある．このような国際関係で圧倒的に優位にある国のことを「覇権国家（hegemon）」という．第二次世界大戦を契機にイギリスから覇権国家の座を引き継いだアメリカは，冷戦とその後の時代を通じて，引き続き覇権国家であるといえる．ただし，2008 年リーマンショック以後，中国の台頭とともに，軍事力と経済力において相対的な衰退が指摘されている．それでも，いまだ圧倒的な力を有していることには変わりない．

　かつてのアメリカは，第二次世界大戦後は，自由を基盤とした「自由主義的な国際秩序」を築き上げ，守る行動をとってきた．アメリカは，「超大国」として，冷戦時代は自由主義陣営のリーダーを自認し，冷戦終結後も自国の利益の防衛のみならず「世界の警察官」としての使命感があった．アメリカはその覇権の力を，自由貿易や人権・民主主義の推進，地球環境の保全，その他の国際協力全般の推進，言い換えると「国際公益」を守るために，不十分さや矛盾もあったものの，用いてきた．しかし，最近のアメリカは，自由主義的な国際秩序が中国やロシアの行動によって揺らぐ状況に対し，国際公

益よりも自国の国益を最優先に行動して，十分対処できていないどころか，悪化させていることが指摘される[2]．

　対テロ戦争で単独行動主義をとったブッシュ Jr. 政権から，オバマ政権は国際協調路線に重心を置き，北朝鮮情勢では「戦略的忍耐政策」を採り，宿敵であるイランとも核合意を結び，1962 年のキューバ危機以後ずっと険悪な関係だった社会主義国のキューバとも国交を回復し，地球温暖化対策のパリ協定にも参加し，太平洋地域で自由貿易を推進する環太平洋パートナーシップ協定（TPP）にも積極的であった．シリア内戦への弱腰も批判されるなど，国際問題に深入りしたくない姿勢も見せていたものの，国際公益の実現への貢献を意識した外交を行っていた．しかし，2017 年に就任したトランプ大統領は，自国利益最優先の「アメリカ・ファースト」を主張し，内政と同様にオバマ時代の政策を否定し，イランとの和平合意，パリ協定，TPPなど多くの国際合意から次々と脱退していった．2020 年 7 月には，中国寄りを理由に，世界保健機関（WHO）からも脱退した．バイデンが大統領選挙で勝利したことで，このアメリカの単独行動主義がどの程度修正されるのかが注目される．

　③それでもアメリカの覇権が中国によって脅かされる状況には変わりはなく，米中関係の行方が注目される．アメリカと中国の関係は，アメリカのみならず世界全体に大きな影響を及ぼすようになっている．第 10 章でも触れたように，両者は経済的な相互依存関係にある．しかし，トランプ政権になってからは，中国からの製品がアメリカ人労働者の仕事を奪っているとして高い関税をかけ，対して中国が対抗措置をとるなど，貿易をめぐって対立が深まった．また，中国の通信企業ファーウェイの製品をアメリカ政府関連では使用禁止にするなど，トランプ政権は中国企業がアメリカから技術や情報を盗んでいると主張した．2020 年になってからも，新型コロナウイルスの発生源をめぐって米中で対立し，中国が香港の自由を制約する香港問題をめぐってアメリカが制裁を実施するなど，さらに対立が深まっている．そもそも，トランプは，大統領就任当初は習近平国家主席の権威主義的な姿勢を

むしろ褒めるなど，中国への対応は一貫していなかった．2021年からのバイデン政権でも，中国の台頭につれて，経済的に結び付きつつも，覇権国であるアメリカと中国の対立は今後も続くと考えられる．

4. 中南米諸国

アメリカ大陸にあるアメリカとカナダ以外の33カ国は中南米諸国といわれる[3]．それらの特徴を以下で挙げると，まず①うち20カ国がスペインやポルトガルの植民地だったことがその特徴である．中南米には，先住民によるアステカ文明（メキシコ）やマヤ文明（グアテマラ），インカ帝国（ペルーとチリ辺り）があったが，16世紀にスペインが侵略して征服した．侵略者がヨーロッパから持ち込んだ天然痘などの感染病により，免疫のない多くの先住民が死んだとされる．その後のスペインやポルトガルによる支配で，ラテン系の文化が受け継がれ，そのために先述のようにラテンアメリカともいわれる．ブラジルのリオのカーニバルのように，音楽や踊りなど文化でラテン文化の強い影響が残っている．ただし，インディオと呼ばれる先住民族の文化も色濃く残っている．

次に，②多くの中南米諸国の経済は不安定であり，アルゼンチンのように何度も国家が破産（デフォルト）した国もある．2021年になった時点でも，主力産業である原油価格の低下でベネズエラが破綻状態にある．アルゼンチンやメキシコ，ブラジルは，人口は多く天然資源も豊富で，一定の科学技術も有するものの，経済成長が進んだり，停滞したりと，不安定である．国内での貧富の差は激しく，特に先住民族であるインディオの人たちの生活は苦しい状態が続いている．また，政府とマフィアの抗争で数万人の死者を出しているメキシコにおける麻薬戦争のように，麻薬や組織犯罪が蔓延している．そのため，アメリカ移住を目指す人が後を絶たず，不法移民を防ごうとするアメリカ政府との間で摩擦が続いている．アメリカのトランプ政権は，メキシコなど中南米諸国に対して移民の動きを取り締まるよう圧力を加え，移民

を入れないためにアメリカ・メキシコの間に 3200 キロに及ぶ「国境の壁」を作ろうして，その費用の一部をメキシコ政府に求めて，対立を生んだ．

　このように良い生活を求めてアメリカへの移住を希望する人は多いものの，③中南米諸国のアメリカへの感情は複雑である．中南米諸国はアメリカと強い経済的なつながりをもっている．しかし根強い反米感情が存在する．アメリカの大企業は中南米に進出して，所有するバナナ農園などで過酷な労働を住民に強いてきた．現地の支配層もアメリカ企業とつながっていて，そのような状態に対し特に対処してこなかった．そのため中南米の人々の間で反米感情は強くなり，キューバでは反米と社会主義を唱えるカストロが 1959 年に革命を起こし，親米政権を倒した．1962 年には，世界を巻き込んで核戦争直前にまで至ったキューバ危機が起きている．対してアメリカは，中南米を「アメリカの裏庭」とみなして，自らの勢力圏とし，反米的な動きを抑え込んできた．1973 年の CIA の支援を受けたピノチェト将軍によるアルゼンチンでのクーデター，1983 年のグレナダ侵攻など，反米政権をつぶすために，アメリカによる露骨な軍事介入がたびたび行われてきた．

　④中南米においてリーダー的な存在は，地域大国であるブラジルである．人口は約 2 億 947 万人（世界の第 5 位）（2018 年），GDP は約 1 兆 8850 億ドル（約 200 兆円，世界第 9 位）（2018 年），1 人当たりの GDP は約 9080 ドル（約 100 万円）（2018 年），面積は広大で，約 851 万 km^2（世界の第 5 位，日本の約 22.5 倍）に及ぶ．戦前には日本から移民が多数渡るほど，ブラジルは豊かな国であった（今でも多くの日系人が住んでいて，最近は逆にブラジルの日系人が日本で働くようになっている）．しかし，1964 年から 85 年まで軍事政権が続き，人権侵害が行われた．それ以後は民主政権になったものの，政治は不安定である．貧富の差の大きさや汚職，犯罪が課題となっている．2016 年 8 月には不正で当時の大統領が汚職で罷免される事態も起きている．

　2019 年 1 月就任のボルソナロ大統領は，トランプを見習ったポピュリズムの政治を行い，経済優先でジャングルの開発を進めて環境を破壊し，コロ

ファベーラ
（出典：https://mainichi.jp/articles/20200808/dde/012/030/015000c）

ナ禍でも経済封鎖を行わず，環境破壊と感染が拡大した（2021 年 1 月で死者 18 万人）．2020 年 7 月には本人が感染したにもかかわらず，同じ姿勢を続けている．ファベーラ（写真）と呼ばれるスラム街に貧困層が多く住んでおり，マフィアに支配され，劣悪な環境で新型コロナウイルスに感染し命を落としている．

　2000 年代には，国の頭文字をとった「BRICS」（ブリックス）として，ロシアや中国，インド，南アフリカ共和国とともに新興国として注目されてきたものの，その政治の不安定さと貧富の差の大きさのために潜在能力を発揮できない状態が続いている．

5.　アフリカの情勢

　アフリカは，かつては「暗黒大陸」と呼ばれるほど暗いイメージが強かったが，最近では「最後のフロンティア」として明るい側面も注目されている．アフリカ大陸全体の面積は 3026 万 km² で，世界の 22.2% を占めている，アフリカ大陸には 54 の国があって，国連加盟国の 28% を占めている（図13-2 参照）．人口は約 12.6 億人で，2016 年の世界人口の 16% だが，人口増

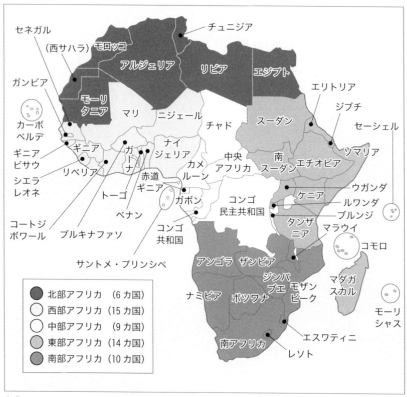

出典：https://www3.nhk.or.jp/news/special/news_seminar/jiji/jiji27/

図 13-2　アフリカの構成国

加率は高く，2050 年には倍増して 25 億人になると予測されている．多くの
アフリカ諸国はいまだに貧しく，アフリカ全体の GDP は 2 兆 2000 億ドル
（2017 年）で世界全体の 2.7% に過ぎない（日本は 5 兆ドル）．

　しかし，最近のアフリカ経済は好調である．1999-2008 年の平均成長率は
5.3%，最近は天然資源の価格低下で鈍化したが，2019 年は 3.4% であり堅調
である．インフレ率も全体として良好である．もともとアフリカは，先端産
業に不可欠なダイヤモンドなど希少金属や石油等，天然資源の宝庫である．
またコーヒー，カカオ（チョコレートの原料），バニラ豆等の農産物やた

こ・いか等の海産物をアフリカは大量に輸出している．ブルーマウンテンのブランドなど，エチオピアのコーヒーは日本でも有名である．

　製品を売る市場としてのアフリカの魅力も高まっている．アフリカの人口は，先述のように，2050 年には 25 億人で，世界の 20% を占めると推定されており，自動車など潜在的な巨大市場である．すでに，インドや中国が，市場と天然資源を求めて積極的に進出し，他方で日本は出遅れている．アフリカでは，電話回線の普及は遅れていたが，代わって携帯電話が急速に普及し，人口の半分以上に行き渡っている．銀行口座をもたない人々が，携帯を使ったモバイル・マネーで外国の出稼ぎ労働者からの送金を受け取るなど活用されている．現在ではスマートフォンが普及しつつあり，ケニアではスマートフォンの普及率が人口の約 85% に達し，人口の約 70% が電子マネーを利用しているという[4]．通信会社では，南アフリカなどアフリカ系企業が多く占めるようになっている．

　しかし他方で，依然として深刻な貧困問題を抱える．特にサブサハラ・アフリカ（サハラ砂漠より南に位置する国々のこと）で貧困は深刻である．アフリカ全体の 1 人当たりの国内総生産（GDP）は約 1700 ドル（2017 年）で，日本の 20 分の 1 に過ぎない．後発開発途上国（LDC）（1 人当たりの GNI が 1025 ドル以下）は 54 カ国のうち 33 カ国を占めている．1 日 1.9 ドル未満で生活する人の割合（＝貧困率）は，サブサハラ・アフリカ地域で 41% で，4 億 1 千万人（世界の貧困層の半数以上）（2015 年）に及ぶ．資源開発から発生する利益は平等に分配されず，外国企業や現地支配層の懐に入り，貧富の格差は広がり，結果，紛争の原因にもなっている[5]．

　アフリカというと紛争のイメージも強い（第 7 章参照）．1994 年のルワンダの大虐殺では 700 万人の国民のうち 80〜100 万人が殺されるなど，各国で激しい民族紛争が起きてきた．現在も，リビアや南スーダン，マリ，中央アフリカ，コンゴ民主共和国などで紛争が継続している．いったん紛争が終わった国でも再発しやすく，多くのアフリカ諸国で平和は脆弱である．ソマリアでは，依然として無政府状態あるいは「破綻国家」状態であり，最近ま

でソマリア沖の海賊問題は深刻であった．今も日本から自衛隊の艦船が派遣され，海賊を取り締まっている．ナイジェリアでは，イスラム過激派の「ボコ・ハラム」（西洋の教育は罪の意味）が，キリスト教徒の女子学生を誘拐し自爆テロを起こさせたりするなど勢力を拡大してきた．中央アフリカ共和国では，イスラム勢力とキリスト教勢力が争っている．

　アフリカでは，紛争や貧困から逃れるために，地中海を渡って欧州へ向かおうとする難民が増加し，EU においてはイギリスの脱退を招くなど政治的な問題となったが，国連難民高等弁務官事務所（UNHCR）の援助対象とするアフリカの難民・避難民の数は，2400 万人（2019 年）で世界全体の 3 分の 1 を占める．紛争が終結した後は，多くの場合，国連平和維持活動（PKO）が実施されるが，2021 年 1 月段階で展開している PKO の 14 ミッションのうち 7 つがアフリカである（西サハラ，スーダンのダルフール地域，コンゴ民主共和国，スーダン／南スーダンのアビエ地域，南スーダン，マリ，中央アフリカ共和国)[6]．

　サハラ砂漠の拡大など環境問題も深刻である．また，アフリカでは保健医療体制も貧弱である．世界のほかの地域との格差が依然大きい．平均寿命について，世界 188 カ国の最下位グループの，レソト，チャド，中央アフリカ，シエラレオネはいずれもアフリカで 50 歳程度である（日本は 84 歳）(2016 年)．医療水準も低く，特に「HIV/ エイズ」の問題が深刻となっている．エイズの感染率上位 10 カ国全てがサブサハラ・アフリカで，南アフリカ共和国では成人の 2 割を占めるといわれている．アフリカの一部地域ではサルなどブッシュミートといわれる野生動物を珍重して食べる習慣があり，衛生環境の悪さと合わせて，新たな感染病が発生・流行する背景となっている．2014 年には極めて致死率が高いエボラ出血熱が流行し，リベリアやシエラレオネ，ギニアなどで拡大して 1 万人以上が亡くなった．2020 年には，新型コロナウイルスがアフリカにも入ってきて，感染が拡大し，2021 年 1 月月段階で感染者数は 300 万人を数え，死亡者数は約 7 万人が報告されている[7]．衛生環境や医療体制の悪さも，感染拡大と死者数の増加の原因となっ

ている.

　教育も以前に比べて改善されつつあるものの, 不十分な状態が続いている. アフリカで初等教育学齢期で学校に通っていない児童は3000万人 (2012年) ともいわれる (2002年は4550万人). 就学率が特に低い国はアフリカに多く, 15歳から24歳の非識字率は, ニジェール76%, チャド69%, 南スーダン68%, 中央アフリカ共和国64%である[8].

　アフリカにおいても, 東南アジアのASEANやヨーロッパのEU, アメリカ大陸のOASのように地域的な国際機構が存在し, 地域協力が行われている. 2002年に, 前身のアフリカ統一機構 (OAU) を発展的に解消して,「アフリカ連合」(AU) が設立された. AUは, アフリカの自力での問題解決を模索するとともに, EUのような地域統合を目指している. 目的は, アフリカ諸国間の統一性と連帯の達成であり, アフリカの政治的・経済的・社会的統合を加速化させ, アフリカの平和・安全保障と安定を促進し, 民主的原則と制度, 国民参加, 良い統治 (グッド・ガバナンス) を促進し, 持続可能な経済・社会・文化開発を進めようとしている. しかし, アフリカの大国であるエジプトやナイジェリア, 南アフリカ共和国はいずれも自国内で問題を多く抱えていて余裕がなく, AUも財政難などで十分活動できていない.

　結局, 国連や地域外の先進国の援助に頼らざるを得ない状態が続いており, 最近では中国による援助と投資が存在感を増している. しかし, 中国の援助には, アフリカの天然資源の確保という動機があり, 政府による人権侵害の深刻な国にも無条件で援助がなされるなど問題もある. 日本も最近はアフリカへの援助に力を入れているが, 欧米諸国や中国に比べると存在感が薄い.

　注
1)　アメリカ政治・社会の特色について, 西山 (2019);岡山・西山 (2019);久保ほか (2017) を参照.
2)　Ikenberry (2006=邦訳2012) およびIkenberry (2020) を参照.
3)　中南米, ラテンアメリカについて畑・浦部 (2021) 参照.
4)　SankeiBiz「電子マネー, アフリカに商機　高いスマホ普及率, 投資回収可能に」

(https://www.sankeibiz.jp/business/news/190107/bsj1901070500001-n1.htm)（2021 年 1 月 7 日アクセス）.

5) 吉田（2020）は，外からの「開発」の押し付けがむしろ紛争をもたらしていると指摘する.

6) GNV「アフリカにおける PKO 活動の現状と課題」(https://globalnewsview.org/archives/11235)（2021 年 1 月 7 日アクセス）.

7) ロイター「アフリカにおける新型コロナウイルスの感染状況・グラフ・地図」(https://graphics.reuters.com/world-coronavirus-tracker-and-maps/ja/regions/africa/)（2021 年 1 月 7 日アクセス）.

8) UNICEF「紛争地・被災地の教育：読み書きができない若者 10 人に 3 人」(https://www.unicef.or.jp/news/2018/0017.html)（2021 年 1 月 7 日アクセス）.

終章
世界の潮流とゆくえ

1. 世界の潮流とゆくえを考える

　本書では，国際関係論を通じて変化の激しい世界の動きをとらえようとした．第1章では，国際関係の理論とイメージを4つに整理し，世界を見る「見方」を構築した．そのうえで，第I編では，国際関係のさまざまなアクターに注目し，その動きを追った．第II編では，世界が抱える主要な問題を取り上げ，現状を把握し課題を考えた．第III編では，地域情勢の把握を試みた．この終章では，これまで見てきた内容を踏まえて，「人々」の視点から，世界の潮流とゆくえを考える．

　しかし，その前に取り上げておかないといけない問題がある．本書では，国際関係のアクターを動かし，世界の問題を生む背景としてグローバル化にたびたび言及した．改めてグローバル化とは，ヒト，モノ，カネがいっそう国境を越えて移動していく現象をいう．世界のゆくえを考えるには，グローバル化がどうなるかという問題を避けて通れない．その点で，2020年の新型コロナウイルス感染症では，モノとカネの移動が大きく変化しない一方，ヒトの移動が止まってしまった．世界のゆくえを考えるためにも，次に国際関係論でこれまで扱われることの少なく，かつ世界に大きな変化をもたらした感染症の問題を取り上げる．

2. 国境を越える感染症の問題

(1) 感染症の広がり

　世界に大きな衝撃を与えたのが，2020年の新型コロナウイルス感染症（COVID-19）の感染拡大である．しかし以前よりSARSや新型インフルエンザの流行が国際問題となり，発展途上国ではエイズや結核，マラリアによって多くの犠牲が毎年生まれてきた．そこには，本書でも取り上げた紛争や貧困，人権侵害，環境破壊が絡んでいる．感染症を含めた保健医療分野でも，米中対立や南北対立など国際政治上の対立を免れない．

　人類の歴史では，多くの感染症（疫病）によるパンデミック（感染爆発）によって多くの命が失われてきた．14世紀には，ヨーロッパを中心に，ペスト（黒死病）が流行し，当時ヨーロッパの人口の3分の1が死亡したという．天然痘はたびたび世界各地で流行し，16世紀にはスペイン人によって中南米に持ち込まれインカ帝国を滅ぼした．1918年から19年に流行した新型インフルエンザである「スペインかぜ」は，世界で4000万人から5000万人の人命を奪ったという．

　グローバル化による航空網の発達と観光客やビジネス客の移動で，現代の感染症はより速くより広く感染拡大するようになった．感染症の影響は途上国ほど大きくて，がんなど非伝染性の病気よりも感染症で死亡する確率が高く，2019年でも死因トップ10のうち6つが，マラリア，結核，HIV/AIDSを含む感染症であり，いずれも高所得国では入っていない[1]．

　「HIV/AIDS」（エイズ）の2019年の陽性者数は全世界で約3800万人，新規感染者数は年間170万人，死者数は約69万人であった[2]．感染者のうち3分の2はサハラ以南アフリカに集中している．完治はできないが，投薬で発症を抑える治療の進歩と普及で，エイズによる年間死者数は2004年の190万人をピークに減少を続けている．「結核」について，2019年，約1000万人が新たに発症し140万人が死亡した．予防や治療アクセスの向上で，2015

年からの5年間で発症者は9%，死者も14%減少した[3]．結核の発生はほとんどが発展途上国，特にアジアとアフリカに集中している．「マラリア」は，特定の蚊を媒介にして感染する感染症である．年間で2億2900万人以上がマラリアに感染し，約40万9000人が死亡している（2019年）．2010年の58万5000人からは死亡率は約30%減少しているが，2018年の約40万5000人からやや増えている．死者数の94%が，熱帯で衛生環境の悪いアフリカに集中し，その67%が5歳未満の子どもである[4]．

　しかも，2002-03年の中国を中心としたSARS（サーズ，重症急性呼吸器症候群）の流行，2014年の西アフリカでのエボラ出血熱のパンデミック，2012年のMARS（マーズ，中東呼吸器症候群）など新たな感染症の流行がたびたび生じている．そこでは，地球温暖化とのつながりが指摘されている．

　感染症の犠牲は発展途上国に集中してきた．背景には，多くの発展途上国の政府の能力不足がある．保健医療の従事者が不足しており，そのサービスの質も低い．汚職や貧困，紛争，政治的な不安定も原因となっている．しかも，英語が公用語であるフィリピンやインドといった国では，グローバル化によって，多くの医師や看護師が給与の高い先進国へ働きに行ってしまう．しかも，治療薬やワクチンは，開発した先進国の製薬会社が「知的所有権」を有していて，高額になる傾向がある．

(2)　感染症を含むグローバル保健ガバナンスの発達

　対する医療保健分野の国際協力は，19世紀にはじまり，現在は「グローバル保健ガバナンス」ともいわれる体制が構築されている[5]．感染症を含む保健の問題は，もはや途上国自身に任せて解決しうる問題ではなく，「人間の安全保障」にかかわるグローバルな課題とされる．アフリカでのエイズやエボラ出血熱の発生，新型コロナウイルス問題のように，途上国で放置すると先進国にも悪影響が及ぶ．

　1978年の世界保健機関（WHO）と国連児童基金（UNICEF）による合同会議で採択された「アルマアタ宣言」で「2000年までにすべての人に健康

を」との目標がたてられ，そのために地域や国の発展段階に応じた医療保健が提供されるべきとする「プライマリヘルスケア」（PHC）の概念が提示された．PHC の具体的な活動として，健康教育，食物と栄養，安全な水や衛生的な環境の確保，家族計画などの母子保健，予防接種，風土病の予防，簡単な病気やけがの手当て，必須薬品の供給が含まれる．2012 年の国連総会では，「全ての人が適切な予防，治療，リハビリ等の保健医療サービスを，支払い可能な費用で受けられる状態」である「ユニバーサル・ヘルス・カバレッジ」（UHC）が共通目標として採択された．2015 年の「持続可能な開発目標」（SDGs）でも，目標 3 で「あらゆる年齢のすべての人の健康的な生活を確保し，福祉を推進する」と設定された．ターゲット 3.3 では「エイズ，結核，マラリアおよび顧みられない熱帯病といった伝染病を根絶するとともに肝炎，水系感染症およびその他の感染症に対処する」ことが掲げられた．

　これらの国際目標を達成するための国際協力が，多様なアクターにより行われている．日本は，2000 年 7 月の九州・沖縄サミットで「沖縄感染症イニシアティヴ」を提唱し，5 年間で ODA として総額 30 億ドル規模の包括的な感染症対策支援を表明した．以降，国際協力機構（JICA）は，途上国が主体的に感染症対策を実施できるよう支援を行っている．エイズ，結核，マラリアなどへの対策として，感染症予防策，検査法・治療法の普及，そのための人材育成などを支援している．例えば，2019 年 4 月，ガーナの野口記念医学研究所に「先端感染症研究センター」が完成した[6]．

　国際機構では，WHO が中心的な役割を果たしている．WHO は 194 の国と地域が加盟し，スイスのジュネーブに本部を置き，6 つの地域事務局，約 150 カ所の WHO 事務所があり，職員数は 7000 人を超える．先述の UHC を推進し，感染症など疫病に関する情報の収集・分析および対策の検討，危険度など国際基準の設定，保健医療分野の政府間の協力の促進，途上国への関連した援助を行っている．感染症対策だけでなく，高血圧，肥満，がんなど多くの疾患に関する国際的なガイドラインを策定している[7]．感染症では，1980 年 5 月に天然痘撲滅宣言を行うなどの成果を上げてきた．しかし，

WHO も国際政治と無縁ではなく，新型コロナウイルスの感染拡大をめぐって米中が対立し，テドロス事務局長が親中国であるなどを理由に，アメリカは 2020 年 6 月脱退を表明した（2021 年 1 月バイデン大統領就任で復帰へ）．

　NGO の取り組みも盛んである．アドボカシー活動として，「マラリア・ノーモア・ジャパン」の活動のように，治療薬を安く途上国に供給するか，途上国政府に複製生産を許すよう製薬会社に働きかけが行われている[8]．また，専門知識と機動力を活かして，発展途上国で，保健医療団体への技術・財政支援や，緊急で危機的な状況下での医療・人道援助，保健医療事業に取り組んでいる．「国境なき医師団」の紛争地での医療活動は有名である．「ケア・インターナショナル・ジャパン」は新型コロナウイルス感染症の緊急支援事業を行っており，ハイチでは，新型コロナウイルスに関する誤った情報を是正する活動を行っている[9]．

　最近では保健医療分野での企業の支援活動も盛んになっている．感染症対策の分野では，パソコンの OS である Windows などを作ったマイクロソフト元会長のビル・ゲイツが私財を投じて設立した「ビル・アンド・メリンダ・ゲイツ財団」が有名である．製薬会社も「企業の社会的責任」（CSR）活動として，エイズの治療薬など途上国への安価での提供や，アフリカ・トリパノソーマ症（睡眠病）のような貧困地域のみで発生し，開発に巨額の費用が掛かり利益が見込めない病気，いわゆる「顧みられない病気」の治療薬の研究・開発に取り組んでいる．そのほかの企業も SDGs の目標 3 に関わる取り組みを行っている[10]．

　「グローバル保健パートナーシップ」（GHP），すなわち特定の目的の実現のための政府，国際機構，企業，NGO による協力関係が 2000 年以降急速に増加した．薬などの研究・開発，技術・サービス支援，アドボカシー，財源確保など，いろいろな目的のために設立される．GHP では，資金を先進国政府が提供し，開発・技術提供を企業が行い，NGO が現場での活動を実施するといったように，アクター間の役割分担が行われる．「世界エイズ・結核・マラリア対策基金」（GFATM），通称「グローバルファンド」はよく知

られている．日本の沖縄・九州サミットがきっかけで設立され，先述のビル・ゲイツの財団も資金提供している．2002 年の設立以来，国際社会から約 500 億ドル以上を集め，140 以上の国・地域が自ら行う三大感染症の予防，治療，感染者支援，保健システムやコミュニティシステムの強化に，年間 40 億ドルを超える資金を供与している．2019 年グローバルファンドが提供する資金は，途上国に対する国際的なエイズ対策支援の 21%，結核対策支援の 73%，マラリア対策支援の 56% を占め，各国の感染症対策を支える重要な資金源となり，2019 年末までに 3800 万人の命を救ったという[11]．

　2020 年の新型コロナウイルス感染症によって，2021 年 1 月の段階で死者は世界で 200 万人を超え，従来の保健医療活動にも悪影響が生じた．欧米での感染拡大で，先進国での資金集めも難しくなっている．途上国への新たなる援助の模索が続いており，国際機構や NGO による現地でのコロナ感染拡大を止めるための援助や，感染拡大で仕事を失ったりする子どもや女性への援助が行われている．2020 年 4 月にはフランスのマクロン大統領の提唱で，EU や WHO，グローバル・ファンドなどが参加する「ACT アクセラレーター」が設立され，新型コロナウイルス感染症対策の防護具，診断・検査，治療薬およびワクチンの開発と公正な分配に取り組んでいる[12]．

　ワクチンや治療薬の開発そのものだけでなく，途上国はそれらを入手できるかが課題となっている．そこで，ACT アクセラレーターの主要な活動の 1 つとして，ワクチンを公平に分配する共同購入の試みとして「COVAX ファシリティ」が始まった．GHP である「Gavi ワクチンアライアンス」と「感染症流行対策イノベーション連合」(CEPI)，WHO が主導して，日本を含む高・中所得国が資金を拠出し，自国用にワクチンを購入すると同時に，途上国は，先進国や国際機構などドナーからの拠出金によりワクチンを調達する．高・中所得国からの拠出金は，開発や製造設備の整備にも使われる．まとめ買いで安くなり，製薬会社も開発費用を事前に確保できる．また，リスク分散のために，複数のワクチン開発を対象にしている．COVAX ファシリティでは，2021 年末までに 20 億回分のワクチンを調達すること目指す

が，従来より子ども向けにワクチン接種を支援してきた UNICEF が，代表して，ワクチンの調達，輸送，物流，保管を担う[13]．中国は，COVAX に参加しつつも，自国製ワクチンを援助する独自の「ワクチン外交」を展開している．

3.　「人々」の視点から世界のゆくえを考える

コロナ禍によって，国境を越える人の交流が断たれただけではなく，国際関係全体が揺るがされている．コロナ禍でグローバル化自体が中断あるいは変化し，むしろ国家の役割が改めて見直されている（第6章）．国際関係論の自由主義論者が期待するように，ワクチンについて国際協力が進められる一方で，米中間の対立はむしろ強まる傾向を見せている．同時に，望ましい国家のあり方として，日欧米の自由民主主義体制と中国の権威主義体制の優劣をめぐる論争が，コロナ禍への対策のあり方を契機に強まった（第8章参照）．中国は，徹底したロックダウン（都市封鎖）や行動の追跡など，人権の見地からは問題があっても人々の行動の自由を規制し，感染を押さえ込んでいるとされる．他方，日本や欧米諸国では，個人の自由への配慮からそのような行動の規制までに合意の時間がかかり，感染拡大を許してしまった．そもそも，2020 年以前より，中国流の「国家資本主義」あるいは「中国モデル」の優位が主張されていた（第8章参照）．最初に中国で感染拡大したにもかかわらず，中国は主要国で唯一 2020 年のトータルでプラス成長（2.3%）となっている．この状況は，アメリカ主導の「自由主義的な国際秩序」を揺るがしている．

これは「ポスト・グローバル化」ともいえるような新しい時代に突入しつつあることを示唆しているかもしれない．では，世界はどのような方向に向かうのであろうか．さまざまな角度から考えることができるが，ここでは「人々」の視点に立ち，第8章でも取り上げた民主主義や民主化を軸に考えたい．その場合，目指される世界秩序は，表 F-1 にあるような5つのモデ

224

ルに整理できる[14]．それぞれ，国家の民主化への関与（民主化支援）の是非
や，国際機構や広くグローバル・ガバナンス（第1章参照）など国際レベル
の「民主化」のあり方が異なる．国際レベルの「民主化」は国家の民主化ほ
ど合意がなく，目指す世界秩序によって導入されるべき制度が異なる．

　まず，伝統的な主権国家システム（第1章参照）に基づく，①世界秩序の
「ウェストファリア・モデル」では，国際レベルで，国家の形式的平等を軸
とする「国際（国家間）民主主義」を実践しつつ，国家の民主化については
内政不干渉の原則の堅持を求める．現在でも，総会の一国一票制に体現され
るように国連で実践されるとともに（第4章参照），特に中国やロシア，多
くの途上国政府により主張されている．国家重視という点で，国際関係の現
実主義的なイメージと親和性がある．

　②「世界連邦モデル」は，超国家的な集権化による「世界政府」を通じた
秩序を目指し，その民主的な統治のメカニズムとして，EUの欧州議会のよ
うに，直接人々が超国家議会の議員を選ぶ「超国家的議会制民主主義」を導
入する．思想および政治的運動としては古くより存在してきた．

　③「自由民主主義諸国共同体」モデル（以下，CLDモデル）は，自由民主
主義国家による連合体を好ましい世界秩序とする．アイケンベリーのいうア
メリカ主導の第二次世界大戦後の「自由主義的な国際秩序」がこれに近い[15]．

表 F-1　デモクラシー・民主化の

	ウェストファリア・モデル	世界連邦モデル
主な特徴	国家の平等と内政不干渉の原則の重視	超国家的な政府と議会の存在
国家の民主化への関与（民主化支援）	基本的に不干渉．求められる場合のみ支援	（超国家機関によって強制的に民主化）
グローバル・ガバナンス含む国際レベルの「民主化」の目標	国際（国家間）民主主義，アウトプット指向のデモクラシー	超国家的議会制民主主義，アウトプット指向のデモクラシー
主な支持勢力	中国，ロシア，インドなど新興国や途上国	少数の理想主義者

出所：杉浦（2004）の第2章，杉浦（2016）をもとに筆者作成．

現在の北大西洋条約機構（NATO）や経済開発協力機構（OECD），先進国
首脳会議（G7），日米同盟の基本コンセプトもこのモデルに沿うものである．
この秩序モデルは，先述の「国際民主主義」と，意思決定への参加（＝イン
プット）よりも問題解決（＝アウトプット）を重視する「アウトプット指向
のデモクラシー」を国際機構など国際レベルに導入しつつ，国家レベルでは
自由民主主義の実現のために民主化支援が行われる．国際関係の自由主義的
なイメージと親和性が高い．

　④「コスモポリタン・モデル」は，CLD モデルと自由主義的な価値観を
共有するが，国家のみならず国際機構や NGO，企業など多様なアクターが
参加する水平的かつ多層的な統治ネットワークを想定する[16]．現在の EU が
その地域的な試みとして近い存在である．国際的なレベルでは，先に挙げた
「国際民主主義」や「超国家的議会制民主主義」の他，NGO や市民が国際的
な意思決定の場に参加する「直接民主主義」や利害関係者による討論を重視
する「トランスナショナルな熟議民主主義」が組み合わされて実践される．

　対して，⑤「ラディカル・モデル」では，2001 年以来の世界社会フォー
ラムや 08 年のリーマンショック以来の世界各地のオキュパイ運動など，多
様なレベルの意思決定への「マルチチュード」ともいわれる多様な人々が参
加する，トランスナショナルな「直接民主主義」と「熟議民主主義」が追求

あり方を軸にした世界秩序のモデル

自由主義的民主主義諸国 共同体モデル	コスモポリタン・モデル	ラディカル・モデル
自由民主主義国家による平等な国家連合	多層的な民主的政治構造	人民の直接参加の重視と反グローバル化指向
政府・国際機構によって強制措置も含めて積極的に促進	政府・国際機関と市民社会によって積極的に促進	市民社会の連帯によって積極的に促進
国際（国家間）民主主義，アウトプット指向のデモクラシー	すべての目標の組み合わせ	直接民主主義
アメリカ，日本など OECD 諸国	EU の統合推進勢力	トランスナショナルな社会運動

される[17]．特に社会的に弱い立場にある人々の参加が求められる．国際関係のマルクス主義的なイメージと親和性がある．

　では，世界はどのモデルの方向に向かうのであろうか．第二次世界大戦後は①ウェストファリア・モデルを国連が体現してきたが（第3章参照），冷戦後の1990年代には民主化の「第三の波」で②CLDモデルが実現するかに思えた（第8章参照）．さらには，EUの活動が盛んになり，国連を含むグローバル・ガバナンスへのNGOの参加が活発になり，④コスモポリタン・モデルへの期待が高まった．しかし，2010年代以降，第8章で見たように世界的に「民主主義の後退」が起きており，さらに先述のようにコロナ禍で自由民主主義国家の魅力が低下しつつある．EUも，第12章で見たように，「民主主義の赤字」に苦しみ，イギリスの脱退を招くなど停滞している．国境を越えた社会運動も，新自由主義的なグローバル化の流れを変えるほどの勢いはなく，⑤ラディカル・モデルの実現は見えてこない．

　現状では，一党独裁制にある中国の台頭が著しく，①ウェストファリア・モデルを主張して，プーチン体制下のロシアと連携することも多い（第10章，第12章参照）．それでも，貧困問題（第6章）や地球環境問題（第9章）などで触れたように，SDGsの達成へ向けてNGOや企業など非国家アクターの役割は高まっている．また，第5章で見たように，女性や子ども，障害者など社会的に弱い立場にある人々の国際関係のアクターとしての役割も強まっている．将来性豊かな東南アジア（第11章）やアフリカ（第13章）がどの方向へ向かうのかも重要であるが，日本（第2章参照）が外交を通じてどの世界秩序を目指すのかもカギとなる．世界がどの世界秩序へ向かうのか，あるいはどの秩序も実現できず，紛争（第8章参照）が多発するアナーキーな状態に陥るのかは，国際関係論で世界を読み解きつつ，考え行動する私たちにかかっているといえる．

　注
1)　WHO, "The top 10 causes of death," https://www.who.int/news-room/fact-she

ets/detail/the-top-10-causes-of-death（2021 年 1 月 23 日アクセス）．

2)　API-Net エイズ予防情報ネット「世界の状況 UNAIDS『ファクトシート 2020』」
（https://api-net.jfap.or.jp/status/world/sheet2020.html）（2021 年 1 月 23 日アク
セス）．

3)　WHO, *Global Tuberculosis Report 2020*（https://apps.who.int/iris/bitstream/
handle/10665/336069/9789240013131-eng.pdf）（2021 年 1 月 23 日アクセス）．

4)　WHO, *World Malaria Report 2020*, https://www.who.int/teams/global-malaria
-programme/reports/world-malaria-report-2020（2021 年 1 月 23 日アクセス）．

5)　城山編（2020），託摩（2020）を参照．

6)　JICA「保健医療」のウェブサイト（https://www.jica.go.jp/activities/issues/he
alth/index.html）参照．

7)　日本 WHO 協会のウェブサイト（https://japan-who.or.jp/）参照．

8)　マラリア・ノーモア・ジャパンのウェブサイト（https://www.malarianomore.
jp/）参照．

9)　国境なき医師団（https://www.msf.or.jp/），ケア・インターナショナル・ジャパ
ン（https://www.careintjp.org/about/our_work/emergency.html）それぞれの
ウェブサイト参照．

10)　事例について，外務省のウェブサイト（https://www.mofa.go.jp/mofaj/gaiko/o
da/sdgs/case/goal3.html）参照．

11)　グローバル・ファンド日本委員会のウェブサイト（http://fgfj.jcie.or.jp/）参照．
國井（2019）も参照．

12)　WHO, "The Access to COVID-19 Tools（ACT）Accelerator"（https://www.w
ho.int/initiatives/act-accelerator）．

13)　日本ユニセフ協会「COVAX ファシリティ」（https://www.unicef.or.jp/kinkyu/
coronavirus/covax/）を参照．厚生労働省の説明（https://www.mhlw.go.jp/
content/10501000/000672596.pdf）および Gavi, the Vaccine Alliance, "COVAX
explained," https://www.gavi.org/vaccineswork/covax-explained も参照．いずれ
も 2021 年 1 月 23 日アクセス．

14)　詳細は杉浦（2004），杉浦（2016）を参照．

15)　Ikenberry（2006＝邦訳 2012），Ikenberry（2020）を参照．

16)　Held（1995＝邦訳 2002）参照．

17)　ネグリ＆ハート（2005）参照．

参考文献

秋月弘子（2020）「人権の国際的保障」吉村祥子・望月康恵編著『国際機構論［活動編］』国際書院，73-90 頁．

東大作（2020）『内戦と和平―現代戦争をどう終わらせるか』中公新書．

足立研幾（2004）『オタワプロセス―対人地雷禁止レジームの形成』有信堂高文社．

足立研幾（2015）『国際政治と規範―国際社会の発展と兵器使用をめぐる規範の変容』有信堂高文社．

五百旗頭真編（2014）『戦後日本外交史（第 3 版補訂版）』有斐閣．

池本大輔・板橋拓己・川嶋周一・佐藤俊輔（2020）『EU 政治論―国境を越えた統治の行方』有斐閣．

礒崎敦仁（2019）『北朝鮮と観光』毎日新聞出版．

今井宏平（2017）『国際政治理論の射程と限界―分析ツールの理解へ向けて』中央大学出版部．

岩崎育夫（2013）『物語 シンガポールの歴史―エリート開発主義国家の 200 年』中公新書．

岩崎正洋編著（2012）『政策過程の理論分析』三和書籍．

臼井陽一郎（2020）「EU によるリベラル国際秩序？」臼井陽一郎編著『変わりゆくEU―永遠平和のプロジェクトの行方』明石書店，7-27 頁．

宇野重規（2020）『民主主義とは何か』講談社．

遠藤乾編（2014）『ヨーロッパ統合史［増補版］』名古屋大学出版会．

遠藤乾（2016）『欧州複合危機―苦悶する EU，揺れる世界』中公新書．

大泉啓一郎（2007）『老いてゆくアジア―繁栄の構図が変わるとき』中公新書．

太田宏（2020）「気候変動問題とトランプ政権のアメリカ第一主義」『国際問題』No. 692，6 月号，5-17 頁．

大矢根聡編（2013）『コンストラクティヴィズムの国際関係論』有斐閣．

大矢根聡（2018）「日本の国際政治学――仕切られた対話からの共創？」日本国際政治学会制度整備・自己点検タスクフォース報告書，日本国際政治学会．

岡山裕・西山隆行編（2019）『アメリカ政治』弘文堂．

長有紀枝（2021）『入門 人間の安全保障―恐怖と欠乏からの自由を求めて［増補版］』中公新書．

加藤陽子（2016）『戦争まで―歴史を決めた交渉と日本の失敗』朝日出版．

金子芳樹・山田満・吉野文雄編著（2020）『「一帯一路」時代の ASEAN』明石書店．

ガルトゥング，ヨハン著，藤田明史訳（2019）『ガルトゥング平和学の基礎』法律文化社.

カルドーゾ，フェルナンド・エンリケ，エンソ・ファレット著，鈴木茂ほか訳（2012）『ラテンアメリカにおける従属と発展―グローバリゼーションの歴史社会学』東京外国語大学出版会.

川島真・小嶋華津子編（2020）『よくわかる現代中国政治』ミネルヴァ書房.

川島真・21世紀政策研究所編著（2020）『現代中国を読み解く三要素―経済・テクノロジー・国際関係―』勁草書房.

川島真・遠藤貢・高原明生・松田康博編著（2020）『中国の外交戦略と世界秩序―理念・政策・現地の視線』昭和堂.

カント著，宇都宮芳明訳（1985）『永遠平和のために』岩波文庫.

木村幹（2008）『韓国現代史―大統領たちの栄光と蹉跌』中公新書.

木村宏恒監修，稲田十一・小山田英治・金丸裕志・杉浦功一編著（2018）『開発政治学を学ぶための61冊』明石書店.

葛谷彩・芝崎厚士編（2018）『「国際政治学」は終わったのか―日本からの応答』ナカニシヤ出版.

國井修（2019）『世界最強組織のつくり方―感染症と闘うグローバルファンドの挑戦』ちくま新書.

久保田恭代・奈良崎文乃・寺田聡子，プラン・ジャパン（2014）『わたしは13歳，学校に行けずに花嫁になる. 未来をうばわれる2億人の女の子たち』合同出版.

久保文明・砂田一郎・松岡泰・森脇俊雅（2017）『アメリカ政治（第3版）』有斐閣.

倉田徹・張彧暋（2015）『香港―中国と向き合う自由都市』岩波新書.

倉田徹編（2019）『香港の過去・現在・未来―東アジアのフロンティア』勉誠出版.

グローバル・ガバナンス委員会（1995）『地球リーダーシップ―新しい世界秩序を目指して』（京都フォーラム監訳）NHK出版.

高坂正堯（1966）『国際政治―恐怖と希望』中公新書（改版2017年）.

ゴーレイヴィッチ，フィリップ著，柳下毅一郎訳（2011）『ジェノサイドの丘〈新装版〉―ルワンダ虐殺の隠された真実』WAVE出版.

国際子ども権利センター・甲斐田万智子・荒牧重人編（2019）『世界中の子どもの権利を守る30の方法』合同出版.

国分良成・添谷芳秀・高原明生・川島真（2013）『日中関係史』有斐閣.

五野井郁夫（2012）『「デモ」とは何か―変貌する直接民主主義』NHK出版.

小林昌之（2017）「開発途上国の女性障害者の課題」小林昌之編『アジア諸国の女性障害者と複合差別』アジア経済研究所，3-45頁.

小松志朗（2014）『人道的介入―秩序と正義，武力と外交』早稲田大学出版部.

坂口功（2015）「地球環境ガバナンスの理論と実際」亀山康子・森昌寿編『グローバル社会は持続可能か』岩波書店，141-162頁.

佐藤百合（2011）『経済大国インドネシア―21世紀の成長条件』中公新書.

重田康博（2017）『激動するグローバル市民社会―「慈善」から「公正」への発展と展開』明石書店.

篠原初枝（2010）『国際連盟』中公新書.

島野涼子（2015）『国際協力とキャパシティ・ディベロップメント―障害女性へのエンパワーメントの視点から』現代書館.

下斗米伸夫（2020）『新危機の 20 年―プーチン政治史』朝日選書.

城山英明編（2020）『グローバル保健ガバナンス』東信堂.

申惠丰（2020）『国際人権入門―現場から考える』岩波新書.

新城道彦・浅羽祐樹・金香男・春木育美（2019）『知りたくなる韓国』有斐閣.

杉浦功一（2004）『国際連合と民主化―民主的世界秩序をめぐって』法律文化社.

杉浦功一（2007）「グローバル化と国家」岩崎正洋・坪内淳編著『国家の現在』芦書房，193-223 頁.

杉浦功一（2010）『民主化支援―21 世紀の国際関係とデモクラシーの交差』法律文化社.

杉浦功一（2016）「グローバル・ガバナンスの『民主化』は可能か？」『グローバル・ガバナンス』（グローバル・ガバナンス学会）第 3 号，2016 年 12 月，18-33 頁.

杉浦功一（2017）「沖縄基地問題をめぐる政治過程」岩井奉信・岩崎正洋編著『日本政治とカウンター・デモクラシー』勁草書房，83-123 頁.

杉浦功一（2019）「外交・安全保障政策―4 つの対立軸」松田憲忠・三田妃路佳編『対立軸でみる公共政策入門』法律文化社，148-166 頁.

杉浦功一（2020a）「民主化支援の今日的課題――市民社会スペースの制約の問題を中心に」『平和研究』（日本平和学会）第 53 号，2020 年 1 月，71-88 頁.

杉浦功一（2020b）「民主主義体制の脆弱化と権威主義体制の強靭化における国際的要因の考察」『日本比較政治学会年報』（日本比較政治学会）第 22 号，2020 年 10 月，179-209 頁.

鈴木基史（2017）『グローバル・ガバナンス論講義』東京大学出版会.

芹田健太郎（2018）『国際人権法』信山社.

芹田健太郎・薬師寺公夫・坂元茂樹（2017）『ブリッジブック国際人権法（第 2 版）』信山社.

曽村保信（2017）『地政学入門　改版―外交戦略の政治学』中公新書.

高橋徹（2015）『タイ　混迷からの脱出―繰り返すクーデター・迫る中進国の罠』日本経済新聞出版.

高橋若菜（2020）「脱炭素経済に向けた EU の挑戦と課題―マルチガバナンスを通じたエコロジー的近代化への歩み」『国際問題』No. 692，6 月号，30-41 頁.

詫摩佳代（2020）『人類と病―国際政治から見る感染症と健康格差』中公新書.

多湖淳（2020）『戦争とは何か―国際政治学の挑戦』中公新書.

田中均・田原総一郎（2005）『国家と外交』講談社.

坪井善明（2008）『ヴェトナム新時代―「豊かさ」への模索』岩波新書.

トゥキュディデス著，小西晴雄訳（2013）『歴史（上）（下）』ちくま学芸文庫.

土佐弘之（2000）『グローバル／ジェンダー・ポリティクス—国際関係論とフェミニズム』世界思想社.

外山文子（2020）『タイ民主化と憲法改革—立憲主義は民主主義を救ったか』京都大学学術出版会.

外山文子・日下渉・伊賀司・見市建編著（2018）『21世紀東南アジアの強権政治—「ストロングマン」時代の到来』明石書店.

豊下楢彦（2012）『「尖閣問題」とは何か』岩波現代文庫.

永井浩・田辺寿夫・根本敬編著（2017）『「アウンサンスーチー政権」のミャンマー—民主化の行方と新たな発展モデル』明石書店.

中村哲（2013）『天，共に在り アフガニスタン三十年の闘い』NHK出版.

西谷真規子・山田高敬編著（2021）『新時代のグローバル・ガバナンス論』ミネルヴァ書房.

西山隆行（2019）『アメリカ政治講義』ちくま新書.

ネグリ，アントニオ，マイケル・ハート著，幾島幸子訳（2005）『マルチチュード—〈帝国〉時代の戦争と民主主義（上）（下）』NHK出版.

根本敬（2014）『物語 ビルマの歴史—王朝時代から現代まで』中公新書.

野嶋剛（2020）『香港とは何か』ちくま新書.

畑惠子・浦部浩之編（2021）『ラテンアメリカ—地球規模課題の実践』新評論.

初瀬龍平（2012）「国際関係のイメージ：なにを，どのように見るか」初瀬龍平編著『国際関係論入門』法律文化社，1-11頁.

初瀬龍平（2019）「日本での国際関係論」戸田真紀子・三上貴教・勝間靖編著『国際社会を学ぶ〈改訂版〉』晃洋書房，1-18頁.

初瀬龍平・松田哲・戸田真紀子編著（2015）『国際関係のなかの子どもたち』晃洋書房.

初瀬龍平・戸田真紀子・松田哲・市川ひろみ編（2017）『国際関係論の生成と展開—日本の先達との対話』ナカニシヤ出版.

春木育美（2020）『韓国社会の現在—超少子化，貧困・孤立化，デジタル化』中公新書.

廣瀬陽子（2018）『ロシアと中国 反米の戦略』ちくま新書.

藤原帰一・大芝亮・山田哲也編（2011）『平和構築・入門』有斐閣.

細谷雄一（2007）『外交—多文明時代の対話と交渉』有斐閣.

堀井伸浩（2020）「中国の気候変動対策と国際秩序形成に向けた野望」『国際問題』No. 692，6月号，18-29頁.

益尾知佐子（2019）『中国の行動原理——国内潮流が決める国際関係』中公新書.

益尾知佐子・青山瑠妙・三船恵美・趙宏偉（2017）『中国外交史』東京大学出版会.

益田実・山本健編著（2019）『欧州統合史—二つの世界大戦からブレグジットまで』ミネルヴァ書房.

松井芳郎（2016）『国際法学者がよむ尖閣問題―紛争解決への展望を拓く』日本評論社.

松下和夫（2020）「気候危機：日本は何をすべきか？」『国際問題』No. 692, 6月号, 42-54頁.

松原望・飯田敬輔編（2012）『国際政治の数理・計量分析入門』東京大学出版会.

政所大輔・赤星聖（2017）「コンストラクティビズム研究の先端―規範のライフサイクル・モデルを超えて―」『神戸法学雑誌』6巻2号, 147-178頁.

水野雅弘・原裕（2020）『SDGsが生み出す未来のビジネス』インプレス.

宮城大蔵（2016）『現代日本外交史―冷戦後の模索, 首相たちの決断』中公新書.

文京洙（2015）『新・韓国現代史』岩波新書.

文正仁著, 山本武彦・宮脇昇訳（2018）『太陽政策』志學社.

毛利聡子（1998）『NGOと地球環境ガバナンス』築地書館.

毛利聡子（2011）『NGOから見る国際関係』法律文化社.

最上敏樹（2016）『国際機構論講義』岩波書店.

望月康恵・吉村祥子編著（2020）『国際機構論【活動編】』国際書院.

山田哲也（2018）『国際機構論入門』東京大学出版会.

ユスフザイ, マララ, クリスティーナ・ラム著, 金原瑞人・西田佳子訳（2013）『わたしはマララ』学研.

横田洋三監修, 滝澤美佐子・富田麻理・望月康恵・吉村祥子編著（2016）『入門国際機構』法律文化社.

吉田敦（2020）『アフリカ経済の真実―資源開発と紛争の論理』ちくま新書.

渡部茂己・望月康恵編著（2015）『国際機構論【総合編】』国際書院.

渡辺靖（2011）『文化と外交―パブリック・ディプロマシーの時代』中公新書.

Allison, Graham and Philip Zelikow（1999）*Essence of Decision: Explaining the Cuban Missile Crisis*, Second Edition., Longman.（グレアム・アリソン, フィリップ・ゼリコウ著, 漆嶋稔訳『決定の本質―キューバ・ミサイル危機の分析 第2版 (I) (II)』日経BP社, 2016年）

Bremmer, Ian（2010）*The End of the Free Market: Who Wins the War between States and Corporations?*, Portfolio.（イアン・ブレマー著, 有賀裕子訳『自由市場の終焉―国家資本主義とどう闘うか』日本経済新聞出版社, 2011年）

Bull, Hendly（1977）*The Anarchical Society: A Study of Order in World Politics*, Macmillan Press.（ヘドリー・ブル著, 臼杵英一訳『国際社会論―アナーキカル・ソサイエティ』岩波書店, 2000年）

Calder, Kent E.（2016）*Singapore: Smart City, Smart State*, Brookings Institution Press.（ケント・カルダー著, 長谷川和弘訳『シンガポール―スマートな都市, スマートな国家』中央公論新社, 2016年）

Carr, Edward H.（1946）*The Twenty Years' Crisis, 1919-1939: An Introduction to the Study of International Relations*, Macmillan. (E.H. カー著，原彬久訳『危機の二十年―理想と現実』(新訳版) 岩波文庫，2011 年)

Dahl, Robert A. (1972) *Polyarchy: Participation and Opposition*, Yale University Press. (ロバート・A. ダール著，高畠通敏・前田脩訳『ポリアーキー』岩波書店，2014 年)

EIU (2021) *Democracy Index 2020: In sickness and in health?*, The Economist Intelligence Unit (EIU).

Finnemore, Martha and Kathryn Sikkink (1998). "International Norm Dynamics and Political Change." *International Organization*, Vol. 52, No. 4, pp. 887-917.

Freedom House (2020) *Freedom in the World 2019: A Leaderless Struggle for Democracy*, Freedom House.

Fukuyama, Francis (1992) *The end of history and the last man*, Free Press, 1992. (フランシス・フクヤマ著，渡部昇一訳『新版 歴史の終わり―歴史の「終点」に立つ最後の人間 (上) (下)』三笠書房，2020 年)

Fukuyama, Francis (2012) *Origins of Political Order*, FSG Adult. (フランシス・フクヤマ著, 会田弘継訳『政治の起源―人類以前からフランス革命まで (上) (下)』講談社，2013 年)

Fukuyama, Francis (2015) *Political Order and Political Decay: From the Industrial Revolution to the Globalisation of Democracy*, Profile Books Ltd. (フランシス・フクヤマ著，会田弘継訳『政治の衰退 (上) (下)』講談社，2019 年)

Fukuyama, Francis (2020) "The Pandemic and Political Order: It Takes a State," *Foreign Affairs*, July/August, pp. 26-32.

Haas, Ernst B. (1964) *Beyond the Nation-State: Functionalism and International Organization*, Stanford University Press.

Halper, Stefan (2010) *The Beijing Consensus: How China's Authoritarian Model Will Dominate the Twenty-First Century*, Basic Books. (ステファン・ハルパー著，園田茂人・加茂具樹訳『北京コンセンサス―中国流が世界を動かす』岩波書店，2011 年)

Held, David (1995) *Democracy and the Global Order*, Polity Press. (デヴィッド・ヘルド著，佐々木寛・遠藤誠治・小林誠・土井美徳・山田竜作共訳『デモクラシーと世界秩序―地球市民の政治学』NTT 出版，2002 年)

Held, David, Anthony McGrew, David Goldblatt and Jonathan Perraton (1999) *Global Transformations*, Polity Press. (デイヴィッド・ヘルド，デイヴィッド・ゴールドブラット，アンソニー・マグルー，ジョナサン・ペラトン著，古城利明ほか訳『グローバル・トランスフォーメーションズ――政治・経済・文化』中央大学出版部，2006 年)

Huntington, Samuel P. (1991) *The Third Wave: Democratization in the Late Twentieth Century*, University of Oklahoma Press (サミュエル・P. ハンチントン著，

坪郷實・中道寿一・藪野祐三訳『第三の波―20世紀後半の民主化』三嶺書房，1995年).

Ikenberry, G. John (2006) *Liberal Order and Imperial Ambition: Essays on American Power and International Order*, Polity. (G. ジョン・アイケンベリー著，細野雄一監訳『リベラルな秩序か帝国か―アメリカと世界政治の行方（上）』勁草書房，2012年)

Ikenberry, G. John (2020) *A World Safe for Democracy: Liberal Internationalism and the Crises of Global Order*, Yale University Press.

Kaldor, Mary (2001) *New and Old Wars*, Polity Press. (メアリー・カルドー著，山本武彦・渡部正樹訳『新戦争論』岩波書店，2003年)

Keohane, Robert O., and Joseph S. Nye Jr. (2001) *Power and Interdependence*, 3rd. ed. Little, Brown. (ロバート・O. コヘイン，ジョセフ・S. ナイ著，滝田賢司訳『パワーと相互依存』ミネルヴァ書房，2012年)

Krasner, Stephen D. (ed.) (1983) *International Regime*, Cornell Univ Press. (スティーヴン・D. クラズナー編，河野勝監訳『国際レジーム』勁草書房，2020年)

Linz, Juan J. and Alfred Stepan (1996) *Problems of democratic transition and consolidation: Southern Europe, South America, and post-communist Europe*, Johns Hopkins University Press. (妙訳 J. リンス・A. ステパン著，荒井祐介・五十嵐誠一・上田太郎訳『民主化の理論―民主主義への移行と定着の課題』一藝社，2005年)

Mearsheimer, John J. (2014) *The Tragedy of Great Power Politics*, W.W. Norton. (ジョン・J. ミアシャイマー著，奥山真司訳『新装完全版 大国政治の悲劇』五月書房新社，2019年)

Morgenthau, Hans J. (1978) *Politics among Nations: the Struggle for Power and Peace*, McGraw-Hill Humanities Social. (ハンス・モーゲンソー著，原彬久訳『国際政治―権力と平和』岩波文庫，2013年)

Mounk, Yascha (2019) *The People vs. Democracy: Why Our Freedom Is in Danger and How to Save It*, Harvard University Press. (ヤシャ・モンク著，吉田徹訳『民主主義を救え！』岩波書店，2019年)

Müller, Jan-Werner (2017) *What Is Populism?* Penguin. (ヤン＝ヴェルナー・ミュラー著，板橋拓巳訳『ポピュリズムとは何か』岩波書店，2017年)

NED (2017) *Sharp Power: Rising Authoritarian Influence*, National Endowment for Democracy (NED).

Nicolson, Harold George (1939) *Diplomacy*, Oxford University Press. (H. ニコルソン著，斎藤眞・深谷満雄訳『外交』東京大学出版会，1968年)

Nye, Joseph S. (2004) *Soft Power: The Means to Success in World Politics*, Public Affairs. (ジョセフ・S. ナイ著，山岡洋一訳『ソフト・パワー―21世紀国際政治を制する見えざる力』日本経済新聞出版社，2004年)

OXFAM International, (2019) *Public good or private wealth?* OXFAM Briefing Paper, January.

Paris, Koland (2004) *At War's End: Building Peace After Civil Conflict*, Cambridge University Press.

Putnam, Robert D. (1988) "Diplomacy and domestic politics: the logic of two-level games," *International Organization*, Vol. 42, No. 3, pp. 427–460.

Ruggie, John Gerard (2013) *Just Business*, W.W. Norton & Company. (ジョン・ジェラルド・ラギー著，東澤靖訳『正しいビジネス―世界が取り組む「多国籍企業と人権」の課題』岩波書店，2014 年)

Russett, Bruce with the collaboration of William Antholis et al. (1993) *Grasping the Democratic Peace: Principles for a Post-Cold War World*, Princeton University Press. (ブルース・ラセット著，鴨武彦訳『パクス・デモクラティア：冷戦後世界への原理』東京大学出版会，1996 年)

Steans, Jill (2013) *Gender and International Relations, Third Edition*, Polity.

Strange, Susan (1996) *The Retreat of the State: The Diffusion of Power in the World Economy*, Cambridge University Press. (スーザン・ストレンジ著，櫻井公人訳『国家の退場―グローバル経済の新しい主役たち―』岩波書店，1998 年)

Tickner, J. Ann (1993) *Gender in International Relations: Feminist Perspectives on Achieving Global Security*, Columbia Univ. Press. (J. アン・ティックナー著，進藤榮一訳『国際関係論とジェンダー―安全保障へのフェミニズムの見方』岩波書店，2005 年)

Vogel, Ezra F. (2019) *China and Japan: Facing History*, Belknap Press. (エズラ・F. ヴォーゲル著，益尾知佐子訳『日中関係史』日経 BP 社，2019 年)

Wallerstein, Immanuel (2004) *World-Systems Analysis: An Introduction*, Duke University Press. (イマニュエル・ウォーラーステイン著，山下範久訳『入門・世界システム分析』藤原書店，2006 年)

Waltz, Kenneth (1979) *Theory of International Politics*, Addison-Wesley. (ケネス・ウォルツ著，河野勝・岡垣知子訳『国際政治の理論』勁草書房，2010 年)

Wendt, Alexander (1999) *Social Theory of International Politics*, Cambridge University Press.

Westad, Odd Arne (2018) *The Cold War: A World History*, Penguin. (O.A. ウェスタッド著，益田実監訳，山本健・小川浩之訳『冷戦 ワールド・ヒストリー（上）（下）』岩波書店，2020 年)

あとがき

　新型コロナウイルス感染症（COVID-19）によって，多くの人たちと同様，筆者の生活や仕事は大きな変化を余儀なくされた．大学の授業はことごとくオンラインとなり，学会報告もすべて遠隔となった．この執筆期間中の2021年1月8日には東京都などで2度目の緊急事態宣言が発出されるなど，感染は収まる気配を見せていない．しかし，外出しなくても身の回りのものはほとんどが通信販売で買うことができる．2020年11月のアメリカ大統領選挙の開票経過を含めて，外国の動きもインターネットを通じてリアルタイムで見ることができる．この人と離れながらも結びつくという不思議な状況に置かれながら，変化の激しい世界をどう見るかという問題意識がいっそう強まる中で，今回の本は執筆された．

　本書は筆者にとって3冊目の単著である．2004年1月に刊行した『国際連合と民主化』（法律文化社）は筆者の博士論文をベースにしたものである．2010年3月に刊行した『民主化支援』（法律文化社）は，博士課程修了からイギリス・サウサンプトン大学への留学，ポスドク研究員を経て，現勤務校での駆け出し講師の時代の研究成果を反映させたものであった．そして今回の本は，その後10年を超えるさまざまな専門的な研究の成果だけでなく，授業での教育の経験も織り込んだものとなった．

　本書の完成に至るまでに多くの方にお世話になった．まず本書は，JSPS科研費JP25870689およびJP15H05178の助成の成果の一部である．1993年に入学した神戸大学法学部で最初に国際関係論を教えてくださった初瀬龍平神戸大学・京都女子大学名誉教授には，この本の完成が少しでも御学恩に報いるものとなれば幸いである．神戸大学大学院国際協力研究科における指導教官で，国連等で勤務されたスペシャリストで外交官である猪又忠徳元駐コ

スタリカ大使は，実務経験のないの筆者にシビアな現場の視点を教えてくだ
さった．岩崎正洋日本大学教授を中心とした現代政治学研究会では，たびた
び書物や学会報告のプロジェクトに参加させていただいた．岩崎教授には，
今回のシリーズでも筆者に執筆の機会を与えてくださり，心より感謝申し上
げたい．紙幅の関係上，お名前を挙げることができなかった多くの先輩，同
僚，研究者仲間の皆様にも御礼申し上げる．最後に，いつも筆者の研究・教
育を見守ってくれる家族に感謝したい．

2021 年 1 月 25 日

　　　　屋内で複数のモニターと本の山に囲まれながら

　　　　　　　　　　　　　　　　　　　　　　杉 浦 功 一

索　　引

著者紹介

杉浦功一
<small>すぎ うら こう いち</small>

和洋女子大学国際学部教授．1973年大阪府生まれ．神戸大学大学院国際協力研究科博士課程修了．博士（政治学）．イギリス・サウサンプトン大学特別研究員，日本学術振興会特別研究員（PD）などを経て，2018年4月より現職．
専攻：国際関係論，政治学．
著書に『国際連合と民主化―民主的世界秩序をめぐって』（法律文化社，2004年），『民主化支援―21世紀の国際関係とデモクラシーの交差』（法律文化社，2010年）．主要論文に，「民主主義体制の脆弱化と権威主義体制の強靱化における国際的要因の考察」『日本比較政治学会年報』（日本比較政治学会）第22号，2020年10月，「開発援助におけるデモクラシーと民主化支援」『国際政治』（日本国際政治学会）165号，2011年7月．

変化する世界をどうとらえるか
国際関係論で読み解く　　　　　［シリーズ政治の現在］

2021年4月10日　第1刷発行

定価(本体3000円＋税)

著　者　杉　浦　功　一
発行者　柿　﨑　　　均
発行所　株式会社 日本経済評論社
〒101-0062 東京都千代田区神田駿河台1-7-7
電話 03-5577-7286／FAX 03-5577-2803
E-mail: info8188@nikkeihyo.co.jp
振替 00130-3-157198

装丁・渡辺美知子　　　　　藤原印刷／根本製本

落丁本・乱丁本はお取替いたします　　Printed in Japan
© SUGIURA Koichi 2021
ISBN 978-4-8188-2583-3　C1331

グローバル・ヒストリーと国際法

C.H. アレクサンドロヴィッチ著／D. アーミテイジ・J. ピッツ編
大中，佐藤，池田，幡新，苅谷，千知岩，周 訳　本体 6500 円

政党システム

岩崎正洋　本体 2600 円

新版 現代政治理論

W. キムリッカ
［第 7 刷］訳者代表 千葉眞・岡﨑晴輝　本体 4500 円

［シリーズ政治の現在］

自治のどこに問題があるのか：実学の地方自治論

野田遊　本体 3000 円

変化する世界をどうとらえるか：国際関係論で読み解く

杉浦功一　本体 3000 円

公共の利益とは何か：公と私をつなぐ政治学

松元雅和　本体 3000 円

〈以下続刊〉

自由を考える：西洋政治思想史

杉本竜也

戦争と民主主義の国際政治学

宮脇昇

日本経済評論社